Unternehmen Bernhard

Zeichnungen aus der Fälscherwerkstatt
des Konzentrationslagers Sachsenhausen
von Peter Edel und Leo Haas

Lektorat: Reinhard Strecker

Umschlag: Grischa Meyer

Reihe deutsche Vergangenheit
Band 82

Satz und Druck: Druckhaus Hentrich, Berlin

Lithos: Reprowerkstatt Rink, Berlin

Buchbinder: Buchbinderei Heinz Stein, Berlin

ISBN 3-89468-056-3
1. Auflage 1992
Printed in Germany

II.

Die Fälscherwerkstatt im KZ Sachsenhausen

III.

Alpenfestung: KZ Mauthausen KZ »Schlier« – Redl-Zipf KZ Ebensee Toplitzsee

IV.

Die Angehörigen des Fälscherkommandos KZ Sachsenhausen

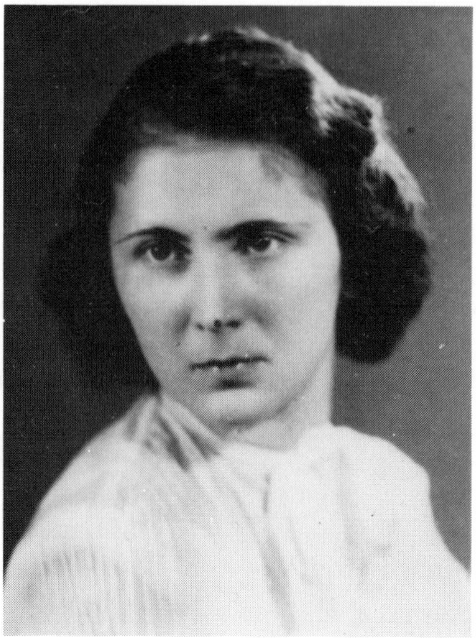

Gewidmet meiner Frau Gisela Burger, geboren am 30. Mai 1920.
Am 17. Dezember 1942 von Dr. Mengele mit einer Fingerbewegung zur Ermordung in die Gaskammer geschickt

Dieses Buch wurde geschrieben, damit nie vergessen werde, was geschah.
Keiner soll sich heute zu den NS-Verbrechern bekennen,
soll sich selbst als Nazi bezeichnen, ohne genau zu wissen, was das heißt.

Kaum Erreichbare, ihr!
In den Konzentrationslagern begraben
abgeschnitten von jedem menschlichen Wort
unterworfen den Mißhandlungen
Niedergeknüppelte, aber
nicht Widerlegte!
Verschwundene, aber
nicht Vergessene!

Bertolt Brecht

Adolf Burger, Nr. 64401, verhaftet am 11. August 1942 in Preßburg.
Gezwungen, im Fälscherkommando im KZ Sachsenhausen
Banknoten, Marken und Dokumente zu fälschen
Zeichnung: Salamon Smolianoff – KZ Sachsenhausen 1944

I.

Slowakei
Auschwitz
Birkenau

A. Berger
27. 2. 1995

Josef Tiso, Monsignore und Präsident – der Mörder der slowakischen Juden

13. März 1939 – Monsignore Josef Tiso, der Präsident der Slowakischen Republik, bei Hitler

1. Kindheit und Jugend in der Slowakei

Meine Kindheit verbrachte ich in Velká Lomnica, Kreis Käsmark, in der Slowakei. Hier wurde ich 1917 in einer jüdischen Familie geboren. Es war die Zeit des ersten Weltkrieges. Mein Vater war sicher glücklich, daß sein Sohn diesen Schrecken nicht bewußt erleben mußte. In dieses kleine, ruhige Bergdorf am Fuße der Hohen Tatra war der Krieg nur mit Todesanzeigen oder Nachrichten über verwundete oder vermißte Familienangehörige und Freunde gedrungen. Nach meiner Schulzeit wurde ich Druckerlehrling. Nach der Gesellenprüfung wurde ich 1937 zur Ableistung meines Wehrdienstes in die tschechoslowakische Armee einberufen, in die Unteroffiziersschule des 3. Regiments der Berginfanterie.

Die bestimmende politische konservative Kraft in der Slowakei war die 1905 noch im damaligen Ungarn vom Priester Andrej Hlinka gegründete katholische Volkspartei. Bei seinem Tode am 16. August 1938 wurde Monsignore Josef Tiso zu seinem Nachfolger gewählt.

Mit dem Münchener Diktat vom 29. September 1938 vollzog sich auch in der Slowakei eine unerwartete Wende. Die Angehörigen der slowakischen Volkspartei nutzten die politische Gunst der Stunde und die Schwäche des Staates. Sie forderten weitgehende Autonomie. Und schon am 6. Oktober 1938 bildete Monsignore Tiso eine Autonome Slowakische Regierung. Die Mitglieder der Volkspartei und ihre Anhänger nutzten ihre neugewonnene politische Macht, um Maßnahmen vor allem gegen Organisationen des linken Spektrums einzuleiten. Und natürlich lösten sie zuerst die Kommunistische Partei auf und verfolgten deren Mitglieder. Die KP war gezwungen, in den Untergrund, in die Illegalität zu gehen.

Nach dem Vorbild der bewaffneten Parteiformationen im Nazi-Deutschland wurde die Hlinka-Garde aufgestellt. Die Aufgabe dieser schwarz-uniformierten SS-Kopie war es, gewaltsam die klerikal-faschistische Ideologie des Regimes zu verbreiten und politische Gegner auszuschalten.

Eine Wende in der stürmischen und unübersichtlichen Entwicklung der Slowakei begann am 13. März 1939. Tiso verkündete auf der Tagung des Vorstandes der Hlinka-Partei, er sei von Hitler eingeladen worden. Der »Führer« fordere von der Slowakei, sich von den böhmischen Gebieten zu trennen; sonst, hatte er gedroht, werde sie von den Ungarn besetzt werden.

Tiso kam Hitlers Forderung nach. Am 14. März beschloß das slowakische Parlament die Gründung des slowakischen Staates. Unmittelbar danach rief Hitler in der Nacht vom 14. zum 15. März 1939 Emil Hácha, den Präsidenten der Tschechoslowakischen Republik, nach Berlin, wo ihm in der Reichskanzlei vom Führer mitgeteilt wurde, daß deutsche Truppen am 15. März den Rest der böhmischen Landesteile besetzen würden. Als »Protektorat Böhmen und Mähren« wurden sie dem Deutschen Reich eingegliedert.

Nachdem die Slowakei in einen deutschen Schutzstaat verwandelt worden war, wurde Monsignore Josef Tiso Präsident und Führer, sein Ministerpräsident wurde Voitech Tuka. Die beiden verwandelten die Slowakei in den ersten nationalsozialistischen Staat außerhalb Deutschlands. »Der slowakische Nationalsozialismus wird nach den Grundsätzen des deutschen Nationalsozialismus entstehen«, versprach Tuka, und die beiden hielten Wort.

Tagung des Slowakischen Parlaments;
in der 1. Reihe die Regierung, im Hintergrund Präsident Josef Tiso

Aufmarsch der schwarzen »Hlinka-Garde«. Eine Organisation nach dem Vorbild der SS und eine verläßliche Stütze der deutschen NS-Verbrecher

Die Situation für die slowakischen Juden wurde von Tag zu Tag kritischer.

Am 9. September 1941 wurden in der Slowakei die Nürnberger Gesetze eingeführt als jüdischer Kodex, Gesetz der Slowakischen Republik No. 198 vom 9. September 1941. Die slowakische Judengesetzgebung übertraf noch die deutsche an Feinheiten. So war es Juden nicht nur verboten, ein Automobil zu besitzen, sondern auch, in einem Automobil zu fahren. Direkt zuvor, Anfang September, waren Reichsinnenminister Frick, Staatssekretär Stuckart und Ministerialrat Globke in Preßburg gewesen, so wie Globke schon im Januar 1941 als bevollmächtigter Vertreter des Reiches zu Verhandlungen in Preßburg gewesen war.

Am 18. September 1941 trat die Bekanntmachung in Kraft, daß jeder Jude vom 6. Lebensjahr an in der Öffentlichkeit mit dem Davidstern gekennzeichnet sein müsse. Damit begann die Tragödie der slowakischen Juden, in einem Staat, der sich rühmte, ein christlicher Staat zu sein, und dessen Präsident ein Priester war. Ein Staat, der in der ganzen Welt beteuerte, daß er sich leiten lasse vom Grundsatz der Liebe zum Nächsten, Respekt vor den Geboten Gottes und der Gleichheit der menschlichen Geschöpfe vor dem Antlitz des Schöpfers.

Und dieser hyperkatholische Staat traf 1942 eine Vereinbarung mit SS-Sturmbannführer Eichmann, für jeden slowakischen Juden, den die SS zur Deportation, zur »Endlösung« übernahm, der SS 500,– Mark zu zahlen. Dafür garantierte die Reichsregierung, daß die abtransportierten Juden nicht mehr in die Slowakei zurückgebracht würden. (Verbalnote der Deutschen Botschaft Preßburg vom 1. Mai 1942.) Das Eigentum dieser slowakischen Juden überließ das Reich der Slowakei.

Am 25. Februar 1942 war der erste Transport aus Poprad abgegangen. Es waren 1000 jüdische Mädchen im Alter von 16 bis 25 Jahren, Endstation Auschwitz. Dann folgte Transport auf Transport, ganze Familien wurden deportiert nach Auschwitz und Treblinka, nach Lublin, nach Majdanek.

109 053 slowakische Juden wurden deportiert, nur ein kleiner Bruchteil von ihnen überlebte. Die christliche slowakische Regierung zahlte der SS dafür über 54 Millionen Kronen.

Die Deportationen aus der Slowakei verliefen genauso wie die anderen von Eichmann organisierten Deportationen aus allen Teilen des besetzten oder »befreundeten« Europas.

Erst gab es eine wütende antijüdische Propaganda, dann folgten Gesetze: Arisierung jüdischer Geschäfte und Betriebe, Berufsverbote, Beschlagnahme des Eigentums und zum Schluß die Deportationen. Alles im Namen des christlichen slowakischen Staates.

Ich schied aus der Armee aus. In Preßburg, der Hauptstadt der Slowakei, begann ich in einer Druckerei zu arbeiten. Befreundet war ich mit Edith Beck. 1939 wohnte sie in der Mariánska 7 in Preßburg und war erst 22 Jahre alt. Wir kannten uns schon fünf Jahre. Sie war mittelgroß, hatte dunkles Haar und wunderschöne braune Augen. Mich hatten ihre klugen Gedanken beeindruckt. Damals, 1934, hatte sie die Handelsschule besucht. In den Ferien führte jeder von uns eine Gruppe Neunjähriger in der linkssozialistischen jüdischen Haschomer Hazaïr. Es war eine wunderschöne Zeit. Wir machten mit ihnen eine dreiwöchige Fahrt in den Bergen

18. September 1941 – Einführung des Juden-Codex in der Slowakei, entsprechend der Nürnberger Gesetze

27. April 1942 – Alexander Mach, Innenminister und Oberster Befehlshaber der Hlinka-Garde, verkündete in seiner Ansprache vor den Offizieren der Hlinka-Garde: Unser höchstes Gesetz – die Deportation aller Juden aus der Slowakei

bei Krompachy. Unvergeßlich blieben mir die Abende am Lagerfeuer. Wie hätten wir damals, 1934, an Krieg denken können?

Als ich Edith 1939 einmal zu Hause besuchte, erzählte sie mir von ihrer illegalen Arbeit in der kommunistischen Partei und fragte mich, ob ich nicht auch mitarbeiten wolle. Ihre Erzählungen von dem, was sie im Untergrund taten, hatten mich überzeugt, und ich sagte ja. Diese Entscheidung sollte mein ganzes Leben verändern.

Ich wurde in einer Parteizelle aus vier Mitgliedern aktiv. Die geringe Größe unserer Zellen war für unsere Sicherheit im Untergrund sehr wichtig. Als Drucker konnte ich sehr nützlich sein und lernte viele mutige Menschen kennen. Wir alle waren noch blutjung.

Zunächst betraute man mich mit einfachen Aufgaben. Ich hatte gefälschte Dokumente bei einem Notar beglaubigen zu lassen, der selbstverständlich von nichts wußte, vor allem Staatsbürgerschaftspapiere, und anschließend hatte ich sie nach Neutra (Nitra) zu bringen.

Später erhielt ich andere Aufgaben. Edith übergab mir Klischees. Ich wußte damals nicht, woher sie stammten, doch sie waren sehr nützlich. In der Druckerei stellte ich damit verschiedene Dokumente her, unter anderem auch Taufscheine. Fast drei Jahre konnte ich so arbeiten.

Während meiner Fahrten nach Neutra lernte ich auch meine spätere Ehefrau Gisela kennen. Die gleiche Weltanschauung hatte uns zusammengeführt, aber uns verbanden darüber hinaus tiefe Gefühle. Und so beschlossen wir zu heiraten, obwohl sich über der Slowakei schon dunkle Wolken zusammengezogen hatten. Wir meinten, die aufkommende schwere Zeit gemeinsam besser und leichter überbrücken zu können. Wir waren noch so jung, voller Lebensfreude und der Hoffnung auf eine bessere Zukunft. An den Wochenenden wanderten wir in der Hohen Tatra. An solchen Tagen dachten wir an nichts anderes. Wir lebten nur für uns zwei.

Wir waren fest davon überzeugt, daß unsere illegale Tätigkeit einer guten Sache diente. So manches Dokument, das ich druckte oder vom Notar beglaubigen ließ, rettete das Leben eines Menschen, der von den Verbrechern in den Amtsstuben des slowakischen Staates verfolgt wurde.

Laut Bekanntmachung vom 18. September 1941 dürfen sich Juden in der Slowakei vom 6. Lebensjahr an nur noch mit einem Davidstern in der Öffentlichkeit zeigen

Už od pondelka 22. septembra

Židia budú označení

Bratislava. — Minister vnútra 18. septembra vydal vyhlášku o označovaní Židov, v ktorej sa okrem iného hovorí:

Židia sú povinní nosiť na ľavej strane prs svojho obleku (šiat) našité viditeľné židovské označenie — židovskú hviezdu — zo súkna, plátna alebo podobnej látky, žltej farby, o priemere 6 cm, s belasým lemovaním, širokým 0.5 cm.

Po 20. októbri 1941 môžu Židia nosit len jednotné označenie, ktoré si obstarajú od Ústredne Židov.

Označenie nie sú povinní nosiť: Židia vo veku do 6 rokov, židovskí manželia (manželky) Nežidov a ich deti, ak nie sú židovského vierovyznania, Židia, ponechaní vo verejnoprávnom pomere v službách štátu, jeho, alebo ním spravovaných ústavov, podnikov, fondov a zariadení, ako aj židovskí manželia a deti, Židia, ktorým alebo pre ktorých udelil Ústredný hospodársky úrad pracovné povolenie, Židia, príslušníci štátom uznanej kresťanskej cirkvi, ak boli pokrstení pred 10. septembrom 1941.

Židom, ktorí nie sú povinní nosiť židovské označenie, vydá o tom osvedčenie okresný (štátny policajný) úrad, príslušný podľa bydliska (pobytu).

Táto vyhláška nadobúda účinnosti 22. septembra 1941

Najvyšší zákon HG: vyviezť všetkých Židov!

Pracovné porady župných inšpektorov HG, okresných veliteľov HG a veliteľov úderníkov v Stôle

Stôla, 27. apríla.

V sobotu popoludní začaly sa v Stôle porady župných inšpektorov, okresných veliteľov HG a veliteľov úderných jednotiek z celého Slovenska. Po vztýčení gardistickej zástavy bola pracovná porada o židovskej otázke. Poradu viedol náčelník štábu HG Kubala, ktorý spolu s Dr. Vaškom a Dr. Jozefom Kubalom odpovedal na prednesené otázky a návrhy. Dôkladne sa prerokovaly všetky otázky, súvisiace s evakuáciou Židov zo Slovenska. Konštatovalo sa, že program sa presne dodržiava a bedlivo sa dbá o to, aby sa pritom nenarušily hospodárske a zásobovacie záujmy Slovenska. Sú pripravené opatrenia, aby na všetky opustené poľnohospodárske majetky prišli hneď naši spoľahliví a vieryhodní ľudia, ktorí zagarantujú obhospodárenie tejto pôdy v takej miere, aby sa dosiahol maximálny výnos. Tieto opatrenia sú preventívneho rázu.

V rozprave padlo veľa zaujímavých a osožných návrhov. Okresní velitelia HG, ktorí sú bezprostrednými vykonávateľmi protižidovských opatrení, vedeli podať veľa príkladov z doterajších skúseností a veľa cenných návrhov, ako sa dá najlepšie postupovať pri jednotlivých úsekoch práce evakuovania Židov. Zjavy o skrývaní Židov sú už teraz len ojedinelého rázu, lebo celá slovenská verejnosť stojí dnes jednotne za urýchlením evakuácie Židov. Nakoľko v transportoch odchodia kompletné židovské rodiny, ani zo strany Židov niet už takého odporu, aký bol zo začiatku. Rozprava trvala až do 12. hod. v noci.

V nedeľu ráno boly ranné cviky a bohoslužby, ktoré mal pre účastníkov pracovnej porady dekan, farár Hatiar. O 9. hod. prišiel do Stôle hlavný veliteľ HG Mach v sprievode hlavného redaktora Gardistu Mila Urbana, kultúrno-propagačného referenta HVHG Dr. Mečiara, pplk. SA Gmelina, tlačového referenta HVHG Kovára a pobočníka Höfera. Po prijatí hlásenia a po prehliadke nastúpených veliteľov HG, predviedli hlavnému veliteľovi HG ukážky vzorného branného výcviku úderníkov HG. Predpoludním mal prednášku veliteľ úderníkov Rabina o odznaku brannosti a úderník Košovský o národnosocialistickom politickom školení.

Po spoločnom obede, na ktorom pozdravil prítomných dekan, farár Hatiar, pokračovalo sa v programe. Hlavný veliteľ HG Mach mal dlhší prejav, v ktorom sa dotkol všetkých naších vnútropolitických aktualít a zodpovedal na predostreté otázky. Zdôraznil, že HG, ktorá vybojovala 14. marec, je si vedomá svojej zodpovednosti naň pred národom a históriou a urobí všetko, aby tento štát čo najlepšie zabezpečila pre ďalšie pokolenia.

O niekoľko desiatok rokov — povedal medziiným hlavný veliteľ HG Mach — **nebude sa hovoriť o rozličných vadeaiciach, ktoré sa tu i tam ešte najdú, ale bude sa vždy spomínať 25. marec 1942, keď sa začalo vysťahovanie Židov zo Slovenska. Najvyšším naším zákonom je teraz: vyviezť všetkých Židov.**

Po prednáške, ktorú prítomní viac ráz prerušili búrlivým prejavom súhlasu, hlavný veliteľ HG Mach opustil Stôlu. Šéf úradu HVHG Málek referoval potom o orgáne Hlinkovej gardy, Gardistovi, a záverečný prejav mal potom náčelník štábu HG Otomar Kubala.

Porady v Stôle skončily sa zaspievaním gardistickej hymny a sňatím gardistickej zástavy.

Schon seit Montag, dem 22. September (1941)

Juden werden gekennzeichnet

Preßburg. Der Innenminister hat am 18. September die Proklamation über die Kennzeichnung der Juden veröffentlicht, in der es u. a. heißt:

Juden sind verpflichtet, an der linken Brustseite ihrer Kleidung sichtbar ein aufgenähtes jüdisches Kennzeichen – den Judenstern – zu tragen, aus Stoff, Leinen oder ähnlichem Material, in gelber Farbe, mit einem Durchmesser von sechs Zentimetern, mit einem halbzentimeterbreiten hellen Rand.

Nach dem 20. Oktober 1941 dürfen die Juden nur noch dieses einheitliche Kennzeichen tragen, das sie sich in der Judenzentrale besorgen.

Nicht verpflichtet, dies Kennzeichen zu tragen, sind: Juden bis zu sechs Jahren; jüdische Männer und Frauen aus Mischehen und deren Kinder, falls diese nicht jüdischen Glaubens sind; noch im Allgemeinen Staatsdienst Beschäftigte oder in entsprechenden Anstalten, Betrieben, Stiftungen und Einrichtungen Beschäftigte; ebenso jüdische Männer und Kinder, denen die Zentralwirtschaftsbehörde eine Arbeitserlaubnis erteilt hat; Juden, die Angehörige einer staatlich anerkannten christlichen Kirche sind, soweit sie vor dem 10. September 1941 getauft wurden.

Den Juden, die nicht zum Tragen des jüdischen Kennzeichens verpflichtet sind, erteilt das zuständige Staatliche Kreispolizeiamt, etc., die Befreiungsbescheinigung.

Diese Proklamation tritt mit dem 22. September in Kraft.

Das oberste Gesetz der HG (Hlinka-Garde): Alle Juden rausschaffen!

Die Arbeitsberatungen der HG-Bezirksinspektoren und der HG-Kreiskommandeure und der der Stoßtruppkommandeure

Štôla, den 27. April (1942)

Samstag nachmittag begannen in Štôla die Beratungen der HG-Bezirksinspektoren, der HG-Kreiskommandeure und der Stoßtruppkommandeure aus der ganzen Slowakei. Nach dem Hissen der Gardefahne begann die Arbeitsberatung über die Judenfrage. Die Beratung wurde vom HG-Stabsleiter Kuballa geleitet, der mit Dr. Vašek und Dr. Josef Kuballa alle vorgetragenen Fragen und Empfehlungen beantwortete und erläuterte. Alle mit der Evakuierung aus der Slowakei zusammenhängenden Fragen wurden gründlich durchgesprochen. Man konstatierte, daß das Programm genau durchgeführt wird, wobei besonders penibel darauf geachtet wird, daß dabei nicht die Wirtschafts- und Versorgungsinteressen der Slowakei geschädigt werden. Es sind Maßnahmen vorbereitet, auf alle verlassenen Landwirtschaftsbetriebe sofort unsere zuverlässigen und glaubwürdigen Leute zu setzen, die bei der Bewirtschaftung dieser Höfe garantieren, daß der Maximalertrag erzielt wird. Diese Maßnahmen tragen rein prophylaktischen Charakter.

In der Debatte wurden viele interessante und wichtige Empfehlungen vorgetragen. Die HG-Kreiskommandeure, die die antijüdischen Maßnahmen unmittelbar durchführen, konnten aus ihrer bisherigen Erfahrung viele Beispiele beitragen und wertvolle Empfehlungen geben, wie man bei der Evakuierung der Juden bei jeweiliger Arbeitsteilung am besten vorgeht. Gelegentliches Verstecken von Juden kommt nur noch vereinzelt vor, weil die ganze slowakische Öffentlichkeit heute geschlossen für die schnellste Evakuierung der Juden eintritt. Sofern ganze Judenfamilien auf Transport geschickt werden, ist heute nicht einmal mehr jüdischerseits soviel Widerstand zu spüren wie am Anfang. Die Aussprache dauerte bis Mitternacht.

Am Sonntag vormittag gab es Frühsport und den Gottesdienst, für die Teilnehmer der Arbeitsberatung von Dekan Pfarrer Hatiar gehalten. Um neun Uhr kam Mach, Oberster HG-Führer, nach Štôla in Begleitung von Mila Urban, dem Chefredakteur des »Gardisten«, Dr. Mečiar, dem HG-Hauptamtsreferenten für Kulturpropaganda, SA-Obersturmbannführer Gmelin, HG-Hauptamtspressereferenten Kovar und dem Adjutanten Höfer. Nach Meldung und Besichtigung der angetreten HG-Kommandeure führten diese dem Obersten HG-Führer Kostproben einer vorbildlichen Wehrausbildung der Stoßtrupps vor. Vormittags hielt der HG-Stoßtrupp-Kommandeur Rabina einen Vortrag über das Wehrsportabzeichen und Stoßtrupp-Mann Košovský über nationalsozialistische politische Schulung.

Nach dem gemeinsamen Mittagessen, bei dem alle Anwesenden von Dekan Pfarrer Hatiar begrüßt wurden, wurde das Programm fortgesetzt. Der Oberste HG-Führer Mach hielt eine längere Ansprache, in der er alle unsere innenpolitischen Aktualitäten kurz berührte und alle vorgelegten Fragen beantwortete. Er betonte, daß die HG, die den 14. März (1939, Gründung des slowakischen Staates) erkämpft hat, sich vor der ganzen Nation und Geschichte ihrer Verantwortung bewußt sei und alles tun werde, damit dieser Staat bestmöglichst für die kommenden Generationen gesichert sei.

In ein paar Jahrzehnten – führte der Oberste HG-Führer Mach aus – werde man nicht mehr über einige unterschiedliche Unstimmigkeiten reden, die man hin und wieder noch finde, sondern man werde sich an den 25. März 1942 erinnern, den Beginn der Aussiedlung der Juden aus der Slowakei. Unser oberstes Gesetz laute jetzt: Alle Juden rausschaffen.

Nach dem Vortrag, den die Teilnehmer mehrfach mit stürmischem, zustimmendem Beifall unterbrachen, verließ der Oberste HG-Führer Mach Štôla. Der HG-Hauptamtsleiter Málek hat danach über den »Gardisten«, das Presseorgan der Hlinka-Garde, referiert. Die Schlußansprache hielt danach HG-Stabsleiter Otomar Kuballa. Mit dem Singen der Garde-Hymne und Einholen der Garde-Flagge wurden die Beratungen in Štôla beendet.

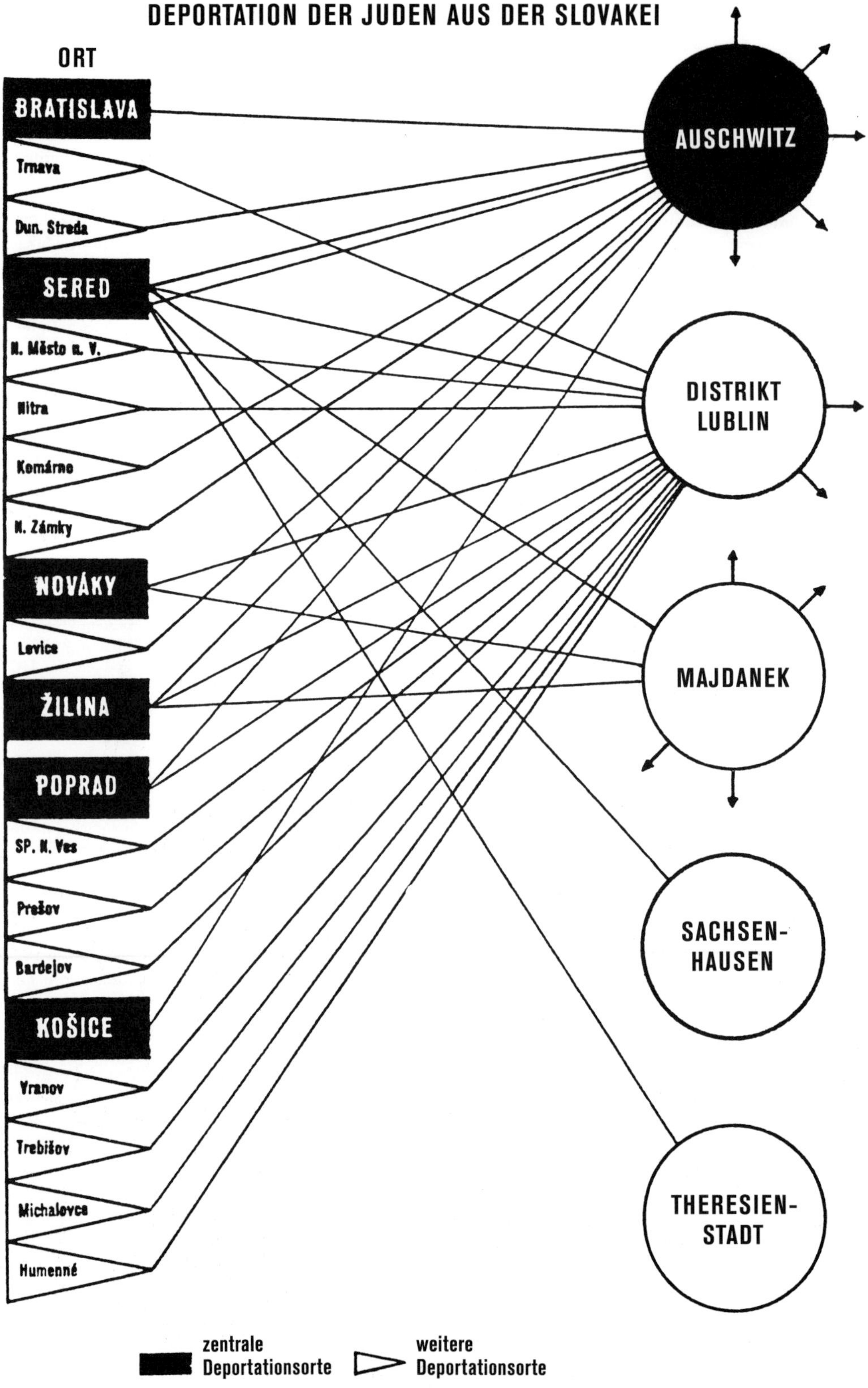

DEPORTATION DER JUDEN AUS DER SLOVAKEI
ORT
BRATISLAVA
Trnava
Dun. Streda
SERED
N. Město n. V.
Nitra
Komárno
N. Zámky
NOVÁKY
Levice
ŽILINA
POPRAD
SP. N. Ves
Prešov
Bardejov
KOŠICE
Vranov
Trebišov
Michalovce
Humenné
AUSCHWITZ
DISTRIKT LUBLIN
MAJDANEK
SACHSEN-HAUSEN
THERESIEN-STADT
zentrale Deportationsorte
weitere Deportationsorte

Übersichtskarte der Städte, aus denen Häftlingstransporte nach Auschwitz gingen

Die Tragödie der slowakischen Juden
Zeichnung: Leo Haas

2. Verhaftung

Ende Juni 1942 geriet ich ins Blickfeld der slowakischen Faschisten und ihrer deutschen, Befehle erteilenden »Berater«. Noch wußte ich nicht, wie das geschehen konnte. Die Slowakische Geheime Staatspolizei und Hlinka-Gardisten stürmten meine Wohnung und durchsuchten sie. Sie interessierten sich vor allem für meine Bibliothek und beschlagnahmten zehn Bücher von linksgerichteten Autoren. Das war jedoch nur der Anfang eines viel größeren Unglücks. Es traf mich am 11. August 1942, einen Tag vor meinem 25. Geburtstag, wie ein Blitz aus heiterem Himmel.

Ich befand mich in der Druckerei und arbeitete wie gewöhnlich an einer Druckmaschine. Es war noch Vormittag. Die Uhr in der Halle zeigte auf halb zehn. Da betraten plötzlich ein Beamter der Staatspolizei und zwei Mitglieder der Hlinka-Garde den Maschinensaal. Sie fragten, wer von den Leuten hier Adolf Burger sei. Ein Kollege wandte sich zu mir und wies mit der Hand auf meinen Arbeitsplatz. Die Hlinka-Gardisten kamen direkt auf mich zu. Wortlos ergriffen sie mich und führten mich aus dem Raum. Der Beamte der Staatspolizei nickte zufrieden. Meinen Wunsch, mir noch die Hände waschen zu dürfen, lehnte er ab. Die Hlinka-Gardisten behielten mich in ihrer Mitte und brachten mich zunächst in unsere Wohnung.

Eigentlich hätte meine Frau zu Hause sein müssen. Doch sie war, so glaubte ich, unterwegs, etwas zu besorgen. Mehr Gedanken konnte ich mir nicht machen. Mir blieb keine Zeit dafür. Die Hlinka-Schergen befahlen mir, die nötigsten Sachen zu packen. Kaum hatte ich damit begonnen, schrie der eine bereits: »Genug! Schnell, schnell!«

Dann führten sie mich wieder ab. Kaum hatten wir das Haus verlassen, wurde ich erneut fast hautnah flankiert. Zuvor nahm ich noch wahr, wie der Beamte der Staatspolizei unsere Wohnungstür versiegelte. Ich wurde direkt zur Polizeistation geführt und in der Inspektion einem Kommissar vorgeführt. Kaum hatte ich sein Vernehmungszimmer betreten, sah ich meine beschlagnahmten Bücher auf seinem Schreibtisch. Und schon peitschte mir die erste Frage entgegen: »Wem gehören diese Bücher?« »Mir«, antwortete ich unsicher, noch nicht ahnend, wohin das Verhör führen würde. Und schon schoß die nächste Frage aus seinem Mund: »Waren Sie Mitglied einer verbotenen politischen Partei?« »Nein«, antwortete ich nun schon etwas sicherer. Offenbar wußte der Polizeikommissar aber doch mehr, als ich ahnte. Er bohrte weiter: »Nennen Sie uns die Personen, mit denen Sie in der Zelle zusammengearbeitet haben!« Von diesem Augenblick an war mir klar: jetzt mußte ich unbedingt schweigen. Der Kommissar fragte, nun schon weit heftiger, ein zweites Mal nach meinen Verbindungsleuten. Selbstbewußt schaute ich ihm in die Augen und sagte: »Ich kenne niemanden.« »Macht nichts«, meinte der Kommissar beiläufig, als hätte man nur meinen Charakter testen wollen. »Wir kennen sie sowieso schon alle.« Damit war das Verhör beendet.

Anschließend brachten mich uniformierte Slowaken zur alten Munitionsfabrik. Hlinka-Gardisten hatten sie zu einem Sammellager für politische Häftlinge umfunktioniert. Dort wurde ich mit anderen Verhafteten festgehalten. Innerhalb von zwei Wochen schienen die Hlinka-Offiziere genügend politische Gefangene in

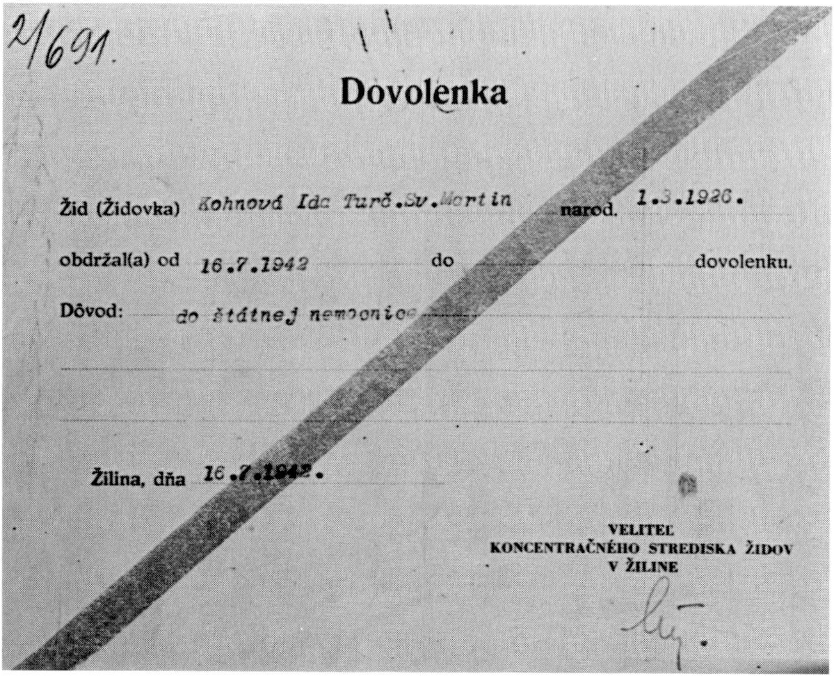

2/691.

Dovolenka

Žid (Židovka) Kohnová Ida Turč.Sv.Martin narod. 1.3.1926.

obdržal(a) od 16.7.1942 do dovolenku.

Dôvod: do štátnej nemocnice

Žilina, dňa 16.7.1942.

VELITEĽ
KONCENTRAČNÉHO STREDISKA ŽIDOV
V ŽILINE

Erlaubnis zum Verlassen des KZ Žilina

Slowakische Juden im KZ Žilina

ihren Wohnungen, an ihren Arbeitsplätzen oder einfach auf der Straße verhaftet und in dieses provisorische Gefängnis verschleppt zu haben.

Etwa tausend Häftlinge waren zusammengebracht worden, Tiso-Gegner, Widerstandskämpfer und ganze jüdische Familien. Diese Zahl schien für einen Gefangenentransport rentabel zu sein, die errechnete Transportkapazität für einen Güterzug, wie die Praxis zeigte. Auf dem Bahnhof wurden wir wie Vieh in bereitgestellte Waggons getrieben.

Meine Frau Gisela hatte ich seit meiner Verhaftung nicht mehr sehen können. Ich war sehr beunruhigt, wußte nicht, was mit ihr geschehen war, und sorgte mich um sie.

Als der Zug Žilina erreicht hatte, erblickte ich plötzlich auf dem Bahnhof meine Frau. Vor Aufregung glaubte ich, mein Herz würde stehenbleiben. Nun wußte ich, sie war mit dem gleichen Transport angekommen. Wir waren aber zu weit auseinander, ich konnte ihr kein Zeichen geben. Erst im Konzentrationslager Žilina hatten wir endlich Gelegenheit, ungestört miteinander zu sprechen. Auch sie war von Hlinka-Gardisten ohne Angabe von Gründen aus unserer Wohnung geholt, verhört und schließlich auf demselben Wege wie ich in die alte Munitionsfabrik verschleppt worden.

Nun beschäftigte uns nur ein Gedanke: Flucht. Wie konnten wir von hier fliehen. Doch bald verwarfen wir diese Idee, denn ein Gerücht machte im Lager die Runde: Man würde uns zur Arbeit nach Deutschland bringen. Zudem überlegten wir uns, zum Risiko der Flucht käme noch die Gefährdung unserer Familien. Hlinkas Gefolgschaft hatte inzwischen nach deutschem Vorbild auch in der Slowakei die Sippenhaft eingeführt.

Hlinka-Gardisten terrorisieren einen slowakischen Juden

Nach Auschwitz!

Während der Präsident des slowakischen Marionettenstaates, Josef Tiso, Soldaten der Wehrmacht und SS-Männer auszeichnet, schickt er slowakische Juden in Vernichtungslager und bezahlte die SS noch dafür

Streng bewacht mußten wir in langen Reihen aus dem KZ Žilina wieder zum Bahnhof marschieren. Noch gingen Gisela und ich nebeneinander. Doch kaum am Bahnhof angekommen, erhielten wir einen Vorgeschmack von dem, was uns in den folgenden Tagen und Monaten erwarten würde. Wir mußten in Fünferreihen antreten. Rechts und links von uns standen sich martialisch gebende Hlinka-Gardisten. Dann kam der Befehl: »Marsch!«

Durch die Gasse von slowakischen Söldnern wurden Männer, Frauen und Kinder getrieben. In ihren Händen hielten diese gedemütigten Menschen ihre letzte, wenige Habe. Die Hlinka-Gardisten hieben mit Knüppeln, Gummischläuchen und anderen Schlagwerkzeugen auf die Hände der Häftlinge ein, so daß viele von ihnen, vor allem die Frauen, vor Schmerz ihre Koffer und Taschen fallen ließen. Wer ohne Gepäck weiterging, wurde nicht mehr geschlagen.

Die Uniformierten trieben die etwa eintausend Frauen, Kinder und Männer zum Güterbahnhof und direkt in Viehwaggons. Kaum waren die Schreie in stilles Schluchzen übergegangen, da waren auch schon die Türen der Waggons hinter uns zugeschoben und verschlossen worden. Überall im und auf dem Güterzug mit seinen überdachten Wagen hatten Bewaffnete Posten bezogen, die Gewehre und Maschinenpistolen im Anschlag. Bald setzte sich der Zug langsam in Bewegung, und niemand von uns wußte, wohin.

Während der langen Fahrt herrschte relative Ruhe. Alle waren erschöpft, in Gedanken oder leise mit den Angehörigen im Gespräch. Die Ungewißheit quälte uns alle, machte uns mutlos. Wehrlos hatten wir uns der bewaffneten Übermacht beugen müssen, einem unbekannten Schicksal ausgeliefert.

Nach allem, was wir hatten erleben müssen, glaubte jetzt kaum noch jemand an die von den Hlinka-Gardisten ausgestreuten beruhigenden Worte, wir würden zur Arbeit nach Deutschland fahren.

Die Hlinkas hatten auch versprochen, wir würden nach einer gewissen Zeit wieder nach Hause fahren dürfen. Es gebe nichts zu befürchten. Erst später begriffen wir, wie sehr wir belogen worden waren, damit die NS-Verbrecher den Transport ohne Widerstand der Häftlinge sicher an sein Ziel bringen konnten. So rollten unsere Waggons ins Ungewisse. Keiner von uns ahnte, was uns bald bevorstehen würde.

Die Rampe im KZ Auschwitz, Endstation für Millionen Juden. Für die meisten von ihnen führte der Weg von der Rampe direkt in die Gaskammern

Auf der Rampe entschieden der SS-Arzt Dr. Mengele und seine SS-Leute mit einer Daumenbewegung über Leben und Tod. Frauen und Männer mußten sich in getrennten Marschblöcken aufstellen, im Hintergrund der Ambulanzwagen

3. Transport zur Auschwitzer Rampe

Noch in derselben Nacht, am 17. September 1942, erreichte unser Transport die Grenze zum Protektorat Böhmen-Mähren. Der Zug hielt, die Waggontüren wurden zur Seite geschoben, und wir mußten aussteigen. Zum ersten Mal sahen wir SS-Leute in ihren Uniformen. Von diesem Augenblick an waren sie es, die jeden unserer Schritte bewachten. Jetzt gaben sie die Befehle und kommandierten: Aufstellung in Fünferreihen, dann der Zählappell. Ein SS-Offizier kontrollierte, ob die Anzahl der Gefangenen mit der Zahl auf seiner Liste übereinstimmte. Danach befahl er, alle Konserven und Wertgegenstände abzugeben. Um diesem Befehl Nachdruck zu verleihen, hatte er die SS-Wachmannschaft ihre Maschinenpistolen auf uns richten lassen. Nachdem wir so zum zweitenmal ausgeplündert worden waren, mußten wir die Viehwaggons wieder besteigen, und erneut setzte sich der Zug mit uns in Bewegung. Noch immer ahnte keiner sein Ziel.

Erst zwei Tage später, am 19. September frühmorgens, hielt der Zug plötzlich. Die Waggontüren wurden aufgerissen. Wir sahen, noch etwas geblendet, eine weite Ebene im Morgengrauen. Strahlen der gerade aufgegangenen Sonne drangen in das Innere unseres schmutzigen und stinkenden Waggons. Aber die Sonne hatte kaum noch Kraft. Es war Herbst.

Direkt vor uns eine SS-Wachmannschaft und drohende Läufe von Maschinengewehren. Wir waren umstellt. Endstation. Die Endstation von Millionen Juden aus ganz Europa. Erst später begriffen wir, wo wir angekommen waren: auf der berüchtigten Rampe des Konzentrationslagers Auschwitz.

SS-Hauptsturmführer Dr. Mengele

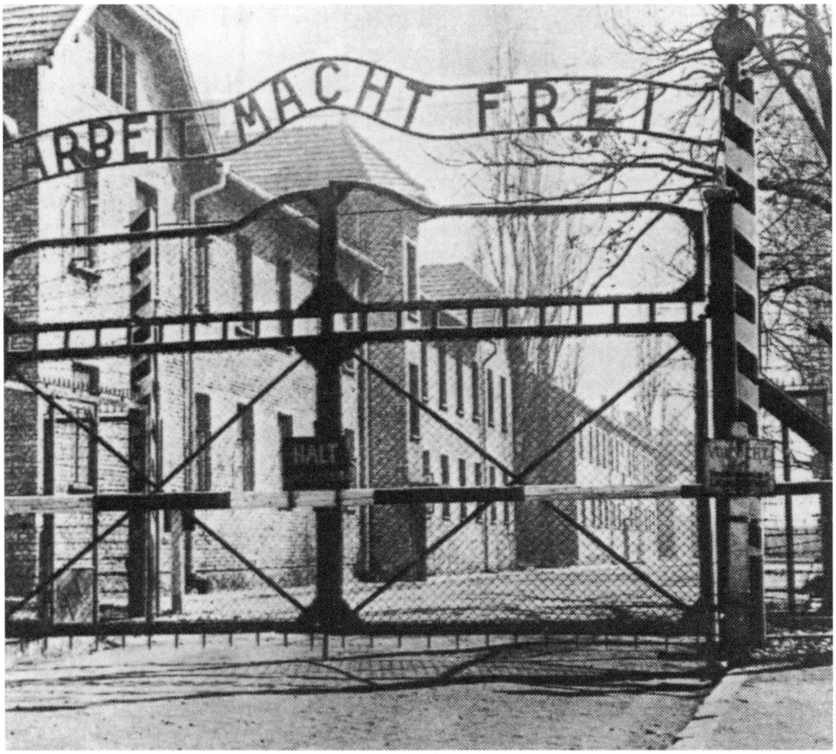

Eingangstor zum Stammlager Auschwitz – »Arbeit macht frei«

Ein doppelter Stacheldrahtzaun mit 1000 Volt elektrischer Spannung umgab das KZ Auschwitz

Während wir, steif in den Gliedern vom langen Hocken, Sitzen oder Stehen, langsam die Waggons verließen, brüllten die SS-Leute: »Alles Gepäck raus aus den Waggons!« Dann ein neuer Befehl: »Gepäck auf die Rampe stellen!« Man werde es später nachschicken. Dann folgte der schlimmste Schock: Abschied von unseren Frauen und Kindern, die Familien wurden grausam getrennt. Die Kinder begannen zu schreien, aber nicht nur sie. Jene herzzerreißende Szene auf der Rampe unter den Augen der SS-Wachmannschaft, die meisten von ihnen wohl selbst Väter, hat sich bis heute in mein Gedächtnis eingebrannt. Nur die Kinder durften vorerst noch bei ihren Müttern bleiben. Doch ihre Väter sahen die meisten von ihnen wohl zum letzten Mal. Hier an der Rampe in Auschwitz nahmen dic schlimmsten Verbrechen ihren Anfang.

Meine Frau, mit der ich bis hierher im selben Waggon hatte fahren können, konnte mir gerade noch zuflüstern, ich solle immer abends um acht Uhr an sie denken. Sie würde das auch tun. So wären wir wenigstens in Gedanken beieinander.

Zunächst mußten sich Männer und Frauen in getrennten Marschblöcken aufstellen, wieder einmal in Fünferreihen. SS-Hauptsturmführer Dr. Mengele und zwei ihm assistierende SS-Leute aus der politischen Abteilung musterten die Marschkolonne der Männer. Jedem Häftling stellte der Arzt drei Fragen: Wie alt? Beruf? Gesundheitszustand? Die Antworten entschieden über Leben und Tod.

Die SS und die Konzerne, die von der Sklavenarbeit der KZ-Häftlinge ungewöhnlich profitierten, hatten die Altersgrenze für noch nützliche Opfer auf 40 Jahre festgesetzt. Wer älter war oder sich krank meldete, mußte nach links raustreten. Dorthin wurden auch Mütter mit Kindern und Frauen über 40 kommandiert.

Dann fuhren mehrere Lkws vor. Die Alten und Kranken sowie die Frauen mit Kindern mußten die mit Planen bedeckten Lastwagen besteigen. Die Autokolonne entfernte sich. Ein Ambulanzwagen folgte dem Konvoi.

Die Zurückgebliebenen atmeten erleichtert auf. Fast jeder glaubte, daß für die Alten und Schwachen wie für die Kinder nun gut gesorgt würde. Mehr als sechshundert Slowaken unseres Transports, die Mehrheit von uns, waren krank oder Mütter mit Kindern oder über 40.

Erst viel später erfuhren wir, was in dem Ambulanzwagen mit dem roten Kreuz transportiert worden war: Giftgas »Zyklon B« – produziert von den »I. G. Farben«. Für die Aktionäre des Chemiegiganten ein Mordsgeschäft.

Endlich erhielten auch wir, die als noch arbeitsfähig eingestuften, meist jüngeren Männer, den Befehl zum Abmarsch. Beide Marschblöcke, streng von bewaffneten SS-Leuten getrennt, setzten sich in entgegengesetzte Richtungen in Bewegung. Die Männer wurden ins Konzentrationslager nach Auschwitz und die Frauen nach Birkenau getrieben. Nur noch mit einem Blick konnten wir uns voneinander verabschieden.

Schon die erste Begegnung auf unserem Marsch ins Lager werde ich mein Leben lang nicht vergessen. Eine Abteilung weiblicher Häftlinge kam uns entgegen – auf ihrem Marsch zur Arbeit: völlig entstellt und jeder Würde beraubt, kahlgeschoren und in unglaublich schmutzige Männerkleidung gesteckt. Schweigend und apathisch schleppten sie sich mit scheinbar letzter Kraft mühsam vorwärts. Von SS-Männern an der Leine geführte Schäferhunde bedrängten die verängstig-

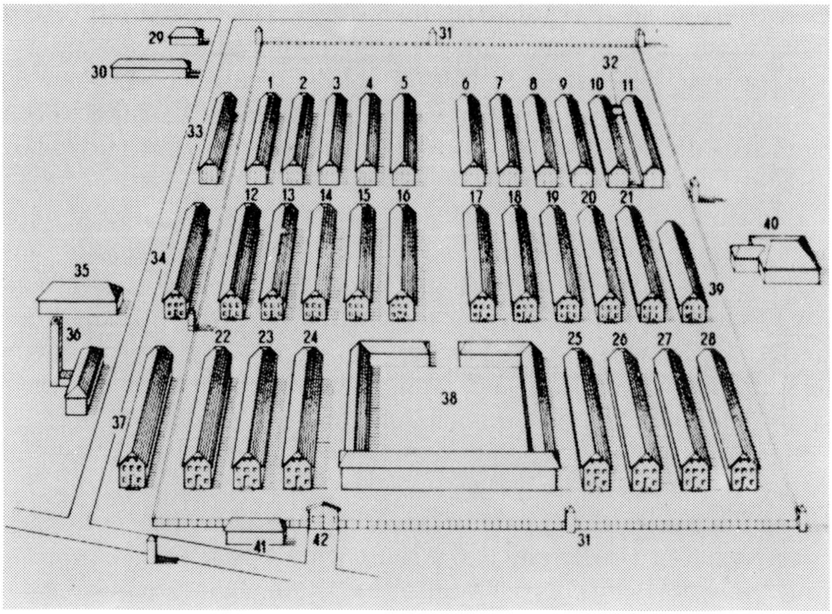

Grundriß des Stammlagers Auschwitz

1– 8 Blocks (Unterkünfte)
12–18 Blocks (Unterkünfte)
22–23 Blocks (Unterkünfte)
25-27 Blocks (Unterkünfte)
9 Krankenblock
19 Krankenblock
21 Krankenblock
28 Krankenblock Ambulanz
20 Infektionsblock
24 Schreibstube
10 Versuchsblock
11 Bunkerblock
29 Wohnhaus Lagerkommandant

30 Hauptwache
31 Wachturm
32 Schwarze Wand
33 Kommandantur
34 Verwaltung
34 Politische Verwaltung
36 Altes Krematorium
37 SS-Revier Standortarzt
38 Lagerküche
39 Nebengebäude
40 Theatergebäude
41 Blockführerstube
42 Lagertor

ten Mädchen und Frauen. Sollte unseren eigenen Frauen nun das gleiche Schicksal drohen?

Einige Minuten später passierten wir eine uns entgegenkommende Marschkolonne von Männern. Die sich an uns vorbeischleppenden Häftlinge waren nur noch Schatten ihrer selbst. Wir ahnten etwas von dem Schicksal, das uns in Auschwitz erwartete.

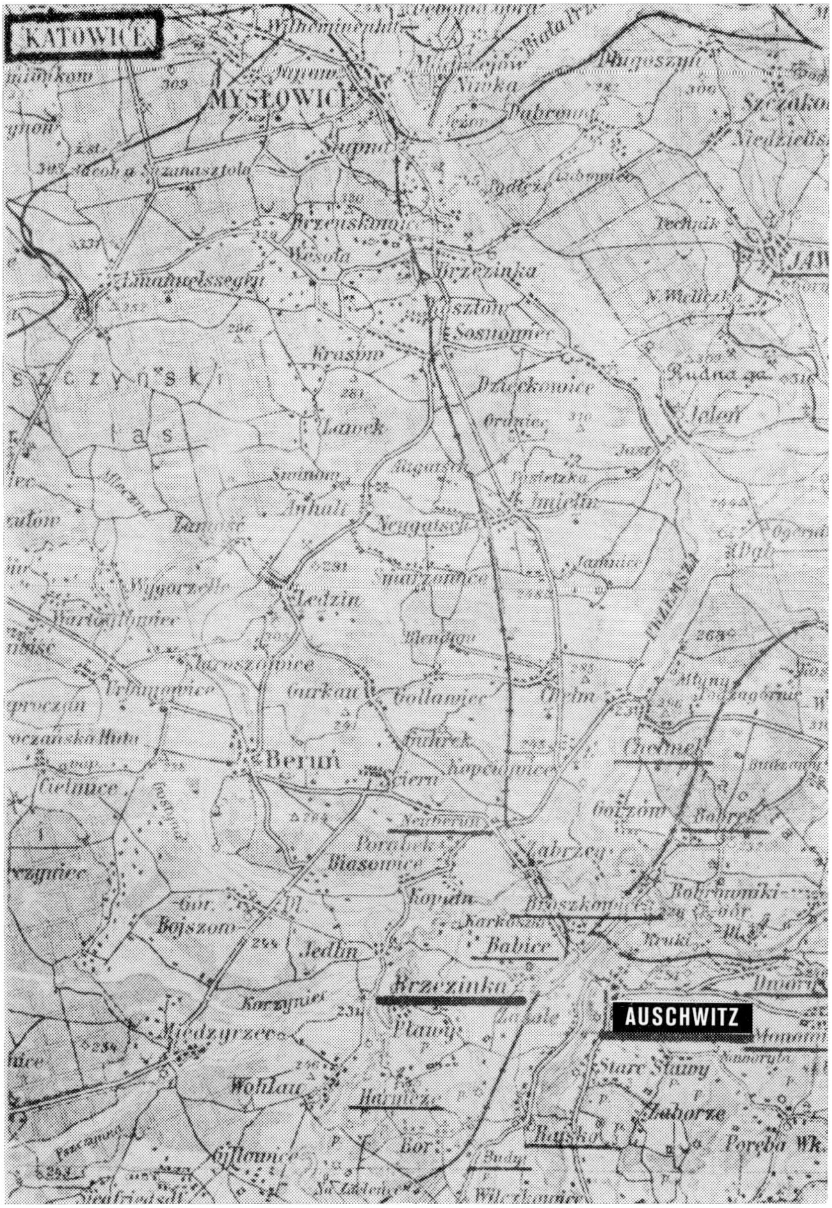

Die Karte von Kattowitz bis Auschwitz – Maßstab 1:200 000, 1 cm = 2 km. Nördlich von den Beskiden, nur 2 Stunden Eisenbahnfahrt von Mährisch Ostrau entfernt liegt Auschwitz, auf der Karte rechts unten

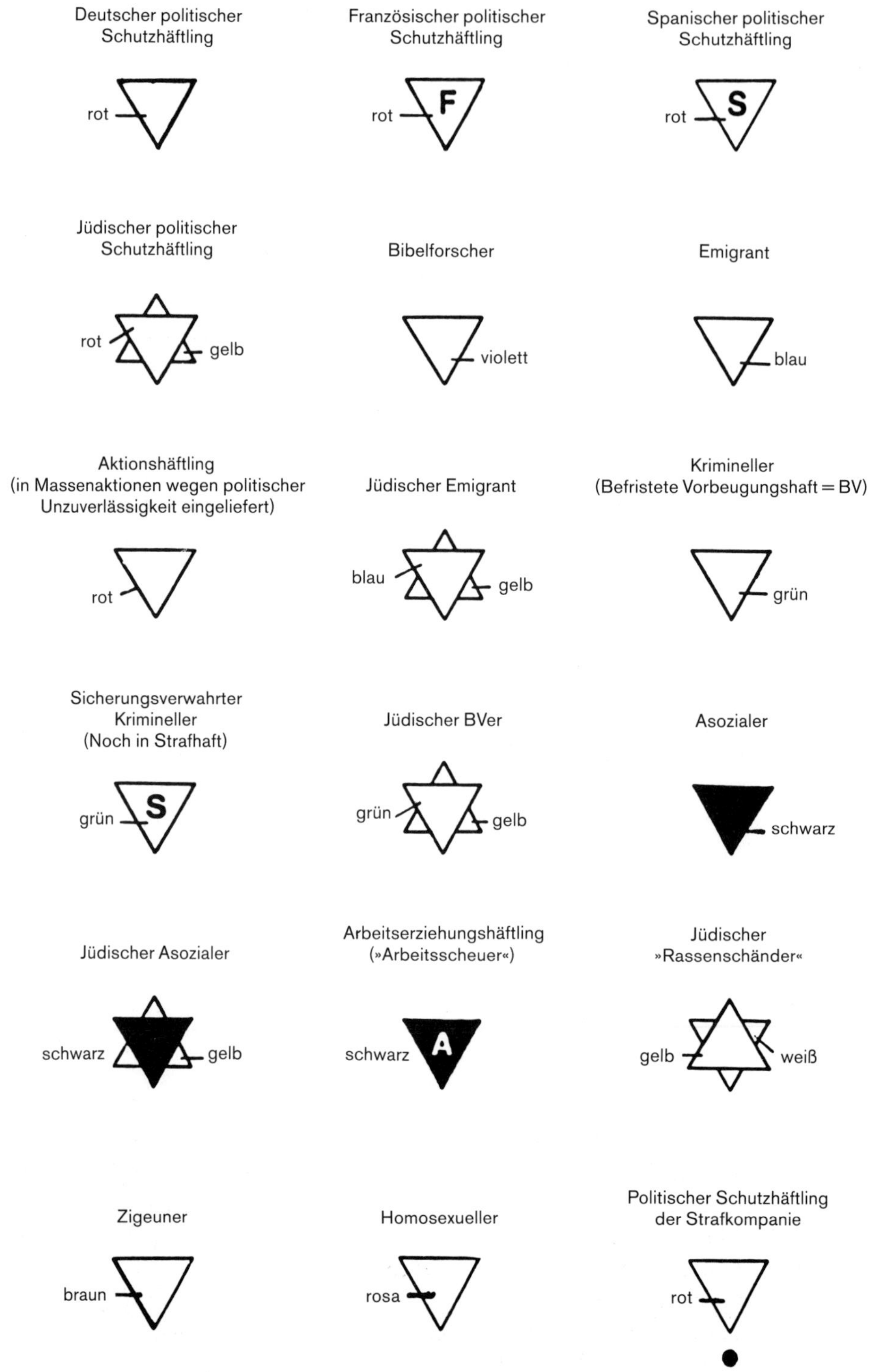

Die Häftlinge wurden in bestimmte Kategorien eingeteilt

4. Ankunft im Lager Auschwitz

Das Tor zum KZ Auschwitz begrüßte uns mit dem zynischen Spruch »Arbeit macht frei«. Dann hatten wir den elektrisch geladenen Stacheldrahtzaun passiert. Er umgab das ganze Lager, zusätzlich gesichert mit hohen hölzernen Wachtürmen. Von dort aus beherrschten Maschinengewehre das gesamte Lager.

Halt. Erneute Zählung. Dann kamen SS-Leute mit Häftlingen. Die mußten unsere letzte Habe in Säcken einsammeln, was wir bisher bei zwei Plünderungen noch hatten retten können: Geld, Zigaretten, Wertsachen, Lebensmittel. Alle NS-Verbrecher, mit denen wir unterwegs zu tun gehabt hatten, hatten uns ausgeraubt, aber immer so, daß auch für die nächsten Verbrecher noch etwas übrigblieb. Es war ein ausgeklügeltes System.

Dann kam der Befehl: »Fertigmachen zum Baden!«

Wir mußten uns nackt ausziehen und sämtliche Kleidungsstücke auf einen Haufen legen. Nur Schuhe und Gürtel durften wir behalten. Jetzt hatten wir auch die letzten persönlichen Dinge verloren. Nur Erinnerungen waren uns geblieben und unsere entblößten Körper.

Nackt wurden wir zum Duschen getrieben. Aber noch vor der Dusche wurden uns von zehn Häftlingen in einem Gang Glatzen geschoren. Dann eine kurze, kalte Dusche. Und schon hatten wir den Duschraum durch eine andere Tür wieder verlassen.

Im Hof mußten wir erneut antreten. Nackt und naß mußten wir an jenem kühlen Herbsttag zwei Stunden oder noch länger warten, das Schicksal aller Neuankömmlinge im KZ, bei jedem Wetter und jeder Temperatur.

Endlich erschienen einige SS-Offiziere und mehrere ältere Häftlinge. Aufstellen nach dem Alphabet. Dann wurden wir tätowiert. Jeder neue Häftling erhielt seine Nummer mit einer scharfen, in Tusche getauchten Nadel in den linken Unterarm gestochen. Wir verloren unsere Namen, wurden zu Nummern degradiert, ich zur Nummer 64 401.

Nach dieser Prozedur erhielt jeder Häftling ein Hemd, ein paar Unterhosen, einen Häftlingsanzug und eine Mütze.

Erneut antreten und wieder etwa zwei Stunden stillstehen, warten. Dann führten uns SS-Angehörige in die Schreibstube zum Verhör. Die SS-Offiziere wollten vor allem wissen, ob jemand einer politischen Partei angehörte. Lautete unsere Antwort »nein«, waren wir vorerst gerettet.

Anschließend wurden auf unserer Häftlingskleidung die persönliche Nummer und das entsprechende Dreieck aufgenäht. Es ordnete jeden Häftling einer bestimmten Kategorie zu.

Politische Häftlinge erhielten z. B. ein rotes und Bibelforscher ein violettes Dreieck. Asoziale Elemente trugen schwarze, Mörder und Räuber bewegten sich im Lager mit einem grünen Dreieck. Juden waren am Davidstern zu erkennen. Wem welches Dreieck aufgenäht wurde, bestimmte die SS. Derart gekennzeichnet, führten uns die Aufseher zu dem Block, der unsere Auschwitzer »Heimat« werden sollte.

Das »wichtigste Arbeitsinstrument« der kriminellen Kapos, Blockältesten und Stubendienste – mit diesen Knüppeln schlugen sie die Häftlinge

5. Kapos

Ein gewöhnliches Kasernengebäude, ein Block, der sich in nichts von den übrigen unterschied: in einem solchen Bau waren ungefähr eintausendzweihundert Menschen zusammengepfercht.

Der eigentliche Herr über Leben und Tod eines solchen Blocks war ein SS-Blockführer. Aus den Reihen der Häftlinge hatte die SS Blockälteste eingesetzt.

Blockälteste waren im Herbst 1942 in Auschwitz meist Mörder oder andere Kriminelle, Häftlinge mit dem grünen Dreieck. Hier hatten sie legal alle Möglichkeiten, zu stehlen und zu morden, mehr als vor ihrer Verurteilung.

Auch die Leiter von Arbeitsgruppen, die sogenannten Vorarbeiter, gekennzeichnet mit einer Armbinde, und der Leiter der Vorarbeiter mit der Aufschrift »Kapo« waren meist Kriminelle. Sie entschieden nach eigenem Ermessen über Leben und Tod von politischen Häftlingen. Wenn der Blockälteste jemandem befahl: »Morgen gehst du in den Draht!«, dann wurde dieser Häftling mit Gewalt gezwungen, sich am nächsten Tag dem mit Hochspannung geladenen Drahtzaun zu nähern. Doch bevor der Betroffene dort ankam, war er gewöhnlich schon von SS-Leuten auf den Wachtürmen als lebende Zielscheibe benutzt und von einer Maschinengewehrsalve zerschossen worden.

Aber oft warfen sich Häftlinge auch freiwillig in diesen Zaun. Sie konnten die physischen und psychischen Qualen nicht länger ertragen und machten auf diese Weise ihrem Leben ein schnelles Ende.

Aber auch die zwischen den Blocks stehenden Fässer mit kaltem Wasser wurden zum Morden benutzt. Ein Häftling wurde gezwungen, in das Faß zu steigen, und der Blockälteste drückte dessen Kopf so lange unter Wasser, bis sein Opfer tot war.

Ein besonders großes Interesse bewiesen Kapos und Blockälteste für Häftlinge mit Goldzähnen. Die mußten sterben! Bei der nächstbesten Gelegenheit wurden sie erschlagen und die Goldzähne ausgebrochen. Dieses Gold tauschten die Mörder gegen Alkohol und Essen ein. Und wenn sie gerade nicht mordeten, dann schlugen sie zumindest. Ständig. Von früh bis spät.

Blockältester der Slowaken war ein deutscher Gewohnheitsverbrecher. Wegen Mordes zu lebenslänglicher Haft verurteilt, setzte er nun seine Verbrechen in einem von der SS geschaffenen Freiraum und in ihrem Sinne fort.

Er begrüßte uns mit den Worten: »Es waren schon Tausende hier. Sie sind nicht mehr. Wenn ihr euch ordentlich benehmt, werdet ihr leben. Wenn ihr euch nicht ordentlich benehmt, werdet ihr sterben!«

Was ›ordentliches Benehmen‹ hieß, ließ er offen. Keiner fragte. Seine Einschüchterung zeigte Wirkung.

Dann kamen die niedrigeren Chargen, der Blockschreiber und der Stubenälteste.

Oft war auch der Blockschreiber ein Krimineller. Er überprüfte täglich den Ist-Stand der Gefangenen im Block, die Lebenden und die gerade Verstorbenen.

Hatte er sich bei seiner Bestandsaufnahme einmal geirrt, einen niedrigeren Stand notiert, korrigierte er nicht seine Meldung. Er korrigierte den Stand der Lebenden. Er erschlug einfach den einen oder anderen Häftling, bis die Anzahl der Gefangenen mit der Zahl auf dem Papier wieder übereinstimmte. Ein solcher »Fehler« brachte Schreiber, Blockältesten und Kapos Gewinn: Das Essen für die Erschlagenen fiel ihnen zu.

Während wir uns in die für uns bestimmten Räume drängten, lernten wir den Stubendienst kennen. Er hatte Befehlsgewalt über einzelne Zellen, hatte im Raum für Ordnung zu sorgen sowie das Essen auszugeben. Er nutzte seine Funktion, um bei jeder sich bietenden Gelegenheit Häftlinge zu schlagen.

Die Räume in Auschwitz wurden damals außerordentlich saubergehalten. Ich möchte das besonders betonen, weil ich später genau das Gegenteil erleben mußte. In jeder Koje der dreistöckigen einfachen Holzpritschen lag ein Strohsack. Jeder Häftling konnte sich mit einer Decke zudecken, ein relativer Komfort, verglichen mit anderen Lagern.

Geweckt wurde in Auschwitz um vier Uhr früh, hauptsächlich durch das Gebrüll der Stubendienste. Das »Bett« mußte so schnell wie möglich gemacht werden. Danach versuchte jeder noch einen freien Platz an den Wasserhähnen zu erreichen, um sich wenigstens etwas zu erfrischen.

Schon wenig später brachte der Verpflegungsdienst, zu dem am Vorabend zehn Häftlinge bestimmt worden waren, die Kübel mit dem Kaffee-Ersatz. Dann mußten wir schnell unser »Frühstück« hinunterschlingen. Dabei mußte man sich vorsehen, denn ohne Schläge vermochte sich der Stubendienst seinen Umgang mit den übrigen Häftlingen nicht vorzustellen. Wer von den kräftigen Schlägen getroffen wurde, hatte zu tun, die Schale mit »Kaffee« festzuhalten. Wenn ihm auch nur die kleinste Menge »Kaffee« auf den Fußboden schwappte, mußte er mit einer weitaus schwereren Strafe rechnen. Pünktlich um halb fünf trieben uns die Kapos aus dem Block. Warum so zeitig, blieb allen ein Rätsel, denn bei Frost und Schnee, bei Sturm und Regen mußten wir auf dem Appellplatz noch zweieinhalb Stunden auf den eigentlichen Appell warten. In dieser ungewissen Zeit des Wartens drängten wir uns aneinander, um uns mit unseren Körpern besser gegenseitig wärmen zu können.

Viele von uns, ohnehin geschwächt, durchfroren und durchnäßt, bekamen infolge der morgendlichen Schikane vor dem Appell Fieber, begannen Blut zu husten. Viele Kameraden wurden während des Appells von Schwächeanfällen geschüttelt. Sie stürzten zu Boden. Mithäftlinge brachten sie dann hinter die letzte Reihe und setzten sie dort auf den Boden. Nach dem Appell wurden die geschwächten Häftlinge vom Blockältesten oder von den Kapos wieder hochgepeitscht. Wer nicht mehr aufstehen konnte, blieb liegen und war von diesem Augenblick an dem Tode geweiht.

Der Appell am Abend verlief genauso. Die Blockinsassen wurden auf den Hof getrieben, alles mußte sehr schnell gehen, obwohl wir dann anschließend zwei Stunden oder sogar länger, in Fünferreihen stehend, auf den Blockältesten warten mußten. Beim Ausrichten der Reihen prügelten die Kapos wieder, denn für viele Kriminelle galt: es mußte Blut fließen, vorher war der Kapo nicht zufrieden. Erschien der Blockälteste endlich, ertönte der Befehl: »Mützen ab!« und die Häftlinge standen mit entblößten Köpfen vor dem Blockältesten, einem Kriminellen. Der meldete dann seinerseits die Ist-Stärke seines Blocks an den SS-Blockführer.

Danach trieben uns die Kapos mit Fußtritten und Schlägen in die Unterkunft zurück. Das Licht verlosch, das Abendessen konnte nur mit Mühe verzehrt werden, und alles hatte zu verstummen.

September 1942. Der erste Sonntag in Auschwitz. Der Frühappell endete, wir warteten auf das »Rührt euch!« Auf der obersten Stufe der Treppe zum Block stand der Blockschreiber, auch ein Berufsverbrecher. Von hier aus konnte er jeden Winkel des Hofes überblicken und seine Kommandos brüllen: »Stillgestanden! Mützen auf! Rührt euch.« Auf das schon hundertmal wiederholte »Mützen ab!« rissen wir uns die tellerartigen Mützen von den kahlgeschorenen Köpfen, um sie mit der flachen Hand gegen den rechten Oberschenkel zu knallen. Das mußte sich wie ein Peitschenknall anhören, sonst wurde es wiederholt, bis er zufrieden war. Diese scheinbar harmlose Schikane bot dem Blockschreiber den Vorwand, sich Opfer für das Strafexerzieren auszusuchen. Er stürzte sich auf einen Häftling, zerrte ihn über den Hof bis zum Nachbarblock, stellte ihn dort mit dem Gesicht gegen die Wand. Ein anderer hatte die Hacken zu spät zusammengeklappt. Jeder wartete darauf, daß nun endlich Schluß sei, aber er ließ weiterexerzieren. Die zwei genügten ihm noch nicht. Er holte sich weitere aus den Reihen, nun schon ohne jeden Vorwand. Eine lange Nase, eine Brille mit dicken Gläsern, eine schlechtsitzende Mütze, alles was ihm nicht paßte, war ihm Grund genug, einen nach dem anderen aus den Reihen zu zerren, bis zwanzig an der Wand standen. Blockschreiber und Stubendienste befahlen ihnen, in Fünferreihen anzutreten. Dann begann der Auschwitzer »Sport«.

»Laufschritt! Marsch, marsch! Hinlegen! Auf, marsch, marsch! Hinlegen! Kriechen! Auf, marsch, marsch! Hüpfen! Im Laufschritt! Marsch, marsch! Kehrt, marsch, marsch!« Die bedauernswerten Häftlinge wurden wie bei einer Treibjagd gehetzt und gejagt. Sie warfen sich auf die Erde, robbten keuchend herum und schubsten einander, um den Schlägen zu entgehen, die pausenlos auf sie niederprasselten. Ihre Gesichter waren vor Anstrengung rot angelaufen. Schweiß lief ihnen in Strömen über Stirn und Nacken und vermischte sich mit dem Blut der vielen Schläge. Nur nicht liegenbleiben! Wer das tat, war verloren. Ein Schlag mit dem Gummiknüppel, wenn nötig auch mehrere. Viele hatten schon aufgegeben. Mehr als die Hälfte lag bereits reglos am Boden, obwohl erst dreißig Minuten vergangen waren. »Laufschritt, marsch, marsch! Hinlegen! Aufstehen! Marsch! Hüpfen! Auf, marsch, marsch! Hinlegen! Kriechen!« Ein Kommando folgte dem anderen. Die noch Übriggebliebenen versuchten mit letzter Kraft, diese Befehle auszuführen. Doch es dauerte nicht lange, bis auch die letzten in ihren zebragestreiften Monturen reglos dalagen, erschöpft, und dann zu Tode geprügelt. Inzwischen waren die Toten zusammengetragen worden, als wäre überhaupt nichts geschehen. Der SS-Rottenführer machte den Eindruck, als ginge ihn das überhaupt nichts an.

Eine neue Folge von Kommandos. »Stillgestanden! Mützen auf! Mützen ab! Rührt euch!« Der stundenlange Drill war auch an diesem Sonntag zu Ende gegangen.

Die kriminellen Kapos mit ihrer Macht waren ein untrennbarer Teil des KZ-Systems. Am 21. Juni 1944 hielt Himmler vor höheren SS-Offizieren eine Rede, in der er unter anderem erklärte:

»Man muß selbstverständlich sehr Obacht geben, denn ein Lager mit 40 000–50 000 Mann könnte, geführt von irgendeinem entschlossenen Kopf, eine Gefahr sein. Sie ist aber keine..., zur Niederhaltung des Untermenschen haben wir sogenannte Kapos eingesetzt... Also einer ist der verantwortliche Aufseher..., Häftlingsälteste über 30, 40, über 100 andere Häftlinge. In dem Moment, wo er Kapo ist, schläft er woanders. Er ist verantwortlich, daß die Arbeitsleistung erreicht wird, daß bei keinem eine Sabotage vorkommt, daß sie sauber sind, daß die Betten gut gebaut sind. In einer Kaserne kann es nicht ordentlicher sein. Dafür ist der Kapo verantwortlich. Er muß also seine Männer antreiben. In dem Moment, wo wir mit ihm nicht zufrieden sind, ist er nicht mehr Kapo, schläft er wieder bei seinen Männern. Daß er dann von denen in der ersten Nacht totgeschlagen wird, das weiß er (!). Der Kapo bekommt bestimmte Vergünstigungen.

Ich habe hier... ja kein Wohlfahrtssystem auszudenken.«

Die Tagesration eines Häftlings: 1300–1700 Kalorien bei 12stündiger Schwerstarbeit. SS-Ärzte konstatierten, daß 75 % der Häftlinge verhungerten

6. Arbeitskommando

Die Lagerleitung hatte die Häftlinge in verschiedene Arbeitskommandos eingeteilt. Dabei wurden weder Fachkenntnisse noch frühere Berufe der Gefangenen berücksichtigt. Im KZ Auschwitz existierten z. B. das Bauhofkommando, das Holzhofkommando, das Aufräumkommando, das Leichenkommando, das Straßenbaukommando und viele andere. Ich mußte im Straßenbaukommando arbeiten. Die Arbeitsbedingungen waren unvorstellbar. Ständig schlugen die Vorarbeiter auf uns ein, obwohl die Arbeit dort nur darin bestand, Steine zu transportieren.

Ich erinnere mich noch genau an jene kalten Oktobertage des Jahres 1942. Es wehte ein eisiger Wind. Wir mußten zehn Stunden lang mit klammen Händen Pflastersteine einen Kilometer weit tragen und dort ablegen. Eine Woche später zwang man uns, diese Steine von dort wieder an ihren alten Platz zurückzubringen. Eine völlig sinnlose Arbeit! Die Häftlinge sollten auf diese Weise nicht nur körperlich geschwächt, sondern durch die sinnlose Beschäftigung auch geistig zerstört werden.

Gründe zum Prügeln und zum Totschlagen fielen den uns begleitenden SS-Leuten stets von neuem ein. Nach Kräften bemühten sie sich darum, daß ihr Kommando am Abend eine Schubkarre voller Leichen und Schwerverletzten heimbrachte. Ohne Tote kehrte kaum ein Kommando zurück. Ich erkannte sehr schnell, ein Verbleiben im Straßenbaukommando bedeutete früher oder später meinen sicheren Tod. Abends kehrte unser Kommando gegen 18 Uhr in den Block zurück. Während wir unsere toten Kameraden auf Karren hinter uns herzogen, spielte die Häftlingskapelle am Lagertor »Auf der Heide blüht ein kleines Blümelein«, »Hoch auf dem gelben Wagen« und andere deutsche Volkslieder oder Marschmusik.

Im Straßenbaukommando hielt es wegen der schlimmen Bedingungen keiner lange aus. Ich versuchte alles nur mögliche, zu einem anderen Kommando kommandiert zu werden, zumal ich nicht gerade zu den größten und stärksten Häftlingen gehörte.

In einigen den NS-Verbrechern wichtigen Kommandos wirkte sich der durch die hohe Sterberate bedingte ständige Wechsel von Arbeitskräften äußerst nachteilig auf die Arbeitsleistungen aus. Darum erhielten diese Kommandos wöchentlich zweimal eine Zusatzration an Brot, Wurst, manchmal etwas Margarine und Marmelade. Diese Lebensmittel waren die einzige wertvolle Nahrung, die ein Häftling erhalten konnte. Sie waren zum Erhalt der Arbeitskraft absolut lebensnotwendig.

Nach etwa zwei Wochen gelang es mir, mit Hilfe eines Freundes aus der Slowakei, der schon vor mir nach Auschwitz deportiert worden war, dem Kommando DAW – Deutsche Ausrüstungswerke zugeteilt zu werden. Wir nannten es »eines der besseren Kommandos«.

In ihm schufteten tausendfünfhundert Häftlinge. Sie mußten in einer Abteilung der nahegelegenen Rüstungsfabrik Holzkisten für Granaten zimmern. Wir arbeiteten dort zwar auch unter schweren Bedingungen, aber gewisse Umstände machten in jener Abteilung das Lagerleben erträglicher. Mit einem Vorarbeiter, der die Elektroinstallation in der Fabrik betreute, schloß ich eine Vereinbarung. Er nahm mich in seine Gruppe auf unter der Bedingung, daß ich ihm meine gesamte Zusatzration überließ, die mir für die Tätigkeit in diesem Kommando zustand. Dafür durfte ich

Kabelkanäle für elektrische Leitungen in die Wände schlagen. Das bedeutete, daß ich den ganzen Tag auf einer Leiter stehen würde, wo mich kein Kapo erreichen konnte, glaubte ich wenigstens. Das schien mir eine kleine Überlebenschance zu bedeuten.

Bald jedoch spürte ich, wie sehr ich mich darin geirrt hatte. Die Häftlingsverpflegung in Auschwitz deckte 1942 nicht den täglichen Mindestbedarf an Kalorien und Vitaminen. Früh gab es nur Kaffee-Ersatz aus geröstetem Getreide und Zichorie, mittags erhielten wir einen Liter Wassersuppe, abends gab es etwa dreihundert Gramm Brot und wieder Kaffee-Ersatz. Bei einer so minderwertigen Verpflegung und gleichzeitig solch harten Arbeitsbedingungen konnte kein Häftling gesund bleiben. Eigene Kraftreserven waren schnell verbraucht. Die Lebenserwartung sank rapide. Verschleißerscheinungen spürte man täglich stärker.

Als ich guten Glaubens meinen Lebensmittel-»Vertrag« ausgehandelt hatte, fehlte es mir noch an Erfahrung mit jenen Wolfsgesetzen, die im Lager herrschten. Ich war erst zu kurz in dieser Hölle, um schon alles durchschauen zu können. Mir war nicht bewußt gewesen, daß ich mit nur dreihundert Gramm Brot keine zehn Stunden würde hart arbeiten können. Anfangs war mir nur wichtig gewesen, nicht mehr ständig den Stock des Kapos zu spüren. Doch meine Fehleinschätzung des eigenen Leistungsvermögens sollte ich bald teuer bezahlen.

Es war an einem Donnerstag. Ich stand auf der Leiter. Plötzlich wurde mir schwindlig. Nur mit letzter Mühe konnte ich das Gleichgewicht halten. Meine Beine versagten mir fast den Dienst. Vor meinen Augen verschwamm alles in einem Nebel. Am nächsten Tag ging es mir noch schlechter. Ich hatte meine Kräfte total überschätzt. Befand ich mich bereits auf dem Weg in den Tod? Gerade zu jener Zeit wurde die DAW-Produktion wegen Materialmangels reduziert. Zu den fünfhundert Umgesetzten gehörte auch ich. Mein Gesundheitszustand verschlechterte sich infolge Unterernährung weiter.

7. Muselmänner

Doch aus Überlebenswillen kämpfte ich und meldete mich freiwillig zum Holzhofkommando. Dort arbeitete, wessen Kräfte bereits erschöpft waren, wer aber noch auf Besserung hoffte, aber auch wer mit seinem Leben schon abgeschlossen hatte und nur noch einen raschen, erlösenden Tod erwartete. Diese wandelnden Skelette, diese von Krankheit und Hunger gezeichneten Gestalten in mumienähnlichem Zustand wurden Muselmänner genannt. Diese Wesen schleppten sich schwer atmend und mit letzter Kraft arbeitend vorwärts. Sie vegetierten dahin zwischen Leben und Tod. Sie reagierten weder auf Befehle noch auf das, was um sie geschah. Das war wohl auch der Grund, warum die Häftlinge des Holzhofkommandos nicht von Kapos und Vorarbeitern geschlagen wurden. Das Kommando bestand immer nur für kurze Zeit. Jedesmal wenn die Arbeitskräfte am Ende waren, wurde es vollständig liquidiert.

Als wir am 14. Dezember 1942 gerade zur Arbeit abmarschierten, unterbrach uns plötzlich der Befehl: »Holzkommando, halt!« und gleich darauf: »Holzkommando, kehrt!« Blitzschnell war unsere Gruppe von SS-Leuten umstellt. Sie führten uns zum Bad. Kaum waren wir dort angekommen, befahl ein SS-Oberscharführer: »Kapos und Vorarbeiter raustreten!« War das nun das Ende!?

Alle hatten von diesem Augenblick gehört und ihn erwartet. Zum Holzkommando hatten wir uns gemeldet, weil wir den täglichen Strapazen nicht mehr gewachsen waren. Uns blieb nur noch der Tod. Und trotzdem klammerten wir uns an das Leben. Noch einmal brach das Gefühl von Menschenwürde aus dem tiefsten Unterbewußtsein hervor. Die zum Tode verurteilten Arbeiter, Universitätsprofessoren, Lehrer, Angestellten und Ärzte stürzten sich mit dem Mut der Verzweiflung und bloßen Händen auf ihre Bewacher. Doch die Eisenstangen und Gewehrkolben der SS waren stärker als das letzte Aufbegehren gequälter Häftlinge. Sie wurden in den Duschraum gedrängt, um dort auf ihren Abtransport in die Gaskammern von Birkenau zu waren. Die Türen wurden hinter zweihundert zur Ermordung Verurteilten geschlossen.

Als mir voll bewußt wurde, was sich vor meinen Augen tat, nutzte ich die entstandene Verwirrung, sprang durch die Reihen der Kapos und Vorarbeiter und versteckte mich hinter deren Rücken. Es war eine Tat der Verzweiflung. Aber ich trug am Ärmel meiner Häftlingskleidung kein Erkennungszeichen, das mich als Kapo oder Vorarbeiter ausgewiesen hätte. Nur sie wurden nämlich nicht in die Gaskammer geschickt. Ich mußte also unbedingt verhindern, daß beim letzten Zählappell vor dem Marsch in die Gaskammer mein Fehlen entdeckt wurde.

In einem günstigen Moment flüchtete ich hinter den nächsten Block. Dann lief ich zwischen einigen weiteren hindurch und gelangte zu einer Gruppe von Häftlingen, die zwischen zwei Gebäuden Schnee auf einen Wagen schippten. Ohne zu überlegen ergriff ich eine Schaufel, die an einem Gefährt lehnte, und begann, auch Schnee zu schippen.

Daß die Häftlinge, die den Schnee schaufelten, nichts gegen meine Anwesenheit einwenden würden, war selbstverständliche Solidarität. Entscheidend für mein Weiterleben war das Verhalten des Vorarbeiters. Falls er das Verzeichnis der Leute seiner Gruppe bereits geschrieben hatte, würde er mich sicher anzeigen. Aber als er auftauchte, hielt er Papier und Bleistift in der Hand und notierte die Nummern der arbeitenden Häftlinge. In diesem Hofkommando konnte jeder arbeiten, der nicht irgendwo außerhalb des Lagers eingesetzt war.

Kaum hatte der Vorarbeiter seine Liste fertig geschrieben, tauchte ein SS-Mann mit einem Kapo auf. Sie suchten nach dem Verschwundenen. Die beiden erblickten die Schnee schaufelnden Häftlinge und sahen mich, einen Muselmann. Ich erschien den beiden zwar verdächtig, aber glücklicherweise konnten sie sich nicht mehr genau an mich erinnern. Zu viele Häftlinge hier machten einen solch erbärmlichen Eindruck. Das hatte sie wahrscheinlich irritiert.

Der SS-Mann rief den Kapo der Gruppe zu sich und ließ sich dessen Liste zeigen. In ihr befand sich meine Nummer 64401. Als der SS-Mann dem Kapo zunickte, atmete ich erleichtert auf. Nach einem nochmaligen kurzen Blick auf mich zogen die beiden weiter und verschwanden hinter der nächsten Ecke. Das war meine Rettung!

Diesem Häftlingskommando und der Liste, in der meine Nummer stand, verdankte ich mein Leben, für den Moment. Doch meine Rettung hätte keinen Sinn gehabt, wenn ich wenige Tage später gestorben wäre. Entscheidend für das Überleben war, welchem Lagerkommando ich zugeteilt würde. Zunächst erwies sich meine Situation als wenig aussichtsreich. Noch gehörte ich auf den ersten Blick zu den Todgeweihten. Ich wog – ein mittelgroßer Mann – ganze vierzig Kilo.

8. Krank

Im Lager arbeiteten wir unter entsetzlichen Bedingungen. Ohne Socken, Schal, Handschuhe oder andere wärmende Kleidung mußten wir vom frühen Morgen bis zum späten Abend bei jedem Wetter, im Winter bei klirrendem Frost oder sogar Schnee im Freien schuften. Dabei erfror der große Zeh meines linken Fußes. Jede weitere Arbeit erschien plötzlich für mich unmöglich. Ich hätte mich eigentlich krank melden müssen. Aber eine solche Meldung war gleichbedeutend mit Selbstmord, hätte direkt ins Krematorium geführt. Ungeachtet meiner kaum noch zu ertragenden Schmerzen suchte ich deswegen nicht das Krankenrevier auf. Dr. Peter Barotš, ein Arzt, ein Bekannter aus Poprad, den ich hier im Lager als politischen Häftling wieder getroffen hatte, half mir. Meine Frostbeulen befanden sich in einem äußerst kritischen Stadium. Aus diesem Grunde schlug er eine Operation ohne ärztliche Instrumente, ohne Narkotika oder andere Medikamente vor. Ihm stand nur ein einziges Operationsbesteck zur Verfügung: ein gewöhnliches Küchenmesser. Ich hatte keine andere Wahl, wollte ich weiterleben, und darum stimmte ich zu.

Am Abend operierte er mich. Das Messer desinfizierte er an einer Flamme. Dann kürzte er den erfrorenen Zeh ohne jede Betäubung. Ich biß die Zähne zusammen und krallte meine Hände vor Schmerz in den Strohsack, um nicht laut aufschreien zu müssen. Einige Kameraden sprachen mir Mut zu. Immer wieder sagten sie mir: »Halte durch!« Anschließend legte er mir einen einfachen Papierverband um den gekürzten Zeh an. Dann versuchte ich zu schlafen.

Doch noch war die Gefahr nicht überwunden. Am nachsten Tag standen wir zweieinhalb Stunden bei strengem Frost bis zum Appellende. Die stechenden Schmerzen meiner frischen Wunde quälten mich. Ich durfte nicht schreien, denn Kapos und Blockälteste durften nichts Ungewöhnliches bemerken.

Für das ganze Lager Auschwitz, für Zehntausende von Häftlingen, existierte nur ein einziges Krankenrevier. Ein Häftling, der sich dort meldete, mußte sich am Abend nach dem Appell vor dem Krankenblock aufstellen.

In das Gebäude durften immer nur fünf Kranke gleichzeitig eintreten. Wer am Ende der Schlange stand, mußte mitunter mehrere Stunden warten, bis er an der Reihe war, egal, ob es regnete oder schneite, ob Kranke verletzt waren oder hohes Fieber hatten. Untersucht wurde schnell und nur oberflächlich. Wunden wurden nur mit einem Papierverband versorgt. Und der Häftling mußte am nächsten Morgen wieder zur Arbeit marschieren. Nur Entkräftete blieben im Krankenrevier. Doch wer 1942 im Revier aufgenommen wurde, bekam zwar zuerst ein Bad und dann ein sauberes Bett, aber später kam dann ein SS-Arzt zur »Visite«, auf dessen Anweisung Sanitäter den Kranken mit einer Spritze ermordeten, mit Karbolsäure. Nur kranke Kapos und Häftlinge, die die SS ihrer Qualifikation wegen unbedingt brauchte, wurden nicht ermordet, sondern geheilt.

Ich wußte von den Vorgängen in diesem Krankenrevier. Einige Tage zuvor hatte ich einen sechsundzwanzigjährigen Kameraden zu überreden versucht, sich nicht freiwillig ins Revier zu melden. Erfolglos. Vor kurzem noch ein gesunder und kräftiger Bursche, ging er, all seiner Kräfte beraubt, ins Krankenrevier, und wir sahen ihn nie wieder.

Von unserem Transport aus Žilina lebte fast niemand mehr, aber ich wollte leben. Ich wollte es noch erleben, nicht mehr nur eine Nummer, sondern wieder ein Mensch zu sein.

Häftlinge des Aufräumungskommandos »Kanada« sortieren die geraubten Sachen

»Kanada« – hier erfolgte die Sortierung des geraubten Gutes

9. Kanada

In Auschwitz existierte ein Kommando, in dem sich die Häftlinge satt essen konnten. Es gab dort nicht nur ausreichend trockenes Brot, sondern auch für »normale Häftlinge« sonst völlig unerreichbare Nahrungsmittel. Dieses »Paradies auf Erden« war das Aufräumungskommando. Es hatte die Aufgabe, das Gepäck der Neuankömmlinge zu »bearbeiten«. Jeder mußte seine Koffer, Taschen und was sonst noch zu seiner letzten mitgeführten Habe gehörte, auf der Bahnhofsrampe im Lager Auschwitz abstellen. Die Häftlinge des Aufräumungskommandos mußten gleich darauf dieses Gepäck sortieren und in Waggons verladen mit dem Bestimmungsziel Deutschland.

In diesem Kommando wollte ich untertauchen. Das war allerdings leichter gesagt als getan. Um meinem Ziel näherzukommen, mußte ich einen primitiven, riskanten Trick versuchen. Ich setzte auf Zeit und Beharrlichkeit.

Eines Morgens, als die Häftlinge zur Arbeit antraten, stellte ich mich beim Aufräumungskommando mit auf. Natürlich entdeckte mich der Kapo. Er verprügelte mich und jagte mich zu meinem Kommando.

Damit hatte ich gerechnet. Doch ließ ich mich davon nicht abschrecken. Am nächsten Morgen stellte ich mich wieder in die Reihen dieses Kommandos, in dem die meisten Häftlinge gerne gearbeitet hätten. Natürlich wurde ich wieder entdeckt und geprügelt. Noch zweimal wiederholte ich dieses »Spielchen«. Am fünften Tag schien meine Rechnung aufzugehen, wenn auch scheibchenweise.

Es fehlten plötzlich zwei Leute im Rollwagenkommando. Sie waren erkrankt. Und ich hatte mich erneut im Aufräumungskommando eingereiht. Wegen der Erkrankten waren die Kapos gezwungen, zwei neue Häftlinge in das Rollwagenkommando zu kommandieren. Der erste, der ihnen in den Weg lief, war ich. Sie notierten meine Nummer. So gehörte ich, Nummer 64 401, von diesem Tage an zum Rollwagenkommando. Damit war ich, wenigstens auf Zeit, vor dem Hungertod gerettet.

Das Rollwagenkommando arbeitete in Tag- und Nachtschichten, je nachdem, wie die Züge mit Verschleppten eintrafen. Ihm zugeordnet waren etwa einhundert Häftlinge. Während 16 Häftlinge den Rollwagen zogen, beluden ihn die anderen mit Koffern, Taschen, Paketen und all dem, was die Neuankömmlinge auf der Rampe zurücklassen mußten.

Das Aufräumungskommando wurde »Kanada« genannt; das sollte an ein Land erinnern, in dem Überfluß an Nahrungsmitteln herrschte. In diesem Kommando arbeiteten etwa zwei- bis vierhundert Häftlinge, die Hälfte von ihnen Frauen. Je nach Anzahl der eintreffenden Transporte wurde die Zahl der dem Kommando zugeordneten Arbeitskräfte erhöht oder reduziert. Sie sortierten das Gepäck, aber nur bei Tage.

Sobald ein Transport gemeldet war, begab sich das Rollwagenkommando zur Rampe. Trotz der Bewachung durch die Aufseher bot sich gelegentlich eine Möglichkeit, ein paar Nahrungsmittel beiseite zu schaffen.

Die Häftlinge versuchten, sie in verschiedenen Verstecken ins Lager zu schmuggeln: am Körper, unter der Kleidung, unter der Mütze oder in den Schuhen. Das war sehr gefährlich, weil von den SS-Leuten schon der Versuch, die Verpflegungs-

Abschrift Geheim

181/6

Aufstellung

über die von den Lagern Lublin und Auschwitz auf Anordnung des SS-Wirtschafts-Verwaltungshauptamt abgelieferten Mengen an Textil-Altmaterial:

1. Reichswirtschaftsministerium

Männer-Altbekleidung ohne Wäsche		97 000 Garnituren	
Frauen-Altbekleidung ohne Wäsche		76 000 Garnituren	
Frauen-Seidenwäsche		89 000 Garnituren	
		insgesamt:	34 Waggons

Lumpen	400 Waggons	2 700 000 kg	
Bettfedern	130 Waggons	270 000 kg	
Frauenhaare	1 Waggon	3 000 kg	
Altmaterial	5 Waggons	19 000 kg	
	insgesamt:	2 992 000 kg	
		insgesamt:	536 Waggons
			570 Waggons

2. Volksdeutsche Mittelstelle

Männerbekleidung:

Mäntel	99 000	Stck.
Röcke	57 000	"
Westen	27 000	"
Hosen	62 000	"
Unterhosen	38 000	"
Hemden	132 000	"
Pullover	9 000	"
Schals	2 000	"
Pyjamas	6 000	"
Kragen	10 000	"
Handschuhe	2 000	Paar
Strümpfe	10 000	"
Schuhe	31 000	"

Kinderbekleidung:

Mäntel	15 000	Stck.
Knabenröcke	11 000	"
Knabenhosen	3 000	"
Hemden	3 000	"
Schals	4 000	"
Pullover	1 000	"
Unterhosen	1 000	"
Mädchenkleider	9 000	"
Mädchenhemden	5 000	"
Schürzen	2 000	"
Schlüpfer	5 000	"
Strümpfe	10 000	Paar
Schuhe	22 000	"

Frauenbekleidung:

Mäntel	155 000	Stck.
Kleider	119 000	"
Jacken	26 000	"
Röcke	30 000	"
Hemden	125 000	"
Blusen	30 000	"
Pullover	60 000	"
Unterhosen	49 000	"
Schlüpfer	60 000	"
Pyjamas	27 000	"
Schürzen	36 000	"
Büstenhalter	25 000	"
Unterkleider	22 000	"
Kopftücher	85 000	"
Schuhe	111 000	Paar

Wäsche usw.:

Bettbezüge	37 000	Stck.
Bettlaken	46 000	"
Kopfkissenbezüge	75 000	"
Geschirrtücher	27 000	"
Taschentücher	135 000	"
Handtücher	100 000	"
Tischdecken	11 000	"
Servietten	8 000	"
Wolltücher	6 000	"
Krawatten	25 000	"
Gummischuhe und Stiefel	24 000	Paar
Mützen	9 000	Stck.
insgesamt:		211 Waggons

Lieferschein über 825 Waggons Raubgut
Tausende Waggons mit deportierten Juden aus ganz Europa kamen auf der Auschwitzer Rampe an. Auf dem Rückweg brachten diese Wagen die Habseligkeiten der im Gas Ermordeten ins Altreich

[illegible]

3. **Reichsjugendführung - Landdienst**

Männer-Altbekleidung	4 000	Garnituren
Männer-Mäntel	4 000	Stück
Männer-Schuhe	3 000	Paar
Frauen-Altbekleidung	4 000	Garnituren
Frauen-Mäntel	4 000	Stück
Frauen-Unterwäsche	3 000	Garnituren
Frauen-Pullover	20 000	Stück
Frauen-Schürzen	5 000	Stück
Schals versch. Art	6 000	Stück
Frauen-Schuhe	3 000	Paar

4. **Unternehmen "HEINRICH"**

Männer-Altbekleidung	2 700	Garnituren

5. **I.G.Farbenindustrie Auschwitz**

Männer-Altbekleidung	4 000	Garnituren

6. **Organisation "TODT" - Riga**

Männer-Altbekleidung	1 500	Garnituren

7. **Generalinspektor des Führers für das Kraftfahrwesen**

Männer-Altbekleidung	1 000	Garnituren
Männer-Unterwäsche	1 000	"
Männer-Schuhe	1 000	"
Männer-Mäntel	1 000	Stück

8. **Konzentrationsläger**

Männer-Jacken	28 000	Stück
Männer-Hosen	25 000	"
Männer-Westen	7 000	"
Männer-Hemden	44 000	"
Männer-Unterhosen	34 000	"
Männer-Pullover	1 000	"
Männer-Mäntel	6 000	"
Frauen-Mäntel	25 000	"
Männer-Schuhe	100 000	Paar

insgesamt: 44 Waggons

zusammen: 825 Waggons

F.d.~~d.d.A.~~:

SS-Hauptsturmführer

ration etwas »aufzubessern«, bestraft wurde: mit Schlägen, nicht selten auch mit dem Tod. Doch der Hunger zwang jeden, dieses Risiko auf sich zu nehmen. Am ersten Tag wagte ich, ein Stück trockenes Brot unter meiner Kleidung in die Unterkunft des Rollwagen- und Aufräumkommandos zu schmuggeln. Beide waren in einem abgesonderten Block untergebracht. Wenn es abends dunkel geworden war, wollte ich mich zum ersten Mal seit meiner Ankunft in Auschwitz wieder an trockenem Brot satt essen. Doch auf der Pritsche liegend bemerkte ich, daß ich in diesem Block vor meinen Kameraden Essen nicht zu verstecken brauchte. Hier hatte jeder genügend zu essen. Selbstverständlich nicht, weil die offiziell zugeteilte Ration für dieses Kommando höher oder gar qualitativ besser gewesen wäre, sondern einfach, weil sich jeder mit Nahrungsmitteln aus »Kanada« versorgte. In den Rucksäcken und Koffern, die von den Neueingelieferten auf der Rampe zurückgelassen werden mußten, gab es genügend Eßbares.

Die Bezeichnung »Kanada« für das Kommando hatte sich schnell im Lager verbreitet. Bald wurde nicht nur das Kommando so genannt, sondern auch das ganze umzäunte Areal, eine Art Hof, zu dem ein Zufahrtsweg sowie ein Verladegleis hinführten. Hier wurden die Waggons bereitgestellt, in die die sortierten gestohlenen Sachen verladen wurden. Das Raubgut ließ die SS ins Dritte Reich transportieren. »Kanada« bestand aus fünf Holzbaracken, zwei gemauerten Gebäuden und einem Holzschutzdach, auch »Albertschuppen« genannt, nach Albert Davidovič, aus Neudorf in der Slowakei, der hier Kapo war, ein älterer, gutmütiger Antifaschist, der uns Häftlinge nach Kräften unterstützte.

In »Kanada« arbeiteten Männer und Frauen. Zunächst eine grobe Vorsortierung. Anschließend wurden die Warengruppen wie: Textilien, Schuhe, Toilettenartikel, Küchengebrauchsgegenstände usw. noch nach Qualität sortiert. Am Schluß kamen Röcke, Blusen, Mäntel und Hosen zur Desinfektion.

Im »Albertschuppen« dagegen wurde Rasierzeug sortiert. Wir verpackten Rasierklingen, -messer, -apparate, Rasierseife und ähnliches gesondert in Koffer. Andere Toilettenartikel, wie z. B. Zahnpasta, Hautcremes, wurden ausgesondert. Wir mußten die Tuben aufschneiden, um nach versteckten Wertsachen zu suchen. Hatten wir beispielsweise Geld, Gold oder ähnliches entdeckt, dann mußten wir es in den Schlitz einer besonderen Kiste stecken.

Alle Wertgegenstände, auch Gemälde und Antiquitäten, wurden sorgfältig inventarisiert. Aus dem »Magazin« schickte die SS diese Wertsachen, dann mit einem Warenbegleitschein versehen, nach Deutschland.

Täglich verließen Züge mit Raubgut »Kanada«. Wenn man bedenkt, daß in Auschwitz Millionen Menschen ermordet wurden, so läßt sich nur erahnen, welch unermeßliche Mengen an Wertsachen und Gebrauchsgegenständen von den NS-Verbrechern allein in diesem einen KZ geraubt wurden. Tausende Waggons mit deportierten Juden aus ganz Europa kamen auf der Auschwitzer Rampe an. Auf dem Rückweg brachten diese Waggons die Habseligkeiten der meist schon Ermordeten ins Altreich.

10. Wachmannschaften

Das Sagen in »Kanada« hatte selbstverständlich die SS. Die raubte, machte auch »Geschäfte« mit Häftlingen. Das war natürlich verboten. Wurde ein SS-Mann beim Schwarzhandel ertappt, kam er an die Front; so auch Scharführer Wiegleb, der direkte Vorgesetzte der Wachmannschaft in »Kanada«. Seine außerordentliche Raffgier brachte ihn an die Ostfront, wo er »für Führer, Volk und Vaterland« fiel.

Die SS-Leute hatten Macht über Leben und Tod. Für ihre Willkür gab es keine Grenzen. Einige kann ich bis heute nicht vergessen.

Für die geistige Haltung der SS war Wieglebs Vorgesetzter typisch. Er kam zwar nicht oft nach »Kanada«. Wenn er uns aber besuchte, dann meist in Begleitung seines sechs- oder siebenjährigen Sohnes, den er anhielt, uns mit seinem Hund zu quälen. Zum Wachkommando gehörte auch ein SS-Unterscharführer Heinz Kühnemann. Der war ursprünglich Schauspieler gewesen. Darum hielt er offensichtlich alles in seiner Umgebung in Auschwitz für Theater, in dem er eine Rolle mimte. Befehle und Schimpfwörter deklamierte er. Obwohl er einer der intelligentesten SSler war, war er genau so schlimm wie alle anderen SS-Leute, wenn er bei einer Kontrolle ein Stück Brot fand, dann prasselten 10 bis 20 Stockschläge auf den Häftling.

Der SS-Unterscharführer Wünsch war völlig von der Richtigkeit der nazistischen Ideologie überzeugt. In diesem Sinne behandelte er auch die Häftlinge, wozu ihm brutale Gewalt angemessen zu sein schien. Er nutzte seine Stellung, um bei jeder sich bietenden Gelegenheit Häftlinge zu schlagen.

Berüchtigt für seine außerordentliche Grausamkeit war auch ein volksdeutscher SS-Unterscharführer aus Jugoslawien, ein ehemaliger Fleischer. Weil er nur über einen geringen deutschen Wortschatz verfügte, beschränkte er sich im Umgang mit uns Häftlingen auf nur wenige Schimpfworte. Während er uns traktierte, stolzierte er, eitel wie ein Pfau, mit seinen auf Hochglanz polierten Schaftstiefeln um uns herum.

Auf der Rampe herrschte auch der SS-Oberscharführer Schillinger. Wo auch immer Schillinger mit seinem Motorrad auftauchte, erregte er wegen sadistischer Grausamkeiten Entsetzen. Eine besondere Befriedigung schien er darin zu finden, seine unschuldigen Opfer ins Gas zu schicken und sich an ihren Qualen zu weiden.

Besonders hüten mußte man sich vor Fritz, dem Kapo der Nachtschichten, einem deutschen Berufsverbrecher. Er war aus dem Lager Mauthausen-Gusen gekommen, wo er auch schon jahrelang gemeinsame Sache mit den SS-Leuten gemacht hatte. 1944 starb er, angeblich an Typhus. Doch ging das Gerücht, daß er von den Häftlingen, die er gepeinigt hatte, ins Jenseits befördert worden sei.

Der Stehbunker im Block 11 – seine Ausmaße betrugen 90 Zentimeter mal 90 Zentimeter, die Höhe 1 Meter

An der sogenannten schwarzen Mauer, der Todeswand neben Block 11, wurden etwa 20 000 Häftlinge ermordet

11. Bunker – Block 11

Zur Vernehmung in die Politische Abteilung kam jeder, der bei dem Versuch gefaßt wurde, sich Geld, Gold oder andere Wertgegenstände zu beschaffen, oder der versucht hatte, einige Worte mit einer der in der Nähe arbeitenden Frauen zu wechseln.

Es geschah, daß ein Häftling seine Frau oder seine Tochter erkannte und er es nicht über sich brachte, sie nicht anzureden. Der so Ertappte wurde sofort in den Bunker des Blocks 11 abgeführt. Auch wen man bei einem Fluchtversuch ergriffen oder bei der Vorbereitung eines Fluchtversuchs ertappt hatte, brachte man zur Politischen Abteilung.

Der Bunker war eine unterirdische Betonzelle, in welcher der Häftling auf dem feuchtkalten Boden nur liegen oder sitzen konnte. Wegen der kalten und feuchten Betondecke, die den nur einen Meter hohen Bunker nach oben abschloß, konnte man nicht aufrecht stehen. Die Kost in diesem Loch bestand aus Wasser und einem kleinen Stückchen Brot. Es gab keine Decke, nicht einmal bei ärgstem Frost.

Dieser Bunker wurde aber noch durch den Bunker für die sogenannten schweren Fälle überboten. Die Ausmaße dieser Zelle erlaubten dem Häftling nicht, sich zu setzen oder niederzulegen; er mußte die ganze Zeit stehen.

Aus diesen Bunkern wurden die Häftlinge zum Verhör vorgeführt. In der Kanzlei, in der das Verhör stattfand, mußte sich der Beschuldigte auf einen besonderen Stuhl setzen, an den ihm die Folterknechte seine Hände und Füße festbanden. Der Stuhl hatte die Form einer Schaukel. Entsprechend der Schaukelbewegung schlugen zwei SS-Männer auf den zu Verhörenden von vorn und hinten ein, bis dessen Kräfte schwanden. Von Zeit zu Zeit fragte man den Häftling, ob er das, was man ihm zur Last legte, gestehe. Ob dieser nun gestand oder nicht, die Strafe blieb ihm nicht erspart, und es gab keinen Häftling, der die Politische Abteilung ohne Schläge verließ.

Es gab zwei Hauptstrafen: die Arbeit im Strafkommando und die Todesstrafe. Im Strafkommando mußten die Häftlinge allerdings solch schwere Arbeiten verrichten, daß sie nach längstens drei Wochen tot zusammenbrachen. Wurde ein Häftling direkt zum Tode verurteilt, führte ihn ein Kapo mit entblößtem Oberkörper zur sogenannten schwarzen Mauer. Dort stellte man ihn mit dem Gesicht zur Wand, und ein SS-Mann tötete ihn durch Genickschuß. Manchmal fanden auch Massenhinrichtungen statt. Dann benutzte man dazu Maschinengewehre.

Der 200 ha große »Friedhof ohne Gräber« in Birkenau. Millionen Kinder, Frauen und Männer sind in diesem Nebenlager des KZ Auschwitz ermordet worden

Der Block 16 im KZ Birkenau. Es gab weder Fenster noch fließendes Wasser. 600 Häftlinge wurden nachts auf dreistöckigen Holzpritschen zusammengepfercht

12. Ankunft in Birkenau

Schon nach kurzer Zeit mußte ich meine Arbeit im Rollwagenkommando aufgeben. Am 15. Januar 1943 kam der Befehl, das Aufräumungskommando nach Birkenau zu verlegen. Daraufhin begann eine allgemeine Flucht aus diesem Kommando. Denn nach Birkenau wollte zuerst niemand, nicht einmal um den Preis, sich satt essen zu können. Vor diesem Ort fürchteten sich selbst erfahrene Auschwitz-Häftlinge.

Andererseits war klar, wenn das Aufräumungskommando verlegt würde, würde das Rollwagenkommando aufgelöst werden. Mich mehrmals brutal zusammenschlagen zu lassen, um die Arbeit im Aufräumungskommando »Kanada« zu bekommen, wäre dann umsonst gewesen. Diese Arbeit hatte mich vor dem Hungertod gerettet. Und nicht zuletzt: irgendwo in Birkenau, diesem nur 4 Kilometer entfernten Nebenlager, lebte meine Frau Gisela, hoffte ich immer noch. So entschloß ich mich, freiwillig mit dem Aufräumungskommando nach Birkenau zu gehen.

Birkenau lag in einer ungesunden, sumpfigen Gegend, nahe dem Dorf Rajsko. Bevor die SS das Lager aufbauen ließ, evakuierte sie die Bewohner dieser Gegend. Sie wollte keine Zeugen ihrer Verbrechen.

Am 15. Januar 1943 verließen einhundertfünfzig Häftlinge Auschwitz. Nach einstündigem Marsch erreichten wir Birkenau. Wir hatten zwar einen Ort des Schrekkens erwartet, aber was wir sahen, übertraf unsere schlimmsten Befürchtungen bei weitem.

Die Häftlingsunterkünfte waren nicht aus Stein wie in Auschwitz. Hier standen nur primitive Holzbaracken, als Pferdeställe konstruiert. Das Tageslicht erreichte das Innere der Räume nur durch schmale Dachfenster. Die Seitenwände waren fensterlos. Ein Stacheldrahtzaun trennte das Lager der Männer von dem der Frauen.

Als wir das separat umzäunte, scharf bewachte Männerlager erreicht hatten, sahen wir durch den trennenden Stacheldrahtzaun auf dem Hof des Frauenlagers eine lange Reihe nackter Geschöpfe in erbarmungswürdigem Zustand. Unsere Nähe ließ sie völlig unbeeindruckt. Es schien, als wäre jedes menschliche Gefühl in ihnen längst gestorben. Apathisch warteten sie offenbar auf den nächsten Befehl.

Unser Kommando wurde in den Block 16 geführt, eine Holzbaracke, im Schlafraum dreistöckige Bretterlager in Form von Pritschen. Dort sollten wir von nun an die Nächte verbringen. In den Baracken fehlte jegliche sanitäre Einrichtung. Waschgelegenheiten existierten nur an einigen Stellen zwischen den Blocks, wo sich Tausende ausgemergelte Gestalten drängten, die nur noch wenig Ähnlichkeit mit einem menschlichen Wesen hatten. Sie alle jagten morgens nach einigen Tropfen Wasser zum »Waschen«. Überall sahen wir unvorstellbaren Schmutz. Davor ekelten wir Häftlinge uns am meisten. In Auschwitz waren wir es gewohnt gewesen, peinlich auf Sauberkeit zu achten, die uns auch half, unseren Selbstrespekt zu wahren. Und wir waren in dieser Zwangsgemeinschaft einer strengen Disziplin unterworfen gewesen. In Birkenau waren beides unbekannte Begriffe.

In einer Baracke hausten zwischen vierhundertfünfzig bis sechshundertfünfzig Häftlinge. So unglaublich das auch klingen mag – im Vergleich zu Birkenau schien Auschwitz unerreichbar viel besser.

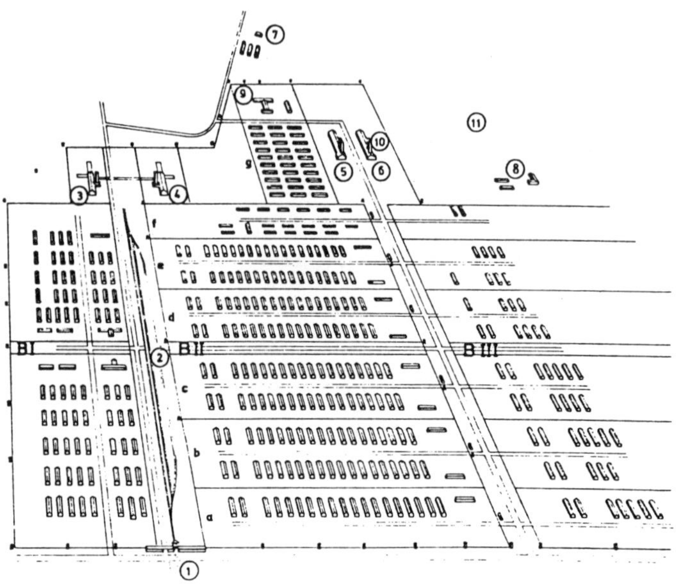

Vernichtungslager Birkenau

1 Haupttor
2 Rampe
3 Krematorium II
4 Krematorium III
5 Krematorium IV
6 Krematorium V
7 Bunker 2 (später Bunker V)
mit 3 Auskleidebaracken
8 Bunker 1 mit 2 Auskleidebaracken
9 Sauna
10 Verbrennungsgruben 1944
11 Massengräber 1941/42

B I Frauenlager
B II a Quarantänelager
B II b Familienlager
B II c Frauenlager
B II d Männerlager
B II e Zigeunerlager
B II f Häftlingskrankenbau
B II g »Kanada« Effektenlager
B III »Mexiko«

13. Typhus

Kennzeichnend für das Lager Birkenau war der Schmutz, ein fruchtbarer Nährboden für die Erreger der verschiedensten Krankheiten. Fleck- und Bauchtyphus wurden alltäglich. Davor gab es keinen Schutz. Es bedeutete großes Glück, von den Krankheitserregern nicht befallen zu werden. Und dieses Glück war so selten. Es gab keinerlei vorbeugende Hilfsmittel. Es fehlte an jeglicher Hygiene. Auch die Häftlinge des Aufräumungskommandos steckten sich an, obwohl sie, verglichen mit den übrigen Lagerinsassen, besser dran waren. Sie litten weniger unter Hunger und besaßen wenigstens Seife zum Waschen. Viele Häftlinge versuchten zu verheimlichen, daß sie an Typhus erkrankt waren, um nicht in den Block 7 eingeliefert zu werden, denn aus dem Krankenblock führte der Weg meist direkt in den Tod.

In Birkenau experimentierten die SS-Ärzte an Häftlingen mit Medikamenten gegen Flecktyphus. Einige Häftlinge wurden aufgerufen, sich impfen zu lassen. Man sagte ihnen nicht, wogegen oder wofür. So, als handele es sich um eine ganz normale vorbeugende Impfung. Auch ich mußte in die Krankenbaracke, wo mir ein SS-Arzt eine Injektion verabreichte und mir noch »riet«, mich zu melden, falls es mir schlechter ginge und ich Fieber bekommen sollte. Nach einigen Tagen stellte sich bei mir tatsächlich hohes Fieber ein. Da ich inzwischen wußte, was das bedeutete, ging ich nicht in die Krankenbaracke zurück. Doch was konnte man tun? Schließlich verlor ich sogar das Bewußtsein. In dieser Not half mir mein Kamerad Mikulaš Šteiner. Es gelang ihm, dem Schreiber des Typhusblocks eine Bestätigung abzuhandeln, daß ich lediglich Erfrierungen an den Füßen hätte. Daraufhin wurde ich zu den Leichterkrankten in den Block 8 verlegt. Da führte die SS wöchentlich einmal eine Selektion durch, schickte die Schwachen in die Gaskammer. Durch meine »Zusatzverpflegung« im Aufräumungskommando sah ich aber nicht mehr wie ein Muselmann aus, war gerettet. Nach meiner Genesung kehrte ich zum Aufräumungskommando zurück, was zur völligen Wiederherstellung meiner Kräfte beitrug. Ich hatte ausreichend zu essen, was für mich die Rettung bedeutete. Und auch die Häftlinge unseres Kommandos halfen mir nach Möglichkeit.

Mikulaš Šteiner

Gisela Burger, meine Frau, geboren am 30. Mai 1920, am 17. Dezember 1942 in den Gaskammern von Birkenau ermordet

Ein Frauen-Kommando rückt zur Arbeit aus

14. Frauen in Birkenau

Die armseligsten Geschöpfe in Birkenau waren die Frauen, mit geschorenen Haaren und in schmutzige Lumpen gehüllt. Sie wurden von Prostituierten bewacht, die mit einem schwarzen Winkel als Asoziale gekennzeichnet waren und sie mitunter schlimmer quälten als die SS-Leute die Männer. Sie schlugen sie ohne sichtbaren Grund. Oft erlaubten sie ihren gepeinigten Mitgefangenen nicht einmal, den Durst mit einem Schluck Wasser zu stillen.

Ganz anders die Frauen, die im Aufräumungskommando, in »Kanada«, arbeiteten. Sie sahen gesund aus, kleideten sich auch ungewöhnlich sauber. Täglich zogen sie frische Wäsche an. Die stand ihnen ja in den Paketen reichlich zur Verfügung. Allerdings durften sie sich dabei von den SS-Posten nicht erwischen lassen. Auch Lebensmittel fanden sie, hungerten nicht so. Doch die Frauen des Aufräumungskommandos waren nur eine winzige Gruppe. Alle anderen Frauen von Birkenau vegetierten im Schmutz, hungerten, kämpften ohne Mittel gegen Krankheiten und brachen unter den Schlägen ihrer entmenschten Aufseherinnen zusammen.

In dieser furchtbaren Umgebung lebte auch Gisela, meine Frau. Lange hatte ich vergeblich nach ihr geforscht, versuchte Nachrichten von ihr zu erhalten, ihr ein Lebenszeichen zu schicken. Eines Tages erkannte ich unter den Frauen, die im Aufräumungskommando arbeiteten, Vali Kohn aus Trentschin, eine alte Bekannte aus der Slowakei.

Ich versuchte, mit ihr Kontakt aufzunehmen. Das war natürlich immer gefährlich, denn es war bei Androhung strengster Strafen verboten, mit Häftlingen des anderen Geschlechts zu sprechen. Ich fand aber eine Gelegenheit, Raubgut in die Sortierbaracke der Frauen zu transportieren. Als ich mich von den Posten unbeobachtet sah, sprach ich meine Bekannte an und erkundigte mich nach Gisela. Sie erzählte, daß sie meiner Frau begegnet war, daß sie sogar mit ihr gesprochen habe. Doch ich war zu spät gekommen. Gisela war in der Gaskammer ermordet worden. Vali Kohn berichtete:

»Als Gisela ins Konzentrationslager Birkenau kam, traf sie dort schon ihre zwei Schwestern. Beide waren abgemagert, konnten sich kaum noch bewegen, hatten allen Lebenswillen verloren. Gisela war Zeuge ihres Martyriums, ihres grausamen Todes gewesen. Nur schwer hatte sie sich beruhigt. Dazu kam, sie wurde ins Leichenkommando eingeteilt. Täglich mußte sie Leichen transportieren. Sie litt unermeßlich, ihre Kräfte nahmen zusehends ab, bis sie eines Tages nicht mehr arbeiten konnte. Es war an einem Dezembersonntag, als sie sich vergeblich die Wangen rieb, um ein wenig Farbe zu bekommen. Ein SS-Arzt zeigte bei der Selektion auf sie. Das bedeutete: ins Gas! Am 17. Dezember 1942, eine Woche vor Weihnachten, wurde Gisela Burger ermordet, erst zweiundzwanzig Jahre alt.«

Die Frauen schauten sehr oft dem Tod in die Augen. Anfangs liquidierte die SS nur Kranke, später jedoch zeigte sie bei den Selektionen ihren Sadismus. Das Leben der gefangenen Frauen hing nur von einer Handbewegung von SS-Hauptsturmführer Dr. Mengele oder anderer SS-Ärzte ab. Auf eine Seite wurden die Häftlinge sortiert, die zum Vergasen bestimmt waren. Wer auf der anderen Seite blieb, hatte noch Hoffnung. »Selektionen« waren das Programm für den Sonntag –

statt auszuruhen. Jede Frau kniff sich in die Wangen, um besser auszusehen, lächelte, um am Leben zu bleiben.

Die Frauen arbeiteten zehn Stunden täglich in verschiedenen Kommandos – beim Wegebau, bei Enttrümmerungs- und Feldarbeiten. Ihre Verpflegung bestand morgens aus dreihundert Gramm Brot und einem Liter Kohlrübensuppe sowie abends aus sogenanntem Kaffee. Bei dieser unzureichenden Kost nahmen die Kräfte selbstverständlich schnell ab. In dem Schmutz, in dem sie wohnten, brachen schreckliche Epidemien aus. Die meisten Frauen erkrankten an Flecktyphus.

Wer nicht zur Arbeit ging, mußte in den Block 25, den Todesblock. Das war die »Sammelstelle« für die Gaskammer. Alle arbeitsunfähigen Frauen wurden in diesen Block geschickt. In ihren letzten Augenblicken hatten die Frauen hier noch furchtbar zu leiden. Schläge, Fußtritte, kein Essen, kein Trinken. Noch in der weiteren Umgebung dieses Blocks hörte man Schreie, Weinen, Hilferufe. Niemand wagte es jedoch, sich diesem Block zu nähern.

15. Kanada (Birkenau)

Nach der Ausheilung von Typhus wieder in das Aufräumungskommando zurückzukommen war nicht so schwierig gewesen wie damals in Auschwitz; denn 1943 wurde die Anzahl der Häftlinge in dem Kommando fast täglich erhöht, bis zu vierhundert gelegentlich, und selbst dann konnte die Arbeit kaum bewältigt werden.

In Birkenau hatten wir in zwei Schichten die gleichen Arbeiten zu erledigen wie zuvor in Auschwitz im Stammlager. Täglich trafen 20, 30 oder mehr Lastwagen ein, vollbeladen mit Paketen, Taschen und Koffern. Wir sortierten deren Inhalt. 15 Häftlinge, dazu gehörte auch ich, arbeiteten im Magazin. Hier türmten sich die Berge mit dem geraubten Besitz der neu eingelieferten Häftlinge oft zwei bis drei Meter hoch, denn manchmal trafen drei- bis fünftausend Verschleppte auf einmal ein. Wenn wir ihre Sachen sortierten, waren die meisten von ihnen bereits tot, ermordet. 1943 hatten die NS-Verbrecher ihre Mordmaschine rationalisiert. Auch das Rollwagenkommando war überflüssig geworden. Große Kipper transportierten das Raubgut effizienter.

So »wohnten« die Frauen in Birkenau

Frauen des Aufräumungskommandos »Kanada«. Hier wurde das geraubte Gut sortiert

16. Selektionen

Ich erlebte die Ankunft Hunderter Transporte und damit unzählige Selektionen, durchgeführt von den SS-Ärzten, SS-Hauptsturmführer Dr. Mengele, SS-Obersturmführer Dr. Fritz Klein, der Chefarzt des Frauenlagers, SS-Obersturmführer Professor Dr. med. Dr. phil. Johann Paul Kremer, Lagerarzt SS-Hauptsturmführer Dr. med. Friedrich Karl Hermann Entress, SS-Obersturmführer Dozent Dr. Heinz Thilo und SS-Brigadeführer Prof. Dr. med. Carl Clauberg.

»Selektion« – die Häftlinge, die im Aufräumungskommando auf der Rampe arbeiteten, kannten schon lange die volle Bedeutung dieses Wortes. Sie wußten, daß Kinder, Mütter, Kranke und Menschen über vierzig nicht deswegen von den übrigen getrennt wurden, um besser behandelt zu werden, sondern einzig und allein, um sie möglichst schnell als nicht arbeitsfähige Esser zu ermorden. Wir waren Zeugen der fürchterlichsten Szenen.

Auf die Rampe wurden oft Leichen gelegt; Verschleppte, die auf dem Transport verhungert oder erstickt waren, Berge von Leichen. Einmal erhoben sich aus einem solchen Haufen Toter zwei Kinder. Ein Junge und ein Mädchen. Sie standen auf, schwankten ein wenig und begannen ratlos zwischen den Leichen umherzuirren. Sie riefen nach ihrer Mutter. Ein SS-Mann sah die Kinder. Mit einem Lächeln lockte er das Mädchen zu sich. Kaum hatte es sich ihm genähert, zog er seine Pistole. Das Mädchen wich aus. Doch der SS-Mann schritt über die Toten hinweg, packte das Kind an den Haaren und schoß ihm in den Nacken. Und ebenso ermordete er dann auch den Jungen.

Einmal versuchte ein vierzehnjähriges Mädchen aus Polen, die SS-Verbrecher umzustimmen. Vergeblich kniete es vor ihnen, wollte beweisen, daß es stark genug sei, es wolle arbeiten – ein SS-Mann packte das Mädchen und warf es auf das anfahrende Auto, das die Opfer fortbrachte. Die Angst war so groß, daß das Mädchen noch einmal vom Auto sprang und von neuem zu bitten begann. Vergebens. Es wurde an den Haaren gepackt und wieder auf das Auto geworfen, das bereits in Fahrt war. So gingen die Mörder mit Kindern um.

Opfer aus aller Herren Länder wurden direkt von der Rampe auf LKWs geladen und zur Gaskammer transportiert. Hinter dem letzten Wagen fuhr stets ein Sanitätskraftwagen. In diesem Fahrzeug saßen jedoch keine Ärzte, es beförderte das Gas Zyklon B. Wenn die Kolonne vor der Gaskammer eintraf, halfen SS-Leute den ahnungslosen Opfern, versuchten sie zu beruhigen, forderten sie sogar auf, langsam und vorsichtig von den LKWs hinunterzusteigen.

»Ihr geht jetzt in den Baderaum, werdet dort duschen! Anschließend bekommt ihr neue Kleidung und geht dann ins Lager, wo ihr eure Koffer vorfinden werdet.«

Die Opfer betraten zuerst einen Raum, in dem sie sich entkleiden mußten und ein Stückchen Seife samt einem Handtuch erhielten. An den Wänden waren Tafeln, die sie zur Sauberkeit ermahnten, Reinlichkeit sei die halbe Gesundheit. Welche Täuschung.

Aus diesem Raum führten Stufen nach unten in einen weiteren großen Duschraum.

Zuerst wurden Frauen mit Kindern »zum Duschen« geschickt. Man sagte ihnen noch, sie sollten ihre Kleidung ordentlich zusammenlegen und die Schuhe zusammenbinden, damit sie sie nach dem Baden wiederfänden. Wenn die Frauen im Duschraum waren, schob die SS die nackten Männer dazu.

Die Luft im Raum war lau, damit sich der Zyanwasserstoff leichter ausbreiten konnte, der aus den Deckenkanälen strömte. Dieses tödliche Gas – »Zyklon B« – wirkte relativ schnell. Innerhalb von fünf Minuten waren die meisten Opfer tot.

Mit Ventilatoren wurde die vergiftete Luft abgesaugt. Dann nahm das Sonderkommando des Krematoriums seine Tätigkeit auf. Zweihundert Häftlinge arbeiteten dort Tag und Nacht. Den Toten schnitt man die Haare ab, sie wurden der Industrie zur Verfügung gestellt. Auch Goldzähne wurden herausgebrochen. Anschließend kamen die Leichen ins Krematorium, und die NS-Verbrecher richteten die Gaskammern für neue Opfer her.

Bei den Massenmorden war immer ein SS-Arzt zugegen.

Die vier Krematorien des KZ Birkenau waren lange Gebäude mit einem viereckigen Schornstein.

Krematorium II hatte 5 Öfen mit 15 Verbrennungskammern.

Krematorium III hatte 5 Öfen mit 15 Verbrennungskammern.

Krematorium IV hatte 1 Ofen mit 9 Verbrennungskammern.

Krematorium V hatte 1 Ofen mit 9 Verbrennungskammern.

Insgesamt 12 Öfen mit 48 Verbrennungskammern.

Die Einäscherung der Leichen dauerte 15 Minuten. In 48 Verbrennungskammern wurden in 15 Minuten 96 Leichen, in 24 Stunden 9216 Leichen verbrannt, denn die Öfen waren Tag und Nacht in Betrieb. Doch die Kapazität der Öfen genügte nicht, so daß oft auch Leichen auf großen Scheiterhaufen verbrannt werden mußten.

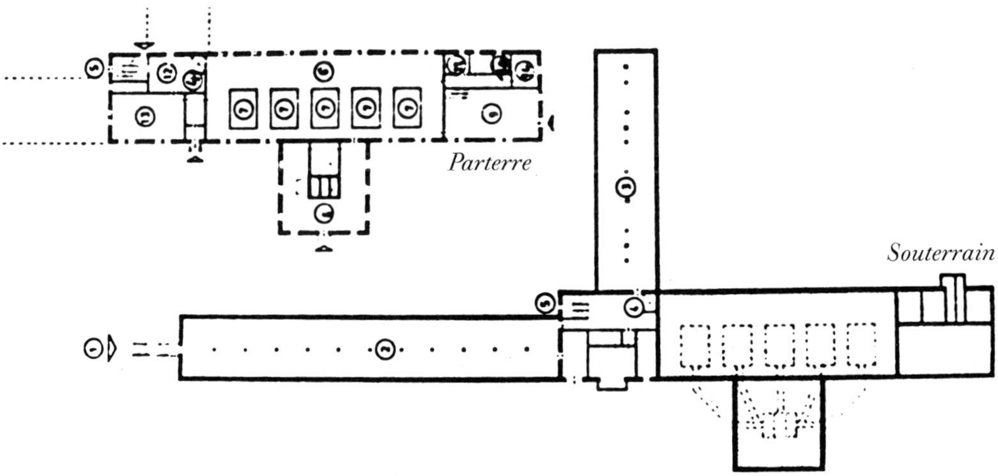

Grundriß eines der Krematorien in Birkenau

1 Treppe zum Auskleideraum · 2 Auskleideraum · 3 Gaskammer · Betonsäule Gasschacht · 4 Leichenaufzug · 5 Rutsche für Leichenabwurf 6 Verbrennungsraum · 7 Ofen mit je drei Brennkammern · 8 Schornstein 9 Koksraum · 10 Abort · 11 Kommandoführerstube · 12 Exekutionsraum 13 Zahngoldschmelze (im Krematorium II Sektionsraum) 14 Unterkunft der Zahngoldschmelzer im Krematorium III

Am 1. Januar 1943 wurden in Theresienstadt Quittungen im Wert von 1, 2, 5, 10, 20, 50 und 100 Kronen ausgegeben. Die Häftlinge aus den von Deutschen besetzten Ländern Europas mußten ihr Geld gegen solche Quittungen eintauschen

Am 10. Juli 1943 wurden in Theresienstadt spezielle Paketmarken herausgegeben. Ohne sie wurden in diesem KZ keine Pakete ausgehändigt. Es waren Kleinbögen zu 4 Stück – zugleich Propagandablocks für ausländische Rotkreuzdelegationen
(Abbildungen in Originalgröße)

17. Theresienstadt

Im September 1943 glomm bei den Häftlingen in Birkenau ein Fünkchen Hoffnung auf: die Selektionen wurden eingestellt. Und wirklich, aus dem Ghetto Theresienstadt traf ein Transport von fünftausend tschechischen Juden ein – und es fand keine Selektion statt. Die Neuangekommenen wurden in dem Lager B II b untergebracht, das zu einem Familienlager umgestaltet wurde. Das Gerücht schien sich also zu bewahrheiten. Von dem französischen Transport am folgenden Tag starb jedoch die Mehrzahl in der Gaskammer.

Nach drei Monaten traf ein weiterer Transport von fünftausend Menschen aus dem Ghetto Theresienstadt ein, und wieder wurden diese in dem Familienlager untergebracht. Warum? Warum waren sie verschont geblieben?

Die NS-Verbrecher erwarteten eine internationale Kommission und wollten ihr ein harmonisches Lagerleben vorführen. So wurden ganze Familien aus Theresienstadt ins Familienlager, das Lager B II b, eingewiesen. Die SS wiegte sie zunächst im Glauben, daß ihnen hier nichts geschehen würde. Man hatte für die Kinder sogar Schulen eingerichtet. Doch dann reiste die Kommission nicht an.

Am 11. Mai 1944 hatte nämlich Himmler den Vertretern des Internationalen Roten Kreuzes die Erlaubnis erteilt, das Ghetto in Theresienstadt sowie ein weiteres jüdisches Arbeitslager zu besuchen. Die Vorbereitungen dafür hatten bereits im Februar 1944 begonnen. Man wollte der Kommission vorbildliche Arbeitslager vorführen. So errichtete man unter anderem ein Gebetshaus, ein Kino, einen Musikpavillon und einen Park.

Am 23. Juni fand der so gründlich vorbereitete Besuch des Lagers durch das Internationale Rote Kreuz statt. Die Besichtigung verlief für beide Seiten zufriedenstellend, und es gelang den NS-Verbrechern, die Kommission davon zu überzeugen, daß es in den anderen Arbeitslagern genauso aussehe, so daß sich ein weiterer Besuch erübrige.

Doch davon wußten die Häftlinge im Familienlager in Birkenau nichts.

Am 5. März 1944 wurden die Häftlinge des Familienlagers, deren Transport im September 1943 in Auschwitz-Birkenau angekommen war, von der Lagerleitung aufgefordert, ihren Angehörigen oder Freunden zu schreiben. Die Briefe sollten vordatiert werden mit dem Datum 23. März 1944. Dies wurde damit begründet, daß die Post zuerst nach Berlin geschickt werden müsse.

Der Lagerführer Schwarzhuber kam ins Familienlager und gab bekannt, daß ein Teil der Insassen mit Angehörigen zur Arbeit nach Heydebreck verlegt werde.

Am 7. März 1944 wurden die Theresienstädter des Transports vom September 1943 – von den 5007 lebten noch 3793 – in das Quarantäne-Lager B II a überstellt. Im Familienlager zurück blieben die vom Transport vom Dezember 1943.

Zuvor hatten sie in der Sauna baden müssen und waren dort auch desinfiziert worden, wie dies üblich war, wenn Häftlinge in ein anderes Lager überstellt wurden. Der Gang in die Sauna mußte die meisten in ihrer Annahme bestärken, daß sie wirklich nach Heydebreck überstellt würden.

Am 8. März traten die Häftlinge noch wie gewöhnlich zum Appell an. Nichts deutete auf die Schrecken der bevorstehenden Nacht hin. Aber um neunzehn Uhr dreißig ertönte plötzlich der Befehl »Blocksperre«. Dieser Befehl galt immer für das gesamte Lager. Niemand von den Zehntausenden Häftlingen durfte seinen Block verlassen, dafür hafteten die Blockältesten.

Kurz darauf fuhren lange Kolonnen von Lastwagen in das Lager ein, begleitet von bewaffneten SS-Einheiten mit Hunden.

Es war furchtbar, vor allem weil die Familien wußten, wohin man sie bringen würde. Wer mit dem Zug eintraf und direkt von der Rampe aus den Weg in die Gaskammern antrat, glaubte ja, man würde ihn duschen lassen, und anschließend würde er in das Lager gehen. Doch die Männer, Frauen und Kinder des Lagers B IIb wußten genau, was man mit ihnen vorhatte. Die Mörder, SS und ihre Kriminellen, prügelten sie mit Stöcken aus ihren Blocks und hetzten ihre Hunde auf sie. Man hörte ihre Schreie nicht nur in den Nachbarlagern, sie tönten weit in das Land hinaus. Schließlich setzten sich die LKWs in Bewegung. Durch die dicken Wände des Krematoriums drang nichts nach draußen, doch die in dieser Nacht vom 8. zum 9. März 1944 im Krematorium arbeitenden Häftlinge des »Sonderkommandos« haben uns von der Ermordung dieser 3793 Juden aus Theresienstadt in den Gaskammern der Krematorien II und III in Birkenau berichtet.

Es war schon dunkel, als die schweren Lastwagen in das Tor des Krematoriums II einfuhren. Durch das Kreischen der Bremsen erfuhren die in die Lastautos hineingestopften Häftlinge, wo sie angekommen waren.

Die SSler zogen die Plane herunter und öffneten die Wagenklappe. Dann schlugen sie wie von Sinnen auf die Häftlinge ein, die von den Lastwagen hinuntersprangen. Mehr als 50 SS-Mörder bildeten eine Gasse, durch die sie die Häftlinge jagten. Dabei nahmen sie nicht die geringste Rücksicht auf Alte, Kranke und Kinder; sie schlugen und hetzten sie wie Wild. Die leise Hoffnung, das Familienlager stehe unter dem Schutz des Internationalen Roten Kreuzes, zerplatzte wie eine Seifenblase. In dieser Nacht ersparte sich die SS das übliche Theater, wie sie es Neuankömmlingen vorspielte, die nach der Selektion durch SS-Hauptsturmführer Dr. Mengele direkt von der Auschwitzer Rampe in aller Ruhe zum »Baden« auf den Hof des Krematoriums geführt wurden.

Aber wer 6 Monate vom Familienlager aus gesehen hatte, wie der Rauch aus den Schornsteinen der Krematorien Tag und Nacht zum Himmel stieg, war durch solch ein Theater nicht mehr zu täuschen. Deswegen wurden diese tschechischen Juden auf ihrem letzten Weg mit unvorstellbarer Brutalität behandelt. Es dauerte nicht lange und 600 Häftlinge von der ersten Kolonne der Lastwagen befanden sich in dem unterirdischen Raum, wo sie sich, angestrahlt von Reflektoren, ausziehen sollten. Dort sollten sie auf die anderen Gruppen warten. Die SS beachtete sie schon nicht mehr, sie hatte sie dort, wo sie sie haben wollte. Aus diesem Raum gab es keinen Weg zurück.

In der Tür erschienen der Lagerführer Schwarzhuber und Dr. Mengele. Sie standen und schauten ohne Mitleid auf die Häftlinge, zufrieden mit dem bisherigen Verlauf der Aktion. Bei ihrem Eintritt war für eine Weile Ruhe entstanden, dann schrien alle auf einmal »Laßt uns leben, laßt uns arbeiten!« Noch immer hofften sie auf Rettung. Plötzlich strömten die Männer zur Tür, Lagerkommandant Schwarzhuber hatte ihnen ja sein Ehrenwort gegeben, daß sie zum Arbeitseinsatz nach Heydebreck kämen. Sie wollten ihn an das Versprechen erinnern, doch in diesem Augenblick peitschten Schüsse durch den Raum. Geschossen hatten die SS-Leute, die unter Führung der SS-Unterscharführer Berger, Buntrock, Kurtschuß, Georges und weiteren neben Schwarzhuber standen.

Die Häftlinge wurden aufgefordert, sich auszukleiden, sie wüßten doch, daß dies ihre letzte Stunde sei. Das Weinen und Schreien mischte sich mit dem Befehl zum Ausziehen. Die Häftlinge wollten sich nicht ausziehen, und so wurden sie unausgezogen unter Schlägen in die Gaskammer gedrängt. Auf einmal fing eine Stimme an zu singen, immer stärker, und weitere fielen in den Gesang ein. Wie von einem Chor ertönte die tschechoslowakische Nationalhymne: »Kde domov muj«, »Nad Tatrou sa blýska«. Anschließend ertönte die »Hatikvah«, heute die Nationalhymne des Staates Israel. Dieser Gesang war ihr letzter Protest.

Das durch die Schächte geschüttete Zyklon begann zu wirken. Der Gesang schlug in Schreie um, die Häftlinge hämmerten mit Fäusten gegen die Tür, fingen an zu husten, in wenigen Minuten ging das Husten in Röcheln über. Zehn Minuten nachdem das Gas aus der Dose geschüttet worden war, herrschte Grabesstille.

Bevor das Sonderkommando die Tür zur Gaskammer öffnete, verließen die SS-Männer mit den Offizieren das Krematorium II. Sie gingen hinüber zum Krematorium III, wo die übrigen Gruppen der Tschechoslowaken aus dem Familienlager in die Gaskammer gejagt wurden.

Für den eventuellen Besuch einer Kommission des Internationalen Roten Kreuzen genügten ja die noch lebenden 5 000 Häftlinge vom Transport von Dezember 1943 im Familienlager.

Eine andere Tragödie war ein Transport von fünftausend Kindern aus Riga, die zu dieser Zeit nach Birkenau gebracht worden waren. Sie wurden samt Pflegerinnen und Ärzten, die den Transport begleitet hatten, ermordet. Nur einige Zwillinge suchte sich SS-Hauptsturmführer Dr. Mengele für seine unmenschlichen Experimente aus. Die brachte man ihm in das KZ Auschwitz.

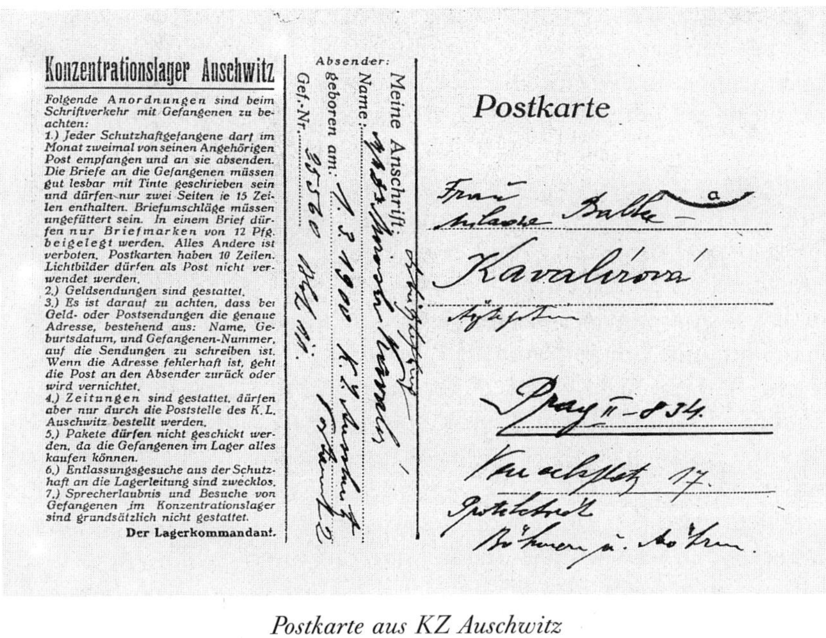

Konzentrationslager Auschwitz

Folgende Anordnungen sind beim Schriftverkehr mit Gefangenen zu beachten:

1.) Jeder Schutzhaftgefangene darf im Monat zweimal von seinen Angehörigen Post empfangen und an sie absenden. Die Briefe an die Gefangenen müssen gut lesbar mit Tinte geschrieben sein und dürfen nur zwei Seiten je 15 Zeilen enthalten. Briefumschläge müssen ungefüttert sein. In einem Brief dürfen nur Briefmarken von 12 Pfg. beigelegt werden. Alles Andere ist verboten. Postkarten haben 10 Zeilen. Lichtbilder dürfen als Post nicht verwendet werden.
2.) Geldsendungen sind gestattet.
3.) Es ist darauf zu achten, dass bei Geld- oder Postsendungen die genaue Adresse, bestehend aus: Name, Geburtsdatum, und Gefangenen-Nummer, auf die Sendungen zu schreiben ist. Wenn die Adresse fehlerhaft ist, geht die Post an den Absender zurück oder wird vernichtet.
4.) Zeitungen sind gestattet, dürfen aber nur durch die Poststelle des K.L. Auschwitz bestellt werden.
5.) Pakete dürfen nicht geschickt werden, da die Gefangenen im Lager alles kaufen können.
6.) Entlassungsgesuche aus der Schutzhaft an die Lagerleitung sind zwecklos.
7.) Sprecherlaubnis und Besuche von Gefangenen im Konzentrationslager sind grundsätzlich nicht gestattet.

Der Lagerkommandant.

Absender:
Meine Anschrift:
Name: ...
geboren am: ...
Gef.-Nr. ...

Postkarte

Kavalírová

Postkarte aus KZ Auschwitz

18. Paraguay

Ministerien und SS wetteiferten darin, ihre Opfer auszuplündern. Einen besonders perfiden Plan hatte sich das Reichssicherheitshauptamt ausgedacht. Angeblich organisierte SS-Obersturmbannführer Eichmann damals die Aussiedlung von Juden nach Paraguay, die riesige Summen in Geld und Schmuck bezahlten und dafür einen gültigen Reisepaß erhielten. In einer einzigen Nacht endete ein Transport mit 1000 dieser Paraguay-Aussiedler auf der Rampe von Auschwitz. Die peniblen Vorbereitungen hatten viel länger gedauert. Schon am Vormittag waren alle Öfen des Krematoriums II geheizt worden. Entgegen seiner Gewohnheit war SS-Oberscharführer Voss mit seinen SS-Gehilfen noch vor den Häftlingen des Sonderkommandos im Krematorium erschienen, um sorgfältig alles zu kontrollieren. Der Zementfußboden in der Gaskammer, sonst meist feucht, war sorgfältig getrocknet worden. In allen Kammern hatte man sogar mit Hilfe eines Zerstäubers irgendein Parfüm versprüht, um den dort üblichen Schimmelgeruch zu übertönen. Jeder sollte den Eindruck haben, sich in einem völlig normalen Bad zu befinden. Genauso sorgfältig wurden Schilder vorbereitet »Eingang ins Bad und in den Desinfizierungsraum«.

Sobald es dämmerte, fuhr auf dem Platz vor dem Krematorium eine Lastwagenkolonne vor. Die SS-Männer, die den Transport begleiteten, sprangen von den Trittbrettern, liefen nach hinten und ließen die hintere Wagenplanke herunter. Dann forderten sie zum Aussteigen auf. Alles mit einer solchen Höflichkeit, wie es sie von seiten der SS im Lager noch nie gegeben hatte. Wo dies nötig war, half die SS bereitwillig beim Aussteigen. In kurzer Zeit standen alle etwa 1000 Neuankömmlinge auf dem Vorhof und schauten sich neugierig um. Lagerführer Schwarzhuber stieg auf eine Holzkiste, begrüßte die Angekommenen mit ausgesuchter Höflichkeit und erklärte, daß es seine Aufgabe sei, ihre Abfertigung für die Reise in die Schweiz zu organisieren. Darüber werde sie im einzelnen der anwesende Beauftrage des Auswärtigen Amtes informieren. Damit übergab er das Wort einem Zivilisten in seiner Begleitung, der Bekleidung nach ein Gestapo-Mann. Das war kein anderer als SS-Obersturmführer Hösler, der nun genauso höflich detailliert darüber sprach, daß die schweizerische Seite verlange, daß alle Transportteilnehmer ordnungsgemäß desinfiziert würden und eine Bescheinigung darüber vorlegen könnten. Die Desinfektion würde nunmehr durchgeführt werden, und danach ginge der Transport direkt an die Grenze.

Seine Ansprache und das korrekte, höfliche Verhalten der SS beruhigte die Menschen, so daß zu Anfang viele bereitwillig in die unter der Erde gelegenen angeblichen Umkleideräume gingen. Um den Betrug mit dem Umkleideraum, dem Desinfektionsraum usw. noch überzeugender zu machen, waren einige Häftlinge des Sonderkommandos mit großen Buchstabenschildern in den Händen an den Wänden aufgestellt worden, und der »Beauftrage des Auswärtigen Amtes« schärfte allen ein, sich den Platz des sie betreffenden Buchstabens gut einzuprägen, um sich dort gleich nach der Desinfektion einzuordnen. Einige begannen sich völlig ruhig zu entkleiden und wurden dann, ohne daß sie dies ahnten, in die Gaskammern geführt, aber nicht alle ließen sich beschwichtigen. Die Situation wurde immer angespannter. Viele zögerten. Ihre Nervosität übertrug sich auf die bisher so korrekten, höflichen SS-Männer. Einige von ihnen holten sich ihre Knüppel und begannen, wie sie es gewohnt waren, blind auf alle einzuschlagen. Nun war allen klar, daß sie in eine Falle gelaufen waren. Verstört wichen sie zurück, und die SS-Männer, unter ihnen die bekannten Sadisten Quackernack und Schillinger, schritten jetzt selbstbewußt vor den erniedrigten Menschen auf und ab.

Eine auffällig attraktive Frau mit rabenschwarzen Haaren zog ihre Aufmerksamkeit auf sich. Sie warf ihnen kokette Blicke zu, und mit einem vielversprechenden Lächeln hob sie ihren Rock hoch, daß ihre Strumpfhalter zu sehen waren. Beide SS-Männer kümmerten sich um nichts anderes mehr. Sie hefteten ihren Blick auf die Frau, die ihre Bluse ablegte und nur noch im Büstenhalter dastand. Dann begann sie sich ihre Schuhe auszuziehen und schlug den hohen Absatz mit einer raschen Bewegung Quackernack mit ganzer Kraft gegen die Stirn. Dieser bedeckte instinktiv das Gesicht mit beiden Händen. In diesem Augenblick stürzte sich die Frau auf ihn, mit einer einzigen Bewegung entriß sie ihm die Pistole, und – ein Schuß – Schillinger schrie auf und sank zu Boden. Ein zweiter Schuß, der Quackernack galt, verfehlte sein Ziel, obwohl dieser nur einige Schritte entfernt stand. Im Umkleideraum brach Chaos aus. Die junge Frau mit der Pistole verschwand in der Menge, aber jeden Augenblick konnte sie an einer anderen Stelle wieder auftauchen und erneut schießen. Daraufhin flüchteten die SS-Männer in Panik. Um den angeschossenen Schillinger kümmerte sich erst niemand. Als ihn dann nach einiger Zeit SS-Männer zur Tür schleiften, fiel ein dritter Schuß, einer von ihnen wurde getroffen. Danach ging das Licht aus, und die Panik steigerte sich. Die Häftlinge des Sonderkommandos drängten sich in der Dunkelheit zur Tür, um bei der ersten Celegenheit nach draußen zu gelangen. Trotzdem blieb Zeit für Gespräche mit einigen der Angekommenen, und so erfuhren sie, daß die SS diesen vorgespiegelt hatte, sie würden, nach Hinterlegung riesiger Summen in Geld oder Brillanten, über die Schweiz nach Paraguay ausreisen.

Als die Angehörigen des Sonderkommandos nach einer Weile auf Befehl von Voß die Tür zum Umkleideraum öffneten und sich zuerst nach draußen drängten, sahen sie dort schon zwei Maschinengewehre aufgebaut, die dann im Umkleideraum ein schreckliches Blutbad anrichteten. Einige wenige, denen es für einige Zeit gelungen war, sich hinter den Betonsäulen in Deckung zu bringen, wurden später gefangengenommen und in einem Nebenraum erschossen. Inzwischen sprühten die »Desinfektionsgeräte« auch ihr todbringendes Zyklon B in die Gaskammer, wohin vor einer Weile die gegangen waren, die meinten, daß es sich wirklich nur um eine Desinfektion handele. Diensthabender SS-Arzt in der Nacht war SS-Obersturmführer Dr. Heinz Thilo.

Alle Versprechen, alle Vorspiegelungen einer Ausreise nach Paraguay waren nichts anderes gewesen als ein Betrug, an dem Eichmann, Polizei und Reichssicherheitshauptamt, Auswärtiges Amt und die übrige Reichsregierung beteiligt waren.

Am nächsten Morgen wurde bekannt, daß Schillinger auf dem Transport ins Krankenhaus gestorben war und daß tatsächlich ein weiterer SS-Mann, Unterscharführer Emmerich, verwundet worden war. Die Nachricht von der Erschießung Schillingers wurde von den Häftlingen mit großer Zufriedenheit aufgenommen, weil dieser zu den brutalsten SS-Männern gehört hatte.

Die Leiche der Frau, die ihn erschossen hatte – sie war Tänzerin gewesen –, wurde dann auf dem Seziertisch im Krematorium II ausgestellt, und die SS-Männer mußten an ihr vorbeidefilieren, damit sie sich dessen bewußt würden, welche Folgen für sie ein einziger Augenblick nicht genügender Wachsamkeit haben könnte.

19. Zigeuner

Berlin, am 29. Januar 1943

Reichssicherheitshauptamt
V A 2 Nr. 59/43g
Schnellbrief
(...)
Betrifft: Einweisung von Zigeunermischlingen, Roma-Zigeunern und balkanischen Zigeunern in ein Konzentrationslager (...)

I. Auf Befehl des Reichsführers-SS vom 16.12.1942 (...) sind Zigeunermischlinge, Roma-Zigeuner und nicht-deutschblütige Angehörige zigeunerischer Sippen balkanischer Herkunft nach bestimmten Richtlinien auszuwählen und in einer Aktion von wenigen Wochen in ein Konzentrationslager einzuweisen. Dieser Personenkreis wird im Nachstehenden kurz als »zigeunerische Personen« bezeichnet.

Die Einweisung erfolgt ohne Rücksicht auf den Mischlingsgrad familienweise in das Konzentrationslager/Zigeunerlager Auschwitz.

Außer an den Juden wurde auch an den Zigeunern (Sinti und Roma) ein Genozid begangen. Seit 1936 wurden sie in Berlin etwa in das Lager Marzahn eingeliefert. Zuständig für die Verfolgung der Zigeuner war das Reichskriminalpolizeiamt (ab September 1939 Amt V des Reichssicherhauptamtes RSHA). Im Dezember 1938 hatte Himmler angeordnet, »die Regelung der Zigeunerfrage aus dem Wesen dieser Rasse heraus in Angriff zu nehmen«. Vom Mai 1940 an wurden Zigeuner aus dem Reichsgebiet deportiert. Im Frühjahr 1942 begann die systematische Verschleppung Hunderttausender Zigeuner aus fast allen besetzten europäischen Ländern. Vor allem in Polen und in der Sowjetunion wurden Deportierte und einheimische Zigeuner durch Einsatzgruppen oder in den Vernichtungslagern ermordet. 5000 Zigeuner wurden im Januar 1942 im Vernichtungslager Kulmkof (Chelmo) in Gaswagen ermordet.

Am 29. Januar 1943 wurde in den Ausführungsbestimmungen des Reichssicherheitshauptamtes zum sogenannten »Auschwitz-Erlaß« Himmlers vom 16. Dezember 1942 angeordnet: »Zigeunermischlinge, Roma-Zigeuner und Balkanische Zigeuner« seien in das Konzentrationslager Auschwitz einzuweisen. In ein in Auschwitz eingerichtetes »Zigeunerlager« wurden daraufhin Zigeuner aus ganz Europa deportiert. Das Schicksal der Zigeuner war besiegelt. Auschwitz war ihr Endziel. Ohne Selektionen auf der Rampe wurden sie in dem Zigeuner-Familienlager B II e untergebracht. Die Blocks waren hölzerne Pferdestallbaracken.

Lucie Adelsberger, Ärztin aus Berlin, kam mit einem Transport am 19. Mai 1943 in Auschwitz an. Vom 21. Mai an arbeitete sie als Ärztin im Zigeunerlager. Sie hat die schrecklichen Zustände beschrieben, unter denen die Häftlinge dort vegetierten.

Früh um 4 begann ihre Tätigkeit. Der Krankenblock war genau wie die anderen Baracken ein früherer Pferdestall ohne Fenster, nur durch schmale Glasstreifen unter dem Dachansatz notdürftig erhellt. Durch die breiten Spalten in den Holzwänden pfiff der Wind. Kälte und Hitze drangen ungehindert ein, und durch die Löcher und Ritzen in dem schludrig geteerten Dach plätscherte der Regen in Strömen und durchweichte den lehmigen Boden und das Lager der Patienten. Die beiden Längsseiten des Blocks waren bis zum letzten Winkel mit »Betten« angefüllt, dreistöckigen Holzkojen mit Bretterplanken, die nicht paßten und allerwärts durchrutschten und auf denen zerschlissene, armselig gefüllte Strohsäcke und dünne zerlumpte Decken das Lager für die Kranken abgaben. Das übrige Inventar des Blocks bestand aus zwei Holztischen und dem Ofen, einem breiten Backsteingesims mit zwei großen Feuerlöchern vorn und hinten, das der Länge nach durch den Block lief. Auf dem Ofen saßen Ärzte und Schreiberinnen, wenn sie an den Tischen arbeiteten und fein säuberlich Krankenblätter und Fieberkurven fabrizierten. Auf ihm hockten die Patienten, die noch aus den Betten kriechen konnten, mit viel zu kurzen Hemden oder in Fetzen von einem Gewand gehüllt. Dort wurden die neuen Zugänge abgeladen, die vom Lager in den Krankenbau gebracht wurden, ungewaschen, mit ihren verdreckten und verlausten Sachen, und dort wurden in Ermangelung eines Untersuchungstisches die Kranken untersucht. Dort wurden bei der Essenverteilung die Schüsseln mit Suppe abgestellt und auf den ungewaschenen blanken Steinen das Brot geschnitten. Alles spielte sich auf dem Ofen ab, über den man mit den schmutzigen Sachen kletterte, wenn man von der einen Seite des Blocks auf die andere wollte. Einspritzungen wurden hier gemacht und Abszesse gespalten. Auf ihm übten Zigeunerpflegerinnen in unbewachten Augenblicken zum neusten Schlager einen Foxtrott oder einen Bauchtanz. Dort wurde gegessen, »gekocht«, gewaschen mit dem spärlichen, bräunlich-schmutzigen Wasser, das mit Krankheitskeimem verseucht war und durch seinen Eisengehalt alles gelb imprägnierte, und auf ihm wurde oft genug geschlafen. Denn es war immer noch besser, auf den harten Steinen zu liegen als in den überfüllten Kojen. 800, 1000 und mehr Menschen in einem einzigen Block war die Regel. Abgezehrte, fiebernde Menschen lagen eingepreßt in ihren Kojen, nebeneinander, übereinander, untereinander, zu zehnt auf einem Platz, der für zwei oder höchstens vier Menschen ausgereicht hätte. Ganz oben, wo die beweglicheren Kranken, dic noch klettern konnten, untergebracht waren, wäre es vielleicht erträglicher gewesen, wenn nicht der Regen Decken und Strohsäcke so durchnäßt hätte, das sie nie trocken wurden, und das Wasser bis auf die mittleren Kojen heruntertropfte. Unten bei den Schwerkranken, die nicht mehr die Kraft hatten, für ihre Verrichtungen aus den Betten zu krabbeln, und sich nicht aufrichten konnten, war ein Morast von kotbeschmutzten und urindurchtränkten Decken. Sterbende wälzten sich zwischen schon Toten mit einem dumpfen, langgezogenen Jaah, das wie der Schrei verendender Tiere im Urwald klang.

Für die Behandlung blieb nicht viel Zeit, und es sah nicht danach aus, als ob die Lagerleitung das für nötig befunden hätte. Medikamente waren rar, zwei Kampferampullen und eine Flasche Digitalis infus waren ungefähr der Vorrat für eine Woche. Nur Bolus alba gab es in Fülle, nicht in Büchsen oder Tüten, sondern in riesigen Säcken. Bolus, ein weißes Pulver, war das Allheilmittel, bei Durchfall wurde es innerlich gegeben, bei Mundfäule auf die Schleimhaut gestreut, und bei Hautentzündungen wurden die kranken Stellen damit gepudert. Und Bolus, zu einem dicken Brei angerührt, wurde auf die Kojen und die Wände gestrichen, damit sie über allem Elend weiß glänzten.

Alles, was die Ärzte für die Kranken tun konnten, die zu Skeletten abgemagert oder durch Hungerödeme aufgeschwollen, sich in Fieberdelirien wälzten, war, sie zu trösten und ihnen gut zuzureden. Davon wurde den Patienten nicht besser, sie starben wie die Fliegen. Unter das Stöhnen der Schwerkranken und das klagende Jaah der Sterbenden mengte sich immer wieder der Ruf der Zigeuner: Mulo, Mulo – ein Toter, nichts als Tote. Zwanzig, dreißig an einem Tag, in einem Block, in allen Blocks.

Die Leichen wurden aus den Kojen gerissen und so wie sie waren, verdreckt und mit Kot beschmiert, auf dem lehmigen Gang zwischen den Betten und dem Ofen nach hinten geschleift und in eine Ecke des Blocks geworfen. Dort blieben sie liegen, bis das Leichenkommando den hochgetürmten Haufen allabendlich abholte. Kein Bitten und kein Befehl vermochte die Pflegerinnen dazu zu bringen, die Leichen würdig hinauszutragen. Wenn das Leben nichts mehr gilt, verschwindet auch die Achtung vor dem Toten.

Die Ärzte waren machtlos. Sie hatten Hunderte von Patienten zu versorgen und für alle ausführliche Krankenblätter zu schreiben, die tadellos geführt werden mußten, alle drei Tage mit einem Nachtrag. Das allein hätte sie vollauf beschäftigt. Zudem hafteten sie bei Strafe von »Fünfundzwanzig mit dem Ochsenschwanz« für den Stand, die genaue Zahl der Patienten. Der stimmte kaum je, in den viel zu vollen, unübersichtlichen Blocks, wo 20 und 30 Kranke am Tage aufgenommen wurden und nicht weniger starben, wo Sterbende sich in ihrer Todesangst in den Strohsack verkrochen oder ungesehen hinter einem Balken verreckten. Vielleicht war ein Patient gestorben und die Leiche nicht abgeschrieben, sondern ungezählt auf den Leichenwagen geworfen worden. »Fünfundzwanzig mit dem Ochsenschwanz« überlebten nur kräftige Männer.

Der Kinderkrankenblock im Zigeunerlager war eigentlich nicht viel anders als die Blocks der Erwachsenen. Aber die Not dieser jungen Würmer schnitt noch mehr ins Herz, vielleicht weil die Gesichter alles Kindliche eingebüßt hatten und mit greisenhaften Zügen aus hohlen Augen guckten. Die Kinder waren wie die Erwachsenen nur noch Haut und Knochen, ohne Muskeln und ohne Fett, und die dünne pergamentartige Haut scheuerte sich über den harten Kanten des Skeletts überall durch und entzündete sich in schwärenden Wunden. Krätze bedeckte den unterernährten Körper von oben bis unten und entzog ihm die letzte Kraft. Der Mund war von Noma-Geschwüren zerfressen, die sich in die Tiefe bohrten, die Kiefer aushöhlten und krebsartig die Wangen durchlöcherten. Und dennoch aßen diese Kinder und tranken, und manche von ihnen erholten sich vorübergehend und schienen geheilt. Bei vielen schoppte der Hunger den sich zersetzenden Organismus mit Wasser voll. Sie schwollen zu unförmigen Klumpen an, die sich nicht rühren konnten. Durchfall, durch Wochen hindurch, löste ihren widerstandslosen Körper auf, bis bei dem steten Wegfließen von Substanz nichts mehr von ihm übrigblieb.

Viele von ihnen, die so lange des Essens entwöhnt waren, fragten nicht mehr nach Nahrung, aber alle verlangten zu trinken; auch die, deren Körper schon viel zu viel Flüssigkeit gespeichert hatte, bettelten immer und immer wieder um Wasser. Durst, unstillbarer Durst, war eine der großen Plagen von Birkenau. Wasser war verboten, weil es verseucht war; die drei Kübel mit Kaffee oder Tee, einem hellverfärbten Getränk, waren wie ein Hohn auf die tausend vertrockneten Kehlen im Block. Hunger vernichtet; Durst, der nie gelöscht wird, benimmt die Sinne. Durch keine Drohung und keine Bitte waren die Kinder vom Trinken abzuhalten. Sie verkauften ihre letzte Brotration für einen Becher des gefährdenden Wassers, und wenn sie kaum mehr gehen konnten, krochen sie nachts von ihrem Lager und krabbelten heimlich auf allen vieren unter den Betten hindurch zu den Kübeln mit Aufwaschwasser und soffen es aus.

Vor Hunger und Durst, Kälte und Schmerzen kamen die Kinder auch nachts nicht zur Ruhe. Ihr Stöhnen schwoll orkanartig an und hallte im ganzen Block wieder, bis sie erschöpft nachließen, um nach kurzer Pause neu anzuschwellen. Nacht für Nacht flutete das Jammern auf und ab, eine nicht endende Qual. Wenn die Verantwortlichen nur drei Nächte im Kinderblock erlebt hätten, wo Lucie Adelsberger und andere Ärzte ihr Lager hatten. Oder wenn sie einmal beim morgendlichen Waschen zugegen gewesen wären, wie die Kinder mitsamt ihren schmutzigen Dekken vom Lager gezogen wurden, herunter von den fauligen Strohsäcken, in denen die Maden wimmelten, wie sie auf den kalten Steinen des »Ofens« oder auf dem lehmigen Boden lagen und mitsamt ihren Decken gewaschen wurden und wie alles wieder ins Bett gezerrt wurde, die nassen, kranken Kinder und die feuchten Decken.

Und doch, das war das Wunderbare, hatten sogar diese Kinder noch ihre Freuden und ihre glücklichen Momente. Als Zulage zur Hungerkost wurden ab November rohe Haferflocken mit Zucker verteilt, ein kleines Häufchen für jedes Kind. Sobald es hieß: Haferflocken holen! mucksten die Kinder nicht mehr, und wenn die große blaue Emailleschüssel mit den Haferflocken und der kleine weiße Porzellantopf mit Zucker in den Saal getragen wurden, leuchteten alle Augen und sie ließen keinen Blick von den Schüsseln mit der Kostbarkeit. Wenn sie ausgeteilt wurden, jedem in die hohle Hand, futterten sie vergnügt Flöckchen für Flöckchen und leckten mit Wonne alle Finger ab.

Es gab für die Kinder nur eines, was noch schöner war: Wenn der Lagerarzt zur Visite kam. Sie wußten nichts von seinen Funktionen bei den Gaskammern, nichts davon, daß die Ärzte vor jeder Visite zitterten, weil bei dem geringsten Versehen ihr Leben und das von vielen anderen auf dem Spiel stand, sie wußten nur, daß er Bonbons brachte. Er hatte die Taschen voll und teilte sie einzeln aus. Spielerisch warf er sie den Kindern zu, drückte da und dort einem Schwerkranken einen in die Hand. Die Bonbons reichten nicht für alle, aber einmal kam jedes Kind an die Reihe, wenn nicht heute, dann morgen oder übermorgen. Sobald der Lagerarzt erschien, strahlten die Kinder. Ein Bonbon, und sie vergaßen ihr Leid.

Nicht nur die Kinder, auch die Großen waren so. Eine kalte Lagersuppe, zwei gekochte Kartoffeln oder ein Becher Milch als Extraspende täuschten sie über den Hunger hinweg und machten sie eine Weile froh. Oft genügte auch schon ein Streicheln, ein tröstendes Wort, eine winzige Gabe der Liebe.

Das Zigeunerlager war in Aufruhr. Zur Feier des Sonntags war eine Extravorstellung angesetzt. Der große freie Platz zwischen dem Waschraum und dem Kindergarten diente als Festwiese. Wie es sich für einen Kinderspielplatz gehört, hatte er ein Schaukelkarussell und allerhand Turngeräte, Ringe, Barren und einen Holzraum ohne Stacheldraht. Dort begann um 5 Uhr die Vorstellung. Das ganze Lager, etwa 16 000 Menschen allein im Zigeunerlager, war versammelt. Die Zuschauer drängelten außen am Zaun im Stehparkett, die Artisten standen startbereit im Halbkreis in der Arena neben dem Block. Vor diesem, auf einem improvisierten Podium, paradierte die Musik, fünf Zigeuner mit Violinen – die Zigeuner hatten die Musikinstrumente mitsamt ihrem Gepäck behalten – und einer mit einem Holzbein bei einer Ziehharmonika spielten voll Hingabe ihre schmelzenden, erotischen Melodien, mit dem Unterton von Sehnsucht und Zerrissenheit, jene einschmeichelnden Weisen, aus denen man spürt, wie das Volk liebt und lebt, frei und ungebunden und triebhaft wie die Tiere des Waldes, noch mit einer letzten dunklen Ahnung um ihre Urheimat Indien. Zum Takt schwangen sich dann die Männer an den Barren und Ringen, türmten sich zu hohen Säulen, kreisten im Wirbel und warfen sich als Bälle, nicht mehr als Häftlinge, nur noch Vollblutartisten mit ihrer Liebe zum Fach. Nicht einmal der Clown fehlte, diese echte Theaterfigur, die mit geschminkter Maske und mit aufgelegtem Grinsen das wahre menschliche Gesicht verdeckt. Die Zuschauer machten noch mehr Theater; die Menge am Zaun jauchzte, johlte, sang und tanzte im Takt mit. Man muß Zigeuner als Publikum gesehen haben. Das geht mit, nicht mit Applaus, sondern mit dem ganzen Körper, mit jedem Muskel. Schon die Kinder werden auf Artistik und auf Tanz dressiert, und der erste Saitenstrich der Violine oder das Schüttern der Harmonika bringt die kleinsten Gören in Schwung. Arme, Beine, Kopf, alles wird durcheinandergeworfen und alles springt. Varieté im Lager, zu beiden Seiten des Holzzaunes. Zigeunersonntag!

Plötzlich ein Pfiff, ein Kommando, und das Spiel reißt mittendrin ab. »Blocksperre« ist der Befehl, das heißt, alles sofort in die Blocks. Im Nu sind die Massen in ihre Baracken getrieben, nicht mit Musik, sondern mit Knüppeln und Stöcken und Hieben. Platz und Lagerstraße liegen menschenverlassen da. Kaum im Block angelangt, werden die Türen hinter ihnen verrammelt. Keiner darf in die Nähe des Tores oder gar durch den Spalt gucken. Im Block entsteht beklommenes Schweigen. Die Kranken hören auf zu stöhnen, die Gesunden kriechen schnell auf ihr Lager, ohne noch wie üblich ihre Brotration hinunterzuschlingen. Auch die Ärzte, Neulinge in Auschwitz, spüren die düstere Atmosphäre. An Schlaf ist nicht zu denken. Alle liegen zusammengekauert auf ihren Strohsäcken und rücken ganz dicht aneinander. Ab und zu wird leise getuschelt, sonst herrscht weiter unheimliche Ruhe im Block, der an anderen Tagen mit dem Gekreische an einen Affenkäfig erinnert. Stunden verrinnen, bis es ganz dunkel wird. Dann fahren Autos an. Am Reflex der Lichtkegel an der Wand erkennen alle, daß eins neben ihrem Block wendet. Sie hören den Motor stoppen. Die Türen werden aufgerissen. SS erscheint. Namen und Nummern werden aufgerufen, und mit aufblendenden Taschenlampen werden Patienten und Pflegerinnen nach diesen Nummern auf ihrem Arm abgesucht. Sie wagen nicht mehr zu atmen, nicht den Kopf zur Seite zu wenden. Wer ist dran? Wann wird ihre Nummer genannt? Ob es eine halbe Stunde oder Minute oder gar nur Sekunden dauert, bis das Tor wieder verschlossen wird und das Auto losprustet, sie wissen es nicht.

2500 tschechische Zigeuner gingen in dieser Nacht ins Gas. Das war Lucie Adelsbergers zweiter Sonntag in Auschwitz, der 30. Mai 1943. Von da ab wußte sie, daß alles Lachen und alles Spiel im Lager immer nur der Auftakt war.

Von den 20 000 Häftlingen im Zigeunerlager, die meist im März 1943 in Auschwitz angekommen waren, lebten im Juli 1944 nur noch 6000. Unter diesen wurden nun die Arbeitsfähigen vom Lagerarzt ausgesucht und für den Transport bestimmt und, soweit man hörte, nach dem Hauptlager in Auschwitz überstellt, um von dort aus in Arbeitslager oder Fabriken verteilt zu werden. Das Herausziehen der Arbeitskräfte aus einem Lager war immer ein böses Omen, zumal wenn, wie hier, die Frauen mit den Kindern zurückblieben. Zudem befahl der Lagerarzt, der sich für Zwillingsforschung und anthropologische Messung begeisterte, daß die Untersuchungen eiligst zum Abschluß zu bringen seien. Ende Juli wurde es noch bedenklicher. Die Zigeunermischlinge und die Angehörigen von Frontkämpfern wurden beschleunigt aus dem Lager herausgeholt. Der Lagerführer, der sonst nur sporadisch erschien, besichtigte das Lager unheimlich oft und lange. Etwas lag in der Luft, und doch konnte es nichts Akutes sein, denn der Lagerarzt kümmerte sich angelegentlicher denn je um die Patienten. Er stellte den Ärzten sogar ein Ultimatum für die Heilung der Augenentzündungen, an denen viele Kinder litten. Außerdem wurden für den Waisenblock ab 28. Juli noch zwei große Kessel mit Kindersuppe als tägliche Zulage genehmigt.

Der 31. Juli 1944 brachte nachmittags neue Überraschungen. Der Zug mit den bereits nach Auschwitz geschickten Zigeunern fuhr vor der Weiterfahrt von Auschwitz noch einmal zurück nach Birkenau an das Zigeunerlager heran, und die SS erlaubte, daß die Zigeuner sich trotz Blocksperre an der Rampe versammelten und sich mit den Häftlingen im Zug unterhielten. Das war etwas nie Dagewesenes in der Geschichte des Konzentrationslagers. Im Beisein der SS riefen die Menschen laut über den Draht, warfen Pakete und winkten sich zu wie bei einem Abschied auf dem Bahnsteig. Erst als der Zug abfuhr, wurden die Häftlinge in ihre Blocks getrieben.

Um 4 Uhr sichtete der Lagerarzt den Kinderblock noch einmal nach Arbeitsfähigen, die mit den Zwillingen nach Auschwitz verladen wurden. Dann folgten die Ereignisse Schlag auf Schlag. Nach 5 Uhr wurde strengste Blocksperre angeordnet. Ehe Lucie Adelsberger noch zu ihren Kindern im Waisenblock hatte eilen können, war die Lagerstraße schon von schußbereiter SS abgesperrt, die in enggliedrigen Ketten zu beiden Seiten aufgepflanzt war. Sie flüchtete in den Infektionsblock, dem letzten Block im Lager neben der Sauna, der fest verriegelt wurde.

In der Ferne fuhren Autos an und verschwanden wieder in der Stille. Dann wurde das An- und Abfahren und das Bremsen immer deutlicher. Gegen halb elf hielten sie vor dem Waisenblock. Kurze Befehle der SS, das Kreischen der Kinder.

Die älteren wehren sich hörbar, rufen um Hilfe, brüllen Verrat, Schufte, Mörder! Ein paar Minuten nur und die Autos surren davon, das Geschrei verhallt in der Nacht.

Nach einer knappen halben Stunde kehren die Wagen zurück, zum Infektionsblock, fahren daran vorbei, wenden nebenan bei der Sauna und – halten. Der Block ist an der Reihe. Die Türen werden aufgerissen, SS stürmt herein. Der Anführer der SS sieht die Ärzte der Reihe nach an. Die Räumung beginnt. Die Menschen werden aus den Betten gezerrt, wie Bündel gepackt und hinaustransportiert. In wenigen Minuten ist der Block leer. Jedes einzelne Bett wird noch einmal kontrolliert, unter den Matratzen mit Stöcken herumgestochert, jede Ecke des Blocks abgeleuchtet. Der Block wird wieder verriegelt, und die SS zieht mit ihren Opfern ab. Die Ärzte bleiben zurück.

Am nächsten Morgen, dem 1. August, war das Zigeunerlager, das tags zuvor 3500–4000 Köpfe gezählt hatte, leer und im Gegensatz zu dem sonst schwirrenden Gepappel lautlos. Eine Frau, die sich versteckt hatte und nachträglich auftauchte, wurde dem Lagerführer vorgeführt. Zwei Kinder von 3 und 5 Jahren, die in ihre Decken eingemummelt alles überschlafen hatten, kamen, sich an der Hand führend, weinend ob der Verlassenheit aus dem Waisenblock. Sie wurden nachgeliefert – in die Gaskammer.

Das leere Zigeunerlager B II e wurde in den nächsten Tagen mit Russen und ungarischen Juden belegt.

Die Zahl der von den NS-Verbrechern ermordeten Zigeuner wird auf eine halbe Million geschätzt.

20. Ungarn

Was sich nach meiner Verlegung ins KZ Sachsenhausen in Auschwitz ereignete, habe ich nach unserer Befreiung von Überlebenden erfahren. Filip Müller hat einen Bericht über seine drei Jahre in den Krematorien und Gaskammern von Auschwitz mit »Sonderbehandlung« überschrieben. Das habe ich zusammengefaßt.

Die Rote Armee war nur noch einige Hundert Kilometer von Auschwitz entfernt, und jeden Tag kam sie dem Lager näher. Doch in Birkenau wurde mit fieberhafter Eile gearbeitet. Einige hundert Häftlinge verlegten die Eisenbahngleise bis in unmittelbare Nähe der Krematorien II und III. Sie bauten eine neue Bahnrampe, denn die Transporte sollten direkt bis zur Mordstätte fahren. Besonders sorgfältig wurden die Krematorien repariert. Dazu wurden auch zivile Arbeiter einer in der Nähe gelegenen Fabrik herangezogen. Auf ähnliche Weise wurde auch ein ehemaliges Bauernhaus, vom eigentlichen Lager durch ein Wäldchen getrennt, umgebaut zum »Bunker V«. Es wurden auch neue Wohnräume vorbereitet und das Aufräumkommando »Kanada« auf fast tausend Häftlinge erweitert. Die Arbeiten wurden Anfang Mai 1944 teils von Lagerführer Höss persönlich, teils von SS-Hauptscharführer Moll beaufsichtigt, der auch die Ausrottung der ungarischen Juden leiten sollte.

Moll war ein unglaublich brutaler und zynischer Mensch, dabei von extremer Tatkraft und mit außerordentlichen organisatorischen Fähigkeiten. Sobald Moll mit der Leitung beauftragt worden war, wechselte er eine Reihe niedrigerer SS-Ränge aus: Das Kommando über die Krematorien II und III erhielt Unterscharführer Steinberg und nach ihm Oberscharführer Muhsfeldt; ihm waren die Rottenführer Holländer und Eidenmüller unterstellt. Der neu hergerichtete Bunker V unterstand dem Kommando von Unterscharführer Eckardt, der aus Ungarn stammte und deshalb perfekt ungarisch sprach.

Auch die Gruppe der Kommandanten in den Krematorien IV und V wurde verstärkt; und zwar durch Unterscharführer Seitz und später durch Scharführer Busch.

Die größte Anzahl Häftlinge wurde beim Ausheben von fünf Gruben hinter dem Krematorium V, unweit dreier Gaskammern, konzentriert. Das war die anstrengendste Arbeit: Unter dem Gebrüll der SS-Männer und der Antreiberei der Kapos Gruben ausheben, ohne Atempause das schwere Erdreich aus den sich ständig vertiefenden Gruben werfen. Oben wurde es dann auf Schubkarren geladen und im Laufschritt abtransportiert. Je tiefer die Gruben wurden, desto schwerer wurde die Arbeit. Es dauerte einige Tage, ehe die etwa vierzig bis fünfzig Meter langen, ungefähr acht Meter breiten und zwei Meter tiefen Gruben fertig waren. Moll hatte sich allerdings noch weitere Einzelheiten ausgedacht, grauenhafte. In der Mitte der Gruben mußten die Häftlinge einen etwa 25 bis 30 Zentimeter breiten, nach beiden Seiten von der Mitte her leicht abschüssigen Graben ausheben, in dem nach Molls Vorstellungen das Leichenfett abfließen sollte, für das an der Seite Auffangbecken ausgehoben wurden. Moll überzeugte sich persönlich davon, ob die Kanäle auch die richtige Neigung hätten. Als das Wasser nicht bis in die Becken am Rand floß, mußten die Häftlinge die ganze Nacht weiterarbeiten, bis Moll schließlich zufrieden war.

Auch ein Brennmateriallager wurde vorbereitet, wohin schwere Lastkraftwagen große Mengen Brennmaterialien lieferten – alte Eisenbahnschwellen, Zweige von Nadelbäumen, Abfallholz, Balken und Lumpen, eine größere Menge Methanol und Fässer mit Schmierölresten.

Außerdem wurde hinter den Krematorien eine Fläche von etwa 60 mal 15 Meter ausbetoniert, auf der später die Asche der verbrannten Opfer zerstampft werden sollte, und Handrammen, grobe und feine Eisennetze, Zement, Latten, Fässer mit Chlorkalk wurden in großer Menge herangeschafft, kurz alles, was für die Beseitigung einer so riesigen Anzahl Leichen notwendig war.

All das hatte sich Moll ausgedacht zur Ausrottung der ungarischen Juden – insgesamt fünf Verbrennungsgruben, Krematorien, der sogenannte Bunker V mit vier Gaskammern und weiteren vier Verbrennungsgruben waren darauf vorbereitet.

Die ersten Transporte ungarischer Juden trafen Mitte Mai 1944 in Birkenau ein. Jeden Tag kamen Züge an der neu eingerichteten Rampe in Birkenau an, jeder mit etwa 40 bis 50 Viehwaggons, im wahrsten Sinne des Wortes vollgestopft mit ungarischen Juden. Die Menschen in diesen Zügen hatten während der Fahrt unter brennendem Durst gelitten; und viele von ihnen hatten den Transport nicht überstanden.

Die dann bei der Selektion an der Rampe für die Gaskammern ausgewählt wurden, schleppten sich restlos erschöpft in langen Kolonnen über die staubige

Straße. Mütter schoben Kinderwagen, führten größere Kinder an der Hand. Jüngere Leute halfen Alten und Kranken, waren nur deshalb in diese Gruppe geraten, weil sie nachdrücklich darum gebeten hatten, nicht von ihrer geschwächten Familie getrennt zu werden, die ihre Hilfe brauche.

Was sie auf dem Wege sahen, machte einen bedrückenden Eindruck. Lange Stacheldrahtzäune, hinter ihnen ausgemergelte Gestalten in gestreiften Häftlingskleidern, SS-Wachen mit Maschinengewehren auf den Wachtürmen. Dieser Anblick warf alle in einen apathischen Zustand. Dazu noch der Durst, der in der Sommerhitze viele an den Rand der Verzweiflung brachte. Wenn sie schließlich auf dem Hof des Krematoriums ankamen, waren sie kaum noch hundert Meter von den Verbrennungsgruben entfernt. Die hohe Mauer hinderte sie daran, die andere Seite zu sehen. Dort loderte mit Prasseln, Fauchen und Zischen ein Feuer bis zum Himmel, über dem ganzen Gelände hing eine schwarz-graue Wolke, und ein süßlicher Gestank durchdrang die Luft.

Moll sorgte dafür, daß das ganze Täuschungstheater weitergespielt wurde, so als würden die eben Angekommenen gleich nach der Desinfektion in die Unterkunftsräume geführt. Er bemühte sich selbst, die ungeduldig gewordenen und Durstigen zu beruhigen und zu Geduld aufzufordern. Sie mußten nämlich warten, bis die Gaskammern für sie vorbereitet waren, in denen gerade noch die Häftlinge des vorangegangenen Transports ermordet worden waren.

Zunächst mußte man die Leichen aus den Gaskammern herausziehen, sie auf einem Platz hinter dem Krematorium lagern, alles wegbringen, was die vorangegangene Gruppe in den Umkleideräumen hinterlassen hatte. Man mußte das Gelände wenigstens oberflächlich säubern, und das alles dauerte eine gewisse Zeit. Diese Unsicherheit, das Warten und der Durst sollten den Widerstandswillen der neu Angekommenen und ihre Aufnahmefähigkeit außer Kraft setzen.

Während sie noch warteten, zeigte das Pfeifen der Lokomotive, daß inzwischen ein neuer Transport an der Rampe eingetroffen war. Und nach einer kurzen Weile schleppten sich erneut müde Kolonnen die Lagerstraße entlang, in der gleichen Verwirrung, Angst und schließlich Apathie wie ihre Vorgänger, die inzwischen unweit der Krematorien warteten. Der Zeitplan mußte streng eingehalten werden.

Später wurden die aus den Gaskammern gezerrten Leichen zu den Verbrennungsgruben getragen, wo ihnen Häftlinge in hektischer Eile die goldenen Zahnkronen ausbrachen und den Frauen die Haare abschnitten. Erst dann wurden die Leichen in die Verbrennungsgruben gelegt, für gewöhnlich in drei Schichten auf das vorbereitete Brennmaterial, und wenn ungefähr 2500 Leichen auf diese Weise übereinander gelegt worden waren, wurde das Feuer entzündet. Nach zwei Stunden blieben in der weißen Glut nur noch verkohlte Rümpfe zurück. Das Feuer mußte jedoch ständig genährt werden, weil der Scheiterhaufen, der zu Beginn über den Rand der Grube herausgeragt hatte, in sich zusammengefallen war und die Luft nicht mehr ausreichend zirkulieren konnte. Deshalb mußte, was brannte, ununterbrochen mit Öl, Methanol und Fett übergossen werden, dem Leichenfett, das sich siedend an den Stirnseiten der Gruben sammelte. Ständig ein Gestank von Öl, Fett und verbranntem Fleisch.

Während der Tagesschicht waren für diese Arbeiten allein im Bereich der Krematorien IV und V durchschnittlich 140 Häftlinge eingeteilt: etwa 25 für das Leichentragen, 10 zogen die Goldzähne und schnitten den Toten die Haare ab, 25 schichteten die Toten in den Gruben zu Scheiterhaufen auf, 15 bereiteten Brennmaterial vor und 35 schaufelten nach Erlöschen des Feuers die Asche aus den Gruben, fuhren sie auf den Aschelagerplatz und zerstampften die Knochen. Eine kleine Gruppe von Häftlingen transportierte Kleider, Schuhe und den sonstigen Besitz der Ermordeten ab. Auch hier die genau geplante, strenge Arbeitsteilung. Nur wenn etwa zum Wegschleifen der Leichen mehr Häftlinge gebraucht wurden, kam es zu Veränderungen.

Nachts durfte wegen der Gefahr von Fliegerangriffen in den Gruben kein Feuer angezündet werden, deshalb war die Anzahl der Heizer auf die Hälfte reduziert. Sie bereiteten die Einäscherung in den frühen Morgenstunden vor. Alles mußte in einem höllischen Tempo durchgeführt werden.

Hauptscharführer Moll zeigte sich nämlich gelegentlich selbst in seiner weißen Uniform direkt an den Verbrennungsgruben, und vor seinen Rügen hatten sogar die SS-Leute Angst.

Die SS-Aufsicht an den Gruben war meist betrunken, während die erst vor kurzem in die Wachmannschaften eingegliederten SS-Wachen auf den Türmen sichtbar entsetzt waren. Der Blick auf die Szenerie war wirklich schrecklich. In der Glut des Feuers bewegten sich die Leichen. Die Leiber erhoben sich, krümmten sich.

Der gesamte Einäscherungsprozeß dauerte fünf bis sechs Stunden. Was von den Leichen zum Schluß übrigblieb, füllte die Tiefe der Gruben kaum zu einem Drittel, übersät von unzähligen Schädeln. Damit sich die Oberfläche wenigstens etwas abkühlte, wurde von allen Seiten Wasser in die Grube geschüttet. Eine weiße Dampfwolke stieg zischend aus der Grube und hüllte die ganze Umgebung in einen feuchten, warmen, dichten Nebel. Sobald die Oberfläche einigermaßen abgekühlt war, wurden mit Blech beschlagene Bretter in die Grube geworfen. Mit ihrer Hilfe stiegen die Häftlinge nach unten, und jetzt begann die schlimmste Arbeit. Die Häftlinge mußten die immer noch heiße Asche aus der Grube schaufeln. Sie trugen zwar Handschuhe und auf dem Kopf flache Mützen, aber trotzdem verursachte die heiße Asche, insbesondere wenn Wind wehte, in den Gesichtern der Häftlinge schwere Verbrennungen, vor allem die Augen litten.

Die Asche wurde in Schubkarren auf ein besonderes Gelände gefahren. Dort bildete sie einen oft mannshohen Berg. Körperteile, die nicht vollständig verbrannt waren, mußten ausgesondert und in einer kleineren Grube eingeäschert werden. Die Asche wurde zerstampft und durchgesiebt, bis nur noch feiner Staub übrigblieb. Diese Arbeit führten fast ausnahmslos griechische Häftlinge aus. Ihre schwermütigen Lieder und das monotone Stampfen bildeten eine unwirkliche Atmosphäre.

Für den Transport von rund 10 000 Menschen aus Ungarn nach Birkenau brauchte die SS etwa einhundert Eisenbahnwaggons. Für die Asche der ermordeten und verbrannten Opfer genügten einige Lastwagen, mit denen man die Asche an die Ufer der Weichsel transportierte, wo sie in den Strom geschüttet wurde.

Zu jedem Transport aus Ungarn gehörte ein offener Waggon voller Holzbalken. Die ungarischen Juden hatten glauben sollen, daß dieses Holz für den Bau ihrer Unterkünfte bestimmt sei. Niemand von den antransportierten Menschen hatte gewußt, was sie erwartete. Das war auch an ihrem Gepäck zu erkennen. Nach ihrer

Ermordung wurde es zum Sortieren von Lastautos nach »Kanada« gefahren. Trotz der damals herrschenden Hitze hatte die Mehrheit Wintermäntel und sogar Pelze mitgebracht, ein Hinweis darauf, daß sie alle damit rechneten, zumindest den nächsten Winter zu erleben.

In den drei Gaskammern eines einzigen Krematoriums konnten an einem einzigen Tag ungefähr zehntausend Personen ermordet werden, und ihre Leichen konnten außer in den fünf Krematorien in einigen langen Verbrennungsgruben eingeäschert werden. So konnten innerhalb einiger weniger Wochen über 450 000 (460 000 bis 476 000) ungarische Juden liquidiert werden. Nach der Absicht der NS-Verbrecher hatten es noch viel mehr sein sollen. Geflohene KZ-Häftlinge und amerikanische Drohungen in Budapest verhinderten das, retteten Hunderttausenden weiteren das Leben.

Doch der ungarische Reichsverweser Admiral Horthy war ein treuer Kollaborateur der NS-Verbrecher. Erst als ihm das alliierte Militärkommando drohte, den Budapester Industriebezirk Csepel und weitere Industriezentren Ungarns zu bombardieren, gab er nach, und die Transporte nach Auschwitz hörten auf. Da waren aber seit Mitte Mai 1944 schon fast eine halbe Million ungarische Juden in Birkenau ermordet worden.

Hans Bonarewitz wurde am 30. Juli 1942 zum Galgen geführt, weil er aus dem Lager geflohen war. Zur Hinrichtung mußte die Lagerkapelle »Alle Vögel sind schon da« spielen

21. Flucht

Obwohl die Lager in Auschwitz und Birkenau so streng bewacht wurden, daß eine Flucht kaum möglich schien, bereitete die illegale Widerstandsorganisation mehrfach eine solche Flucht vor. Ihr Ziel war nicht so sehr, das Leben einiger weniger Häftlinge zu retten. Sie wollte vor allem die Welt über die Massenmorde informieren und um Hilfe für die Zehntausenden vom Tode bedrohten Gefangenen bitten. Während meiner Haft in Auschwitz gab es mehrere Fluchtversuche, fast keiner gelang.

So erging es auch jenen fünf Häftlingen – einem Slowaken, einem Franzosen, einem Polen, einem Deutschen und einem Holländer –, die mit Hilfe eines SS-Mannes geflohen waren, der sie dann aber verriet. Die fünf toten Häftlinge wurden am Lagertor auf eine Bank gesetzt, und wir mußten an ihnen vorbeidefilieren, wie bei einer Parade. Zur Warnung. Und trotzdem gab es weitere Fluchtversuche, ist zwei slowakischen Juden die Flucht aus dem KZ Birkenau gelungen.

Ich erinnere mich noch gut an den 7. April 1944.

Das Aufräumungskommando, zu dem ich gehörte, bereitete sich auf die Nachtschicht vor. Ein »normaler« Tag. Die Tagschicht war schon im Lager, und wir standen angetreten und warteten auf den Zählappell.

Diesmal warteten wir jedoch vergeblich. Alle, das ganze Lager, Zehntausende von Häftlingen.

Am 7. April 1944 heulten die Sirenen in Birkenau auf, dreimal zehn Minuten lang. Der schrille Ton mit kurzen Unterbrechungen war kilometerweit zu hören.

Flucht.

Es fehlten zwei slowakische Juden. Aber dort, wo täglich Tausende starben, durfte kein einziger fehlen!

Tausendzweihundert SS-Männer gingen auf die Jagd. Sie durchkämmten die ganze Gegend, Meter um Meter. Sie bildeten eine ringförmige Kette und durchsuchten alle Baracken, Lager, Waschräume, gründlich, mit Hilfe der Hunde, brachten alles durcheinander.

Von Zeit zu Zeit hörten wir Rufe, Befehle an die Verfolger:

»In zwei Stunden werdet ihr mir die zwei bringen!«

Und wir standen und warteten. Durchfroren, mit einem Gefühl der Angst, aber auch einer stillen Hoffnung.

»Sie fangen sie nicht mehr!« meinte jemand

»Vielleicht werden sie schon verhört«, ein anderer.

Die Nervosität der SS-Mörder belebte unsere schwachen Kräfte. Wir hörten den langsamen, schweren Schritt der Häftlinge vom Sonderkommando Krematorium, die von ihrer Schicht zurückkehrten.

Erst nach Mitternach ließ die Suche nach. Unser Kommando mußte zur Schicht. Die anderen wurden in die Baracken gejagt, hungrig, erschöpft.

Drei Tage und drei Nächte lang wütete die SS vergebens. Spurlos waren die beiden Verfolgten verschwunden.

Nach dem Krieg erfuhr ich von Alfred Wetzler, einem der beiden, Einzelheiten ihrer Flucht.

Der Höhere SS- und Polizeiführer
beim Oberpräsidenten in Schlesien
und beim Reichsstatthalter im Gau ...
im Wehrkreis VIII
I. Nr. 383/40 (g)

Breslau, den 22. VII. 1940.

Geheim!

An den
Kommandanten des Konzentrationslagers Auschwitz
SS-Hauptsturmführer Höß
in Auschwitz

24 JUL 1940

nachrichtlich:

1. An den
Inspekteur der Sicherheitspolizei
in Breslau

2. An den
Leiter der Staatspolizeistelle Kattowitz
in Kattowitz.

Wie mir von Ihnen gemeldet wurde, ist am 6.7.1940 der polnische Schutzhäftling Wiejowski, Thadeus aus dem dortigen Konzentrationslager entwichen. Nach dem bisherigen Ermittelungsergebnis steht fest, daß die Flucht durch 5 Zivilarbeiter, die im Lager tätig waren, durch Beschaffung von Zivilkleidung und Lebensmitteln sowie Kassiberweiterleitung ermöglicht wurde.
Die Tatsache, daß bereits in der Nacht vom 11. zum 12.7.1940 von außen her ein Befreiungsversuch unternommen wurde und daß in der näheren Umgebung des Lagers, besonders nachts, verdächtige Personen bemerkt wurden, gebietet ein energisches Durchgreifen um Weiterungen, die sich aus dieser Lage ergeben könnten, von vornherein auszuschließen.
Ich ordne daher an, daß die fünf polnischen Zivilarbeiter und zwar:

1. Bies	Boleslaus	geb. 1.4.1900 in Bielitz wohnh. in Auschwitz, Klutschnikowskistr. 43,
2. Mussinski	Josef	geb. 25.11.13 in Gruschow wohnh. in Babitze 333,
3. Kowalowski	Emil	geb. 5.6.1911 in Birkenau wohnh. in Birkenau, Kolonastr. 198,
4. Patek	Josef	geb. 13.12.1913 in Godzieszenta wohnh. in Birkenau 321,
5. Mrzyglod	Stanislaus	geb. 18.4.1914 in Auschwitz wohnh. in Babitz Nr. 309

unverzüglich durch ein von Ihnen zu stellendes Exekutionskommando zu erschießen sind.
Ich stelle anheim, die Exekution so durchzuführen, daß sie eine Warnung für diejenigen wird, die sich mit ähnlichen Gedanken tragen.

SS - Gruppenführer.

Todesurteil für Fluchthilfe

Natürlich hatten sie sich retten wollen, nach Freiheit gesehnt. Vor allem aber hatten sie ihr Leben riskiert, um die Wahrheit über die Massenmorde in Auschwitz international bekanntzumachen und dadurch den geplanten Mord an den ungarischen Juden zu verhindern, Hunderttausende von Männern, Frauen und Kindern vor dem Tod in den Gaskammern zu retten.

Die Widerstandsbewegung im KZ Birkenau hatte die Flucht der beiden Slowaken sorgfältig geplant. Die Holzvorräte für den weiteren Ausbau von Birkenau sollten das Versteck für den Fluchtbeginn abgeben. Unter den Bretterstapeln wurde eine Grube ausgehoben. Die Ausstattung war sehr bescheiden: drei Würfel Margarine, drei Brote, eine Uhr, ein Rasiermesser, eine Taschenlampe, ein Plan vom Lager, Etiketten von Blechdosen mit der Aufschrift »Zyklon B« und eine Liste mit den Namen der SS-Leute und der Ärzte, die mit einer Handbewegung über Leben und Tod von Hunderttausenden von Häftlingen entschieden hatten.

Am 7. April 1944 nahm der Unterschlupf die Flüchtlinge auf. Die Bretter waren mit einem Gemisch aus Benzin und stinkenden Zigarettenstummeln getränkt worden, um die Hunde irrezuleiten.

Am 10. April 1944, dem dritten Tag, kam um 9 Uhr abends endlich der Befehl: »Postenkette einziehen!«

Erst jetzt begann die eigentliche Flucht. Die Bretter, unter denen sie sich achtzig Stunden lang, mehr als drei Tage, versteckt hatten, waren glatt. Die Hände fanden keinen Halt. Wie sollten sie nur aus ihrer Grube herauskommen?

Endlich!

Der erste Blick galt dem Sandstreifen, über den die beiden laufen mußten.

Ein großer Scheinwerfer beleuchtete die Hauptstraße. Tausende von Lampen entlang des Drahtzauns erhellten den Graben hinter dem Stacheldraht. Nicht ein einziger Fleck lag im Halbdunkel. Vor den Flüchtlingen befand sich das Zentrum des Konzentrationslagers Auschwitz-Birkenau. Rechts standen die Krematorien,

Alfred Wetzler, der frühere Häftling Nr. 29162

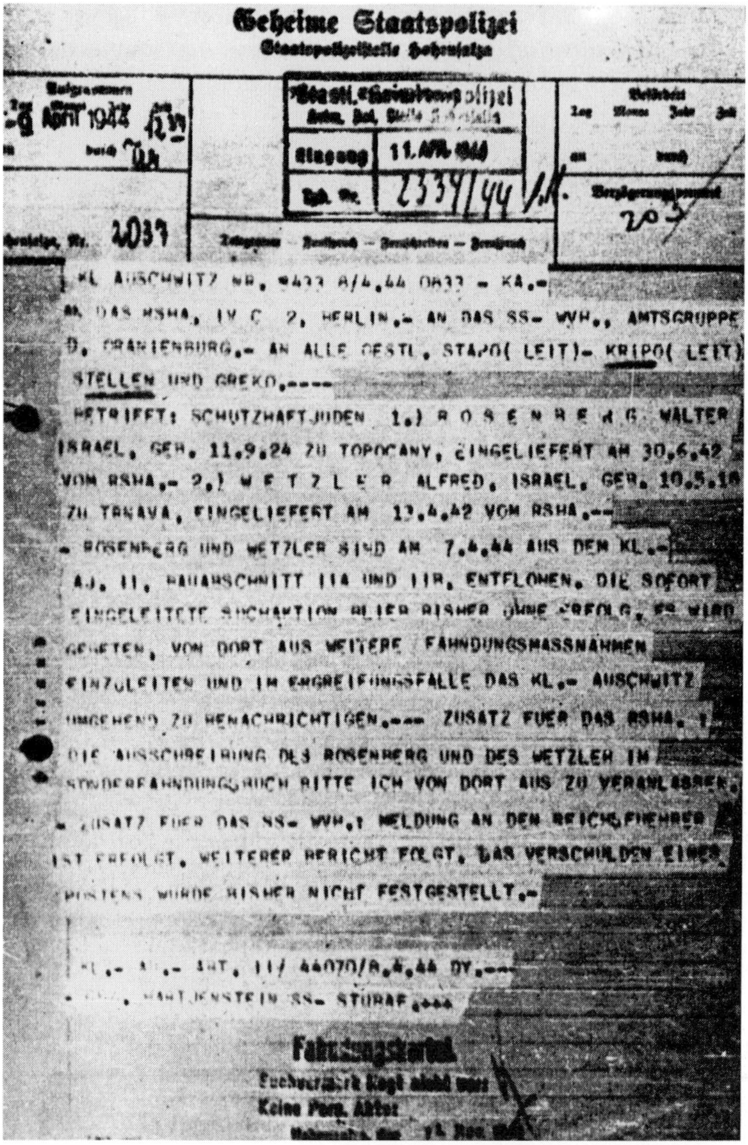

Geheime Staatspolizei
Staatspolizeistelle Hohensalza

Stapo Staatspolizei
Eingang 11. APR. 1944
Tgb. Nr. 2334/44

KL AUSCHWITZ NR. 8433 8/4.44 0833 = KA.=
AN DAS RSHA, IV C 2, BERLIN.- AN DAS SS- WVH., AMTSGRUPPE D, ORANIENBURG.- AN ALLE GESTL. STAPO(LEIT)- KRIPO(LEIT) STELLEN UND GREKO.----
BETRIFFT: SCHUTZHAFTJUDEN 1.) R O S E N B E R G WALTER ISRAEL, GEB. 11.9.24 ZU TOPOCANY, EINGELIEFERT AM 30.6.42 VOM RSHA.- 2.) W E T Z L E R ALFRED, ISRAEL, GEB. 10.5.18 ZU TRNAVA, EINGELIEFERT AM 13.4.42 VOM RSHA.--
- ROSENBERG UND WETZLER SIND AM 7.4.44 AUS DEM KL.- AU. II, BAUABSCHNITT IIA UND IIB, ENTFLOHEN. DIE SOFORT EINGELEITETE SUCHAKTION BLIEB BISHER OHNE ERFOLG. ES WIRD GEBETEN, VON DORT AUS WEITERE FAHNDUNGSMASSNAHMEN EINZULEITEN UND IM ERGREIFUNGSFALLE DAS KL.- AUSCHWITZ UMGEHEND ZU BENACHRICHTIGEN.--- ZUSATZ FUER DAS RSHA. 1.) DIE AUSSCHREIBUNG DES ROSENBERG UND DES WETZLER IM SONDERFAHNDUNGSBUCH BITTE ICH VON DORT AUS ZU VERANLASSEN.
- ZUSATZ FUER DAS SS- WVH.: MELDUNG AN DEN REICHSFUEHRER IST ERFOLGT. WEITERER BERICHT FOLGT. DAS VERSCHULDEN EINES POSTENS WURDE BISHER NICHT FESTGESTELLT.-

KL.- AU.- ABT. II/ 44070/8.4.44 DY.---
GEZ. HARTJENSTEIN SS- STUBAF.+++

Fahndungskartei
Keine Pers. Akten

Die Meldung über die Flucht der Häftlinge Wetzler und Rosenberg an das RSHA Abt. IV C 2 in Berlin

Geheime Staatspolizei
Staatspolizeistelle Hohenfalze

Telegramm			Aufgenommen	Staatl.Kriminalpolizei	Befördert			
Tag	Monat	Jahr	Zeit	Stelle Hohenfalze	Tag	Monat	Jahr	Zei
9	April	1944	1237	Eingang 11.April 1944				
		durch W		Egb.Nr. 2334/44	an		durch	
					Verzögerungsvermer 203			

Hohenfalze Nr.2037 Telegramm-Fernspruch-Fernschreiben-Berufspruch

KL AUSCHWITZ WRY 9433 8/4.44 0833 - KA.-
AN DAS RSHA, IV C 2, BERLIN.-AN DAS SS WYH., AMTSGRUPPE D, ORANIENBURG.-AN ALLE GEST.STAPO /LEIT/ - KRIPO /LEIT/. STELLEN UND GREKO.----
BETRIFFT: SCHUTZHAFT JUDEN 1./ R O S E N B E R G WALTER ISRAEL, GEB.11.9.24 ZU TOPOLCANY, EINGELIEFERT AM 30.6.42 VON RSHA.-2./ W E T Z L E R ALFRED, ISRAEL, GEB! 10.5.18 ZU TRNAVA, EINGELIEFERT AM 13.4.42 VOM RSHA.---
ROSENBERG UND WETZLER SIND AM 7.4.44 AUS DEM KL.- AU.II. BAUABSCHNITT IIA UND IIB, ENTFLOHEN. DIE SOFORT EINGELEITETE SUCHAKTION HIER BISHER OHNE ERFOLG. ES WIRD GEBETEN, VON DORT AUS WEITERE FAHNDUNGSMASSNAHMEN EINZULEITEN UND IM ERGREIFUNGSFALLE DAS KL.-AUSCHWITZ UMGEHEND ZU BENACHRICHTIGEN.---ZUSATZ FUER DAS RSHA.
DIE AUSSCHREIBUNG DES ROSENBERG UND DES WETZLER IM SONDERFAHNDUNGSBUCH BITTE ICH VON DORT AUS ZU VERANLASSEN.
ZUSATZ FUER DAS SS WVH,: MELDUNG AN DEN REICHSFUEHRER IST ERFOLGT. WEITERER BERICHT FOLGT.DAS VERSCHULDEN EINES POSTENS WURDE BISHER NICHT FESTGESTELLT.

KL.-AU.-AUT.II/44070/8.4.44 DV.---
GEZ.HART.JENSTEIN SS-STUBAF.+++

FAHNDUNGSKARTEI
SUCHVERMERK LIEGT NICHT VOR
KEINE PERS.AKTE:

Abschrift des Originaltelegramms auf der gegenüberliegenden Seite

hinter ihnen dehnte sich freies Gelände. Das erstemal sahen sie dieses Bild von außerhalb des Stacheldrahts.

Es blieb der Graben und dann unter dem Drahtzaun durch, dahinter rauschte der Fluß.

Nur keine Spuren hinterlassen.

Drei Uhr morgens.

In einer Stunde würde es tagen.

Sie mußten weiter!

Aber wo soll man die Kräfte dazu hernehmen?

Der Kiefernwald war ihre Rettung. Laub, Nadelstreu, Zweige – ein luxuriöses Bett. Die Kälte weckte sie im Morgengrauen. Sie entschlossen sich, erst nach Einbruch der Dunkelheit weiterzugehen, in Richtung Beskiden.

Am Abend erreichten sie bald Bielitz-Biala. Sie umgingen den Ort. Noch weitere sechs Nächte und sechs Tage, bevor sie das Grenzgebirge erreichten.

Ein kalter Wind wehte hier oben. Immer wieder Kahlschläge, die in weitem Bogen umgangen werden mußten. Der Nebel half ihnen dabei, erschwerte aber auch die Orientierung. Die Lebensmittelvorräte gingen zu Ende.

Wieder ein Abend.

Die Flüchtlinge überquerten eine Eisenbahnstrecke, dann einen Fluß.

Vor ihnen lag das Dorf Milowka. Also waren sie richtig gegangen, in der Nähe der slowakischen Grenze angekommen.

Plötzlich schien alles umsonst gewesen zu sein. Aus dem Nebel tauchte eine Frau mit einem Kind auf. Würde sie ihnen helfen oder sie verraten? Durfte man ihr vertrauen?

Die Unbekannte kam näher, musterte die beiden Männer, reichte ihnen schweigend einen Kanten Brot. Nach einem Augenblick sagte sie:

»Ein Stückchen weiter steht eine Heuscheuer. Warten Sie dort! Mein Schwager wird nach zehn Uhr kommen und Sie dann weiterführen.«

So wie sie aufgetaucht war, verschwand sie wieder im Nebel.

Diesen Todeszaun mußten Flüchtlinge überwinden

Sollten sie warten?

Die Müdigkeit machte ihnen die Entscheidung leicht. Sie nahmen das Risiko auf sich. Nach zehn Uhr erschien ein hagerer, langer Bursche mit warmer Suppe, Brot und einigen Zigaretten. Während die Slowaken ihren Hunger stillten, flüsterte der Bursche ihnen zu: »Ich weiß, wer Sie sind. Der Steckbrief klebt an allen Ecken. Ich führe Sie an die Grenze, dann muß ich zurück in die Fabrik...«

Das, obwohl der Pole sehr gut wußte, daß ihm und seiner ganzen Familie der Tod drohte, wenn er bei seiner Hilfe gefaßt wurde oder man herausbekam, daß er die Gesuchten versteckt gehalten, sie zur Grenze geführt hatte.

Sie gingen im Gänsemarsch, vorne der polnische Führer. Die Nacht wollte kein Ende nehmen. Endlich dämmerte der Morgen. Am Rande eines Holzschlags versteckten sie sich im Unterholz. Vor ihnen zog sich die Grenze hin. Wie schnell konnten sie da von Grenzposten entdeckt werden! Der Begleiter zeigte mit der Hand in Richtung Slowakei. Er selbst mußte schnellstens wieder zurück.

»Paßt gut auf!« sagte er beim Abschied und schüttelte ihnen die Hand. »Überall hängt euer Steckbrief. Man sucht euch in jedem Dorf. Kommt durch!«

Der Pole drehte sich um, verschwand schnell im sicheren Wald.

Nach dem illegalen Grenzübertritt und dem Weg über Čadca erreichten sie am 25. April 1944 Žilika.

Die mutig aus Birkenau Entflohenen informierten die illegale Kommunistische Partei der Slowaken und das Internationale Rote Kreuz über die Morde in Auschwitz und die neuen Mordpläne.

Ihr Bericht erreichte seine Adressaten: den Moskauer Kreml, den Vatikan mit Papst Pius XII., den britischen Premierminister Sir Winston Churchill, den amerikanischen Präsidenten F. D. Roosevelt. Cordell Hull, der US-Außenminister, schickte eine diplomatische Note an den ungarischen Diktator Admiral Horthy, in der er gegen die Deportationen nach Auschwitz protestierte.

Mit massiven Drohungen erzwang er die Einstellung der Transporte aus Ungarn. Die Welt hatte die Wahrheit über Auschwitz erfahren, doch die Bahnlinie nach Auschwitz und die Gaskammern wurden nie bombardiert.

Auschwitz II Vernichtungslager Birkenau

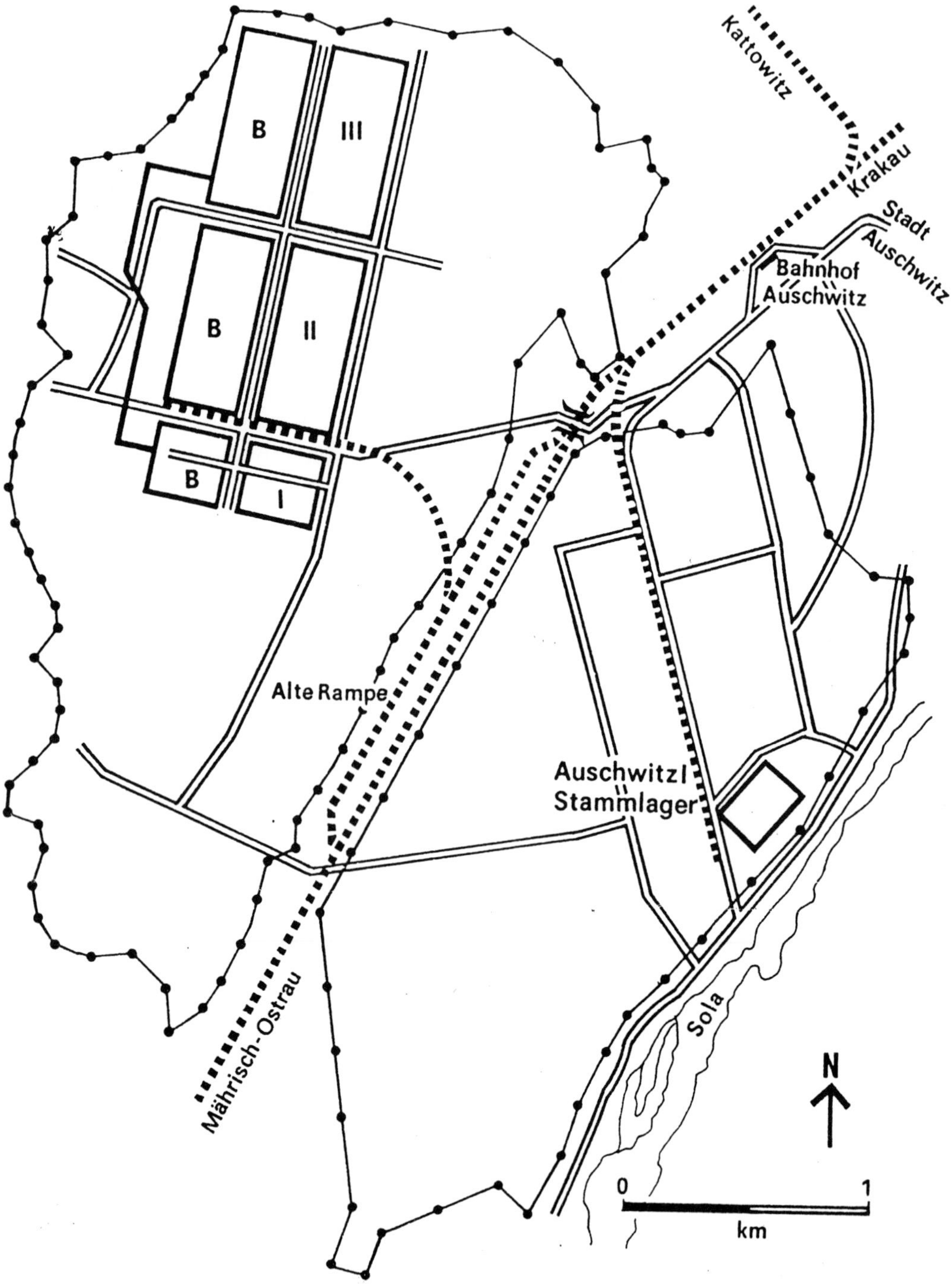

II.

Die Fälscherwerkstatt im KZ Sachsenhausen

Das Tor des Konzentrationslagers Sachsenhausen

1. Von Auschwitz nach Sachsenhausen

Ende Januar 1943 verbreitete sich im KZ Birkenau plötzlich das Gerücht, Typographen sollten aus den Listen der zum Gastod verurteilten Häftlinge gestrichen werden.

Aber an Gerüchten gab es in Konzentrationslagern keinen Mangel. Meistens erwiesen sie sich schon allzubald als unbegründet. Und deswegen schenkte man ihnen kaum große Beachtung. Diesmal sollte sich das Gerücht jedoch als zutreffend erweisen. Eines Morgens kam aus Berlin ein SS-Offizier: der SS-Sturmbannführer Krüger. Er ließ sich etwa zwanzig Häftlinge vorführen, die von Beruf Typographen, Bankbeamte und Papierfachleute waren. Keiner von ihnen ahnte, was mit ihm geschehen sollte. Einige Zeit danach erfuhr ich dann, daß diese zwanzig Leute mit unbekanntem Ziel das Lager verlassen hatten.

Anfang 1944 wurden bei einem Abendappell alle Typographen aufgefordert, sich zu melden. Ich folgte dieser Aufforderung nicht. Wir hatten oft genug erlebt, daß sich die Lage eines Häftlings, der sich zu irgend etwas freiwillig gemeldet hatte, nur verschlechterte. So waren beispielsweise mit scheinheiligen Vorwänden und unter Versprechungen von allen möglichen Vorteilen Tischler, Schlosser und andere Fachleute gesucht worden, die dann aber zu schwersten Arbeiten abkommandiert wurden.

Die letzten Tage meines Aufenthalts in Birkenau haben sich für immer in mein Gedächtnis eingeprägt. Im März 1944 erteilte Berlin dem Lagerkommandanten den Befehl, alle Fotografen, Retuscheure, Chemiker und Typographen im Lager zu erfassen. Daraufhin wurden die Personalkarten von allen Häftlingen durchgesehen, und so stieß man auch auf meinen Beruf. Und beim Appell am nächsten Morgen hieß es: »Nummer 64 401 in die Schreibstube!«

Der Weg vom Appellplatz zur Schreibstube schien mir unendlich lang zu sein. Was bedeutete das? Welches Schicksal wartete auf mich? Strafkommando, Transport oder vielleicht die Gaskammer?

Zögernd betrat ich das Zimmer des Lagerführers. Der SS-Offizier schaute auf die Personalakte.

»Häftling Burger?«

»Jawohl.«

»Beruf Typograph?«

»Jawohl.«

Seine rauhe Stimme wurde plötzlich freundlich. Er stand sogar auf und reichte mir die Hand.

Ich traute meinen Sinnen nicht: Einer der Machtgewaltigen des Konzentrationslagers reichte einem Häftling die Hand! Das hatte es wahrscheinlich in der Geschichte der Konzentrationslager noch nicht gegeben! Was steckte wohl dahinter?

»Sie fahren nach Berlin, Herr Burger!«

Also nicht Häftling Nummer 64 401, sondern Herr, jawohl, Herr Burger! Ich hatte mich nicht verhört.

»Wir brauchen Fachleute wie Sie. Sie werden dort unter ausgezeichneten Bedingungen arbeiten, und es wird Ihnen gutgehen. Weitere Informationen kann ich

Ihnen nicht geben, alles andere erfahren Sie an Ort und Stelle. Ich wünsche Ihnen viel Glück.«

Vor ein paar Minuten noch Häftling Nummer 64 401, jetzt Herr Burger! Wie betäubt wankte ich aus dem gefürchteten Zimmer des Lagerführers. Mir war, als hätte ich geträumt, so unglaublich war, was ich soeben erlebt hatte.

Durfte ich mich darüber freuen? Oder war das vielleicht nur eine teuflische Falle, ein »Spiel«, an dem sich die SS ergötzen wollte?

Ich kehrte in meine Baracke zurück. Ausführlich berichtete ich alles meinem Freund Mikulaš Šteiner. Der sagte: »Du hast Glück. Du kommst fort von den Krematorien!«

Wie sich am nächsten Tag herausstellte, schien alles wahr zu sein: Ich durfte nicht mehr zur Arbeit gehen; und am dritten Tag standen wir:

Eduard Bier	geb.	19. 6.1910	–	staatenlos
Adolf Burger	"	12. 8.1917	–	Slowake
Symcha Fajermann	"	20. 1.1915	–	Pole
Leib Gafne	"	6. 1.1915	–	Pole
Mozes van Prag	"	3. 5.1910	–	Holländer
David Lubetski	"	15. 3.1905	–	Pole
Herman Salzer	"	16. 11.1912	–	Pole
Ascher Schipper	"	9. 1.1915	–	Pole
Roger Weill	"	23. 9.1908	–	Franzose

vor der Kommandantenbaracke des Lagers zum Abmarsch bereit. Wir warteten auf die SS-Männer, die uns zum Bahnhof begleiten und nach Berlin bringen sollten.

Endlich kam die Wachmannschaft. Wir gingen zu Fuß – zum Bahnhof, so hatten wir wenigstens gedacht, aber statt zum Schnellzug nach Berlin marschierten wir ins KZ Auschwitz, und das war eine bittere Enttäuschung.

Also doch ein Trick! Aber warum? Wieso verlegt man uns aus einem Lager in ein anderes?

Hätte man uns umbringen wollen, so hätte man das doch auch – und mit weniger Aufwand – in Birkenau tun können. Unsere Ungewißheit wuchs von Minute zu Minute und zehrte an unseren Nerven.

Am Lagertor des KZ Auschwitz angelangt, hieß es »Halt!« Wir blieben stehen und warteten. Schließlich erschien ein SS-Mann, der uns freundlich (!) aufforderte, uns in den Quarantäne-Block zu begeben.

»Ihr werdet dort für vier Wochen unter Quarantäne gestellt. Wir wollen sichergehen, daß ihr keine ansteckenden Krankheiten habt.«

Nach all den Strapazen der letzten Monate in Birkenau erschien uns die Quarantäne wie ein Urlaub im Paradies. Wir brauchten nicht zu arbeiten, und kein SS-Mann schlug uns.

Aber alles hat ein Ende. Nach Ablauf der Quarantäne kamen am 11. Mai 1944 sechs SS-Männer aus Berlin.

Wir erhielten sogar Marschverpflegung. Und dann war es endlich soweit! Man brachte uns zum Bahnhof. Dort warteten wir auf den Zug nach Berlin. Ein unbeschreibliches Gefühl: Wir fühlten uns wieder als Menschen unter Menschen. Noch wußten wir nicht, was man mit uns vorhatte. Winkte uns etwa die Freiheit, wenn auch eine etwas eingeschränkte?

Doch da dampfte der D-Zug in den Bahnhof. Wir stiegen in die für uns reservierten Abteile, von den übrigen Reisenden nur durch die Schiebetür mit verhangenen Fenstern getrennt. Langsam setzte sich der Zug in Bewegung. Wir hatten es uns bequem gemacht und schauten zum Fenster hinaus. Dörfer und Städte flogen vorbei. Die Wälder prangten in frischem Grün. Auf den Feldern arbeiteten hier und da Menschen, meist Frauen. Einige winkten dem vorübereilenden Zug nach. Bei diesem Anblick wurde mir wieder deutlich bewußt, was ich mit meiner Freiheit alles verloren hatte.

In Berlin trafen wir am frühen Morgen ein. Der Bahnhof war voller Menschen. Fronturlauber mit ihrem Gepäck, Rotkreuzschwestern, die geschäftig hin und her eilten, Frauen, schwerbepackt mit Koffern, kleine Kinder an der Hand. Wir fühlten die neugierigen Blicke der Wartenden.

»Mutti, sind das Verbrecher?« rief ein kleiner Junge und zeigte mit dem Finger auf uns. Die Frau, sichtlich unangenehm berührt, nahm ihren Buben verstohlen beiseite und sagte nur: »Sei still!«

Die SS brachte uns zunächst in das Polizeipräsidium am Alexanderplatz, und von hier wurden wir dann nach Oranienburg gebracht. Auf der Fahrt sahen wir das Berlin des Jahres 1944: zerbombte Häuser, Ruinen, Trümmer. Immer wieder das gleiche Bild. Das war also übriggeblieben von Berlin, der Hauptstadt des »tausendjährigen Reiches«!

Die Fahrt dauerte nicht allzulange. Wie maßlos war aber meine Enttäuschung, als wir uns beim Aussteigen erneut in einem Konzentrationslager fanden. Berlin, Druckerei, Arbeit in meinem Beruf: All das, was uns der Lagerführer in Auschwitz zugesichert hatte, war mit einemmal verflogen; statt dessen also wieder Stacheldraht, neue Qualen, neue Leiden!

Zunächst mußten wir im Lager eine ganze Reihe von Formalitäten über uns ergehen lassen. Karteikarten wurden ausgefüllt, man registrierte uns, und wir erhielten neue Nummern. Aus dem Herrn Burger wurde wieder ein Häftling: Nummer 79 161. Nachdem alle Personalien und sonstigen für den SD wichtigen Daten aufgenommen worden waren, würde uns also das »normale« Lagerleben erwarten, meinten wir. Es kam jedoch anders. Man brachte uns in eine Baracke, in den Quarantäne-Block.

Die Holzbaracke, in der wir warteten, gehörte zum Komplex des Konzentrationslagers Sachsenhausen, etwa 35 Kilometer nördlich von Berlin. Das Lager war bereits im Jahr 1936 angelegt worden, erbaut von deutschen Häftlingen, Naziopfern und -gegnern aus Berlin.

Anfangs hatte es nur eine Fläche von 31 Hektar eingenommen, umzäunt mit Stacheldraht; im Mai 1944 mehr als das Zwölffache: 388 Hektar. 1941 hatten hier in 68 Baracken 10 577 Häftlinge vegetiert, im Mai 1944 waren es mehr als viermal soviele: 47 709.

Von den über 200 000 in das KZ Sachsenhausen eingelieferten Häftlingen sind hier über 100 000 zu Tode gebracht worden. Im Herbst 1941 wurden binnen drei Monaten 18 000 sowjetische Kriegsgefangene ermordet. Von den mehr als 20 000 nach Sachsenhausen verbrachten sowjetischen Kriegsgefangenen überlebten nur einige wenige.

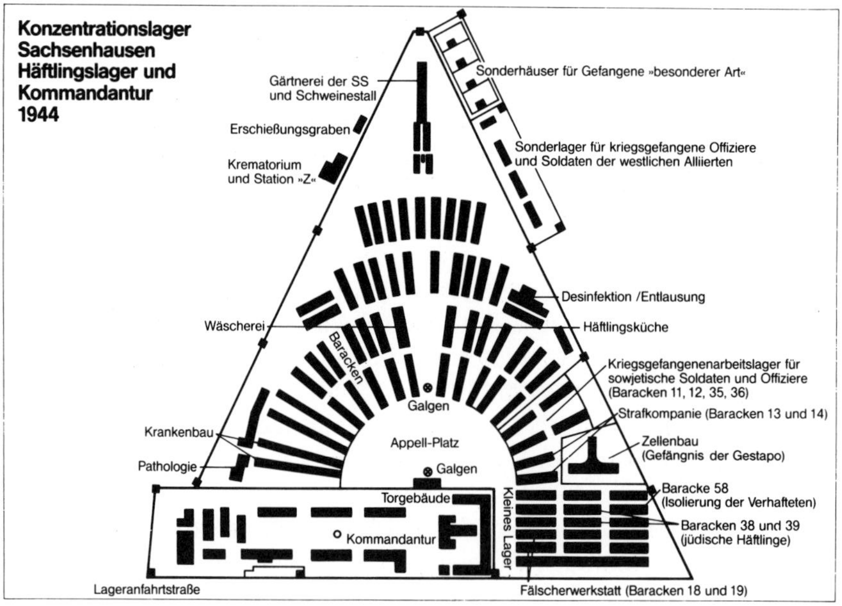

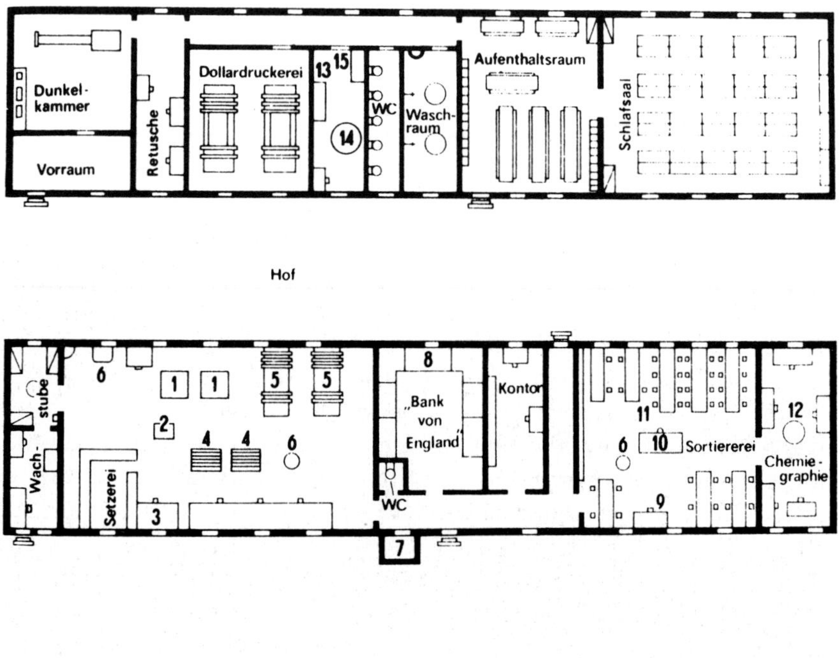

Die Baracken 18 und 19

Das KZ Sachsenhausen hatte die Form eines fast gleichschenkligen Dreiecks. Eine 2,70 Meter hohe Mauer mit neun Wachtürmen und ein unter 1000 Volt Hochspannung stehender Stacheldrahtzaun umgaben das Lager.

Das Fenster der Holzbaracke gab den Blick frei auf den Appellplatz.

Um den Appellplatz herum verlief die »Schuhprüfungsstrecke«. Hier wurden neue Ersatzstoffe für Schuhsohlen ausprobiert. Eine »Forschungsanstalt« hatte die Laufstrecke mit acht verschiedenen Arten von Straßenbelag hergerichtet. Täglich mußten auf ihr etwa hundertfünfzig Gefangene über Beton, Schlacke, Schotter, Kies, Sand, Splitt und anderes Material laufen: insgesamt eine Strecke von rund vierzig Kilometern. Die SS hatte sich dazu noch die verschiedensten böswilligen Quälereien ausgedacht. Die Häftlinge mußten in Schuhen laufen, die ein bis zwei Nummern zu klein waren, oder sie mußten einen 15 Kilogramm schweren Rucksack mit Sand mitschleppen.

Es war Mai, Mai 1944.

Seit drei Wochen befanden wir uns nun schon in dieser Holzbaracke des Lagers Sachsenhausen. Noch einmal Quarantäne. Weshalb? Was hatte man mit uns vor? Was würden die nächsten Tage, die nächsten Stunden bringen?

Die Losung im Konzentrationslager Sachsenhausen

Der SS-Scharführer Sommer erfand das »Pfahlhängen«

Im Konzentrationslager Sachsenhausen ermordete die SS auch 18 000 sowjetische Kriegsgefangene

Diese vier SSler waren am Mord an den sowjetischen Kriegsgefangenen beteiligt

2. Die Fälscherwerkstatt

Schließlich endete unsere Ungewißheit. Früh am Morgen näherten sich schwere Schritte der Tür. In die Baracke trat ein SS-Hauptscharführer. Er stellte sich vor: Kurt Werner, und teilte uns mit, daß wir ab sofort ihm unterstünden; wir hätten nun nichts mehr zu befürchten, man werde uns gut behandeln.

»Darum werde ich mich selbst kümmern«, fügte er jovial hinzu. »Und jetzt zeige ich euch den Ort, wo ihr den Rest des Krieges verbringen werdet. Ihr braucht keine Angst zu haben. Den Krieg werden wir bald gewinnen, und dann wird es euch gutgehen.«

In Begleitung der Posten und unter Führung Werners verließen wir unsere Quarantäneunterkunft. Der Hauptscharführer ging mit uns durch das Lager zu dessen Südseite, wo sich die Blocks 18 und 19 befanden, die von den übrigen Blocks durch einen zusätzlichen Stacheldrahtzaun abgetrennt waren.

Schon von weitem hatten wir den Stacheldraht bemerkt, der den Zugang hermetisch abriegelte, der Block sah wie eine Mausefalle aus, und wir waren uns darüber im klaren, daß hier das Ziel unserer Reise lag. Noch wußten wir nicht, welches Geheimnis sich im Innern dieser Baracken verbarg, die uns wie ein Lager im Lager vorkamen.

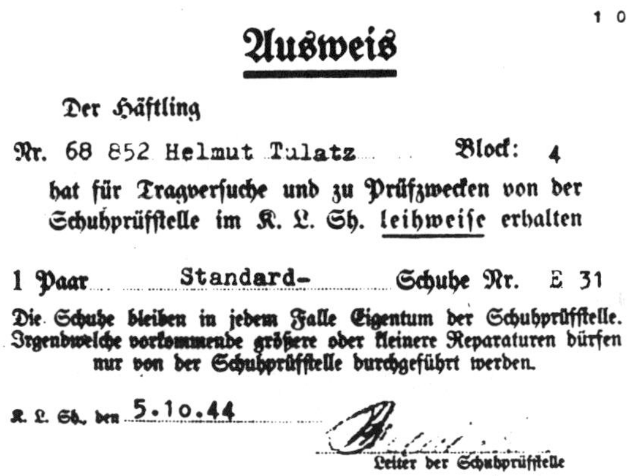

10

Ausweis

Der Häftling

Nr. 68 852 Helmut Tulatz Block: 4

hat für Tragversuche und zu Prüfzwecken von der Schuhprüfstelle im K. L. Sh. leihweise erhalten

1 Paar Standard- Schuhe Nr. E 31

Die Schuhe bleiben in jedem Falle Eigentum der Schuhprüfstelle. Irgendwelche vorkommende größere oder kleinere Reparaturen dürfen nur von der Schuhprüfstelle durchgeführt werden.

K. L. Sh. den 5.10.44

Leiter der Schuhprüfstelle

Schuhe, wie sie zu Prüfungszwecken getragen wurden

Funktionsschema für die Falschgeldproduktion des Sicherheitsdienstes in den Jahren 1943–1945

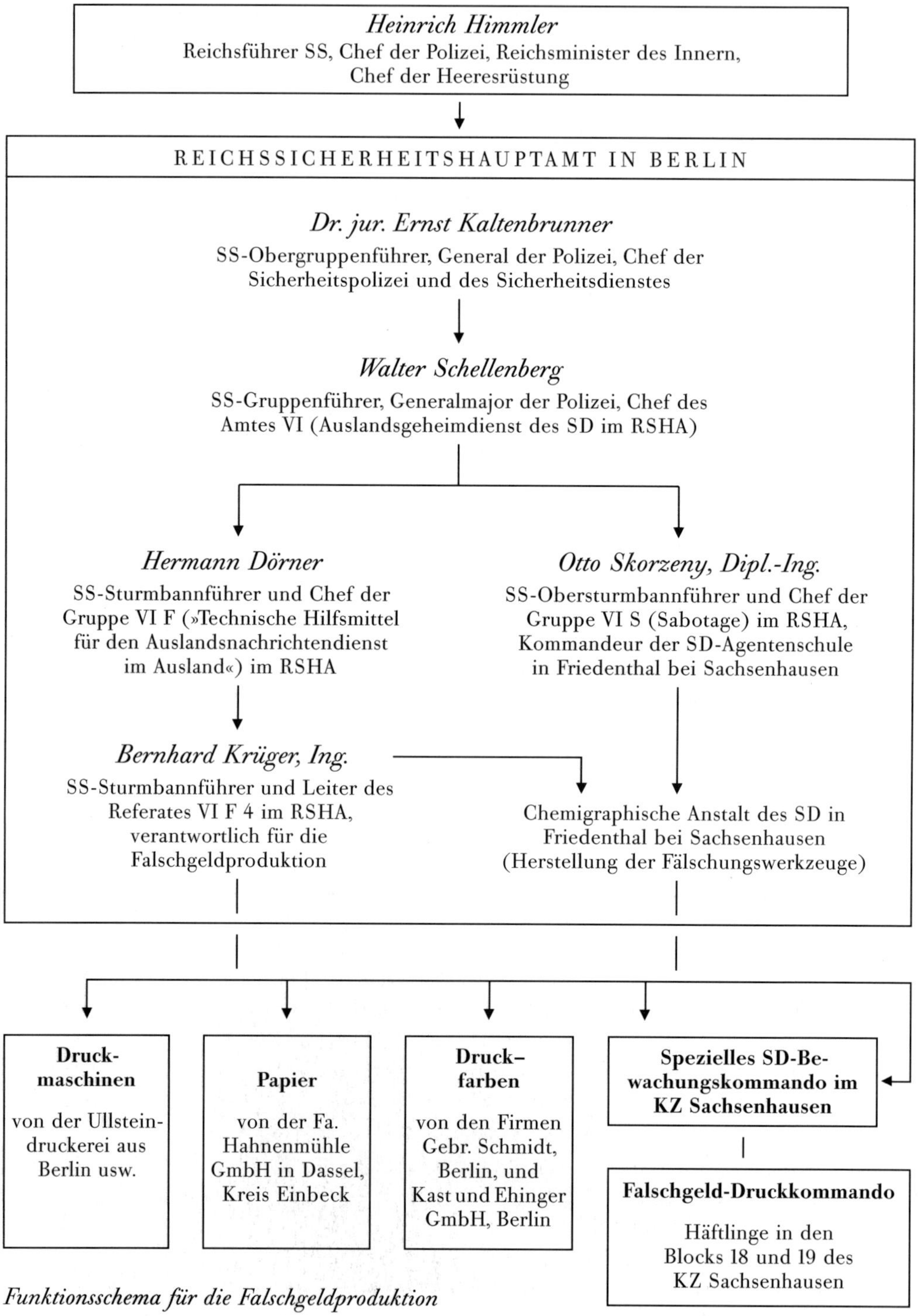

Funktionsschema für die Falschgeldproduktion

Als Werner uns verlassen hatte, kam der Blockälteste zu uns; er gab uns allen die Hand und stellte sich als Artur Lewin vor. »Freunde, von hier gibt es keine Rettung«, sagte er. »Nur ein Zufall könnte uns helfen, mit dem Leben davonzukommen. Aber auf diesen müssen wir vertrauen. Ich mache euch darauf aufmerksam, daß Sabotage hier nicht möglich ist. Nur einmal hat das einer versucht, hatte eine 50-Pfund-Sterling-Note versteckt. Die Sache kam heraus, weil die Deutschen genauestens Buch führten und jede Banknoten-Nummer registrierten. Sie hielten einen Appell ab, und SS-Hauptscharführer Werner verlangte in einer Ansprache, der Dieb solle sich melden. Aber alle schwiegen. Deshalb durchsuchten die Deutschen unsere Wohn- und Arbeitsräume und fanden den Geldschein in Gütigs Schrank im Block 19. Zur Strafe quälten sie ihn erst. Sie sperrten ihn in den Erdbunker, den sie sonst bei Bombenangriffen aufsuchten. Sie riefen einen Krankenwagen, der mit einem deutschen Arzt kam. Der setzte ihm eine Todesspritze ins Herz. Deshalb warne ich euch.«

Im Fälscherkommando waren auch Häftlinge, die am Aufbau der Fälscherwerkstatt beteiligt gewesen waren. Zu ihnen gehörte zum Beispiel Oskar Stein, als einer der ersten politischen Häftlinge in der Fälscherwerkstatt. Er erzählte uns, wie sie im August 1942 mit der Montage der Druckmaschinen und kurz danach auch mit der Fälschung von Banknoten angefangen hatten. Der Druck von englischen Banknoten war eine streng geheime Sache. Außerhalb des Blocks hatten die Häftlinge nur noch mit SS-Begleitung zum Baden gedurft. Damals hatte Bernhard Krüger das Kommando übernommen.

Wir Neulinge waren erst einmal für jede neue Information dankbar. Bald erkannten wir auch selbst die perfekte Organisation der Werkstatt. Unser Block war vom restlichen Leben in Sachsenhausen vollkommen abgeschnitten. Wir hatten einen eigenen Arzt und einen eigenen technischen Stab, der aus Häftlingen bestand, die die gesamten Reparaturen durchführten. Das war nicht mehr nur eine Fälscherwerkstatt, sondern eine Fabrik für gefälschte Banknoten. Die technische Ausstattung der Werkstatt war perfekt. Es gab dort eine Buchdruckerei mit den modernsten Maschinen, eine Abteilung für Lichtdruck, ein Photolabor, eine hervorragende Retuschiererei, eine Buchbinderei, eine Setzerei, eine Werkstatt für Graveure und einen Sortierraum für die gefälschten Banknoten. Für den Fall eines Stromausfalls hatten wir sogar ein eigenes Kraftwerk, dessen Generatoren von Dieselmotoren angetrieben wurden.

Am phantastischsten erschien mir der Gedanke, ein staatliches Fälscherunternehmen innerhalb eines Konzentrationslagers in der Nähe von Berlin einzurichten. Die Idee, politische Häftlinge fürs Fälschen von Banknoten zu benutzen, war wirklich satanisch. Das Geheimnis wurde sehr streng gehütet. Selbst der Lagerkommandant durfte nicht wissen, was in den Blocks 18 und 19 geschah. Sie unterstanden ausschließlich dem Reichssicherheitshauptamt.

Am Abend lag ich auf der Pritsche und konnte lange Zeit nicht einschlafen, obwohl eine unheimliche Ruhe herrschte, Frieden über dem Lager lag.

Ich war mir bewußt, nachdem ich erfahren hatte, was man hier herstellte, daß es von hier kein Entkommen mehr gab – und das war das eigentlich Schreckliche. Denn diese Sonderblocks innerhalb des Lagers von Sachsenhausen waren so gesichert, daß an eine Flucht nicht einmal zu denken war. Und andererseits war es völ-

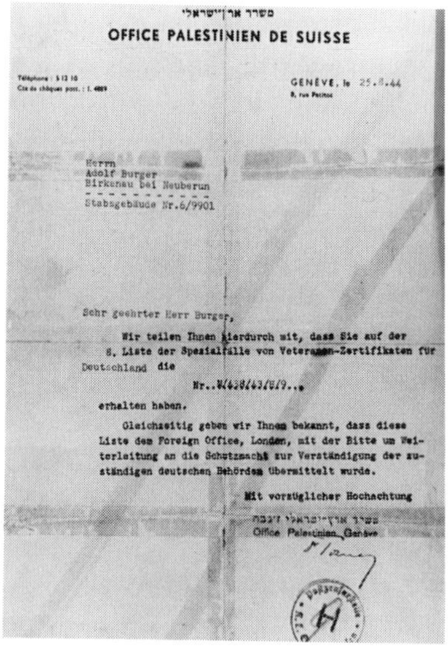

משרד ארץ־ישראלי

OFFICE PALESTINIEN DE SUISSE

Téléphone : 5 12 10
Cte de chèques post. : I. 4889

GENÈVE, le 25.8.44
8, rue Pecitos

Herrn
Adolf Burger
Birkenau bei Neuberun
Stabsgebäude Nr.6/9901

Sehr geehrter Herr Burger,

Wir teilen Ihnen hierdurch mit, dass Sie auf der 8. Liste der Spezialfälle von Veteranen-Zertifikaten für Deutschland die

Nr..W/438/43/E/9...

erhalten haben.

Gleichzeitig geben wir Ihnen bekannt, dass diese Liste dem Foreign Office, London, mit der Bitte um Weiterleitung an die Schutzmacht zur Verständigung der zuständigen deutschen Behörden übermittelt wurde.

Mit vorzüglicher Hochachtung

Office Palestinien Genève

Dieses Zertifikat vom 25. 8. 1944 aus der Schweiz kam zu spät. Aus den Blocks 18 und 19 durfte kein Häftling entlassen werden.

Fälscherchef SS-Sturmbannführer Bernhard Krüger – 1942. Trotz der von ihm befohlenen Morde gab es nie einen Prozeß gegen ihn

lig ausgeschlossen, daß man uns jemals freilassen würde. Denn wir waren jetzt Träger eines der größten Staatsgeheimnisse des Dritten Reiches. Nur wenige Menschen, Hitler, Himmler, Kaltenbrunner, Schellenberg und einige auserwählte Sicherheitsdienstleute, wußten von dieser Falschgeld-Aktion. In Auschwitz und Birkenau hatte mich nur mein Lebenswille aufrechterhalten. Der Wille, all dies zu

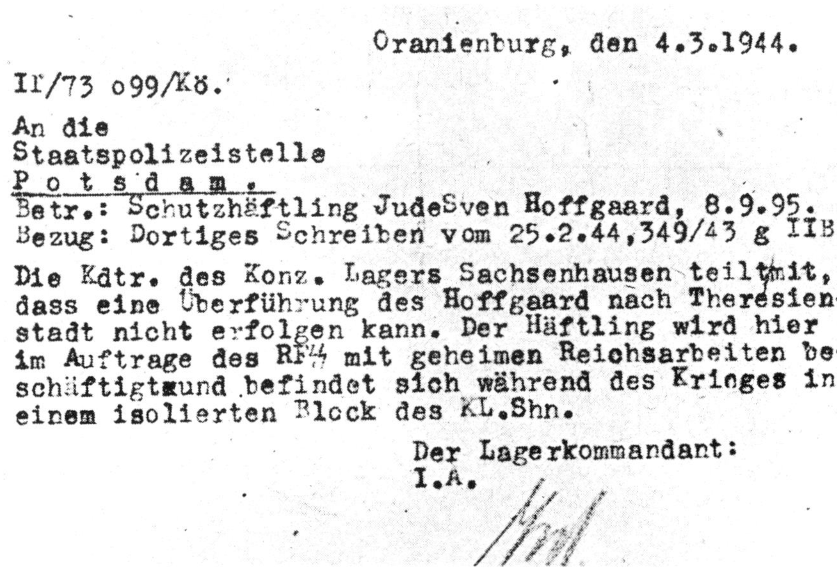

Oranienburg, den 4.3.1944.

II/73 099/Kö.

An die
Staatspolizeistelle
Potsdam.

Betr.: Schutzhäftling Jude Sven Hoffgaard, 8.9.95.
Bezug: Dortiges Schreiben vom 25.2.44,349/43 g IIB

Die Kdtr. des Konz. Lagers Sachsenhausen teilt mit, dass eine Überführung des Hoffgaard nach Theresienstadt nicht erfolgen kann. Der Häftling wird hier im Auftrage des RFSS mit geheimen Reichsarbeiten beschäftigt und befindet sich während des Krieges in einem isolierten Block des KL.Shn.

Der Lagerkommandant:
I.A.

Häftlinge aus den Blocks 18 und 19 durften nicht in andere KZs überführt werden

überleben, um berichten zu können, wie die NS-Verbrecher mit ihren Gegnern umgingen. Und jetzt auf einmal sollte mein Kampf ums Überleben umsonst gewesen sein?

Der folgende Tag war mein erster Arbeitstag. Wir wurden um sechs Uhr geweckt. Nachdem wir uns gewaschen und angekleidet hatten, blieb uns noch genügend Zeit zum Frühstück. Wir erhielten die gleiche Verpflegung wie die anderen Häftlinge des Konzentrationslagers.

Nach dem Frühstück, das auch nicht in der Hast wie in Auschwitz üblich hinuntergeschlungen werden mußte, gingen wir gemeinsam in die Werkstatt. Ich wurde an einer Maschine eingewiesen, die farbiges Papiergeld herstellte.

Wir hatten kaum unsere Plätze an den Maschinen eingenommen, als sich die Tür öffnete und der Mann eintrat, der dem Unternehmen seinen Namen gegeben hatte: SS-Sturmbannführer Bernhard Krüger. Er blickte sich um, dann stieg er auf die erhöhte Rampe des Raumes und hielt eine Ansprache.

»Ich freue mich, daß ihr den Mut nicht verliert. Und wenn ihr auch weiterhin eure Arbeit gut macht, braucht ihr euch nicht zu fürchten. Der Krieg wird einmal enden. Dann werdet ihr die Blocks verlassen können. Freilich müßt ihr begreifen, und ihr werdet das sicher verstehen, daß wir euch nicht völlige Freiheit gewähren können. Eure Arbeit muß für immer ein Geheimnis bleiben. Aber ich wiederhole, ihr braucht euch nicht zu fürchten! Es wird gut für euch gesorgt werden. Mit der übrigen Welt dürft ihr jedoch nicht in Berührung kommen. Seid euch dessen bewußt, daß ich die meisten von euch vor dem sicheren Tod gerettet habe, und ihr werdet einsehen, daß ihr es nicht schlecht getroffen habt. Arbeitet gut, und unser Sieg wird auch euch belohnen!«

Sturmbannführer Bernhard Krüger, der Leiter des Referats VI F 4 RSHA, der leitende Offizier des Fälscher-Kommandos, lächelte bei diesen Worten. Er stand auf der von den Häftlingen des Sonderkommandos im Block 18 errichteten Bühne und blickte uns starr in die Augen.

»Unsere Agenten müssen wir gut bezahlen und auch ihren Wunsch respektieren, sie in US-Dollar oder in englischen Pfund zu entlohnen«, erklärte er. »Sie sollen sie haben. Daß wir mit gefälschten Pfundnoten bezahlen, darauf kommen sie nie; die glauben tatsächlich, daß das Geld echt sei ...«

Krüger machte eine kleine Pause, dann fuhr er im Ton eines über Leben und Tod entscheidenden Befehlshabers fort: »Auf eins will ich euch noch aufmerksam machen. Ihr müßt euch darüber im klaren sein, daß ihr ohne Gnade erschossen werdet, solltet ihr nicht ordentlich arbeiten.«

Der Fälscherchef verließ die Werkstatt mit zynischem Lächeln. Uns Neuen war nun nochmals, sozusagen von Amts wegen, bestätigt worden, was uns schon selbst klar geworden war: Von hier gab es kein Entkommen. Wir waren dazu verurteilt, nach vollbrachter Arbeit zu sterben. Wozu sich also jetzt noch anstrengen, wozu noch arbeiten und sich schinden? Und doch ergaben wir uns nicht in unser Schicksal!

Wir wußten, daß uns keine leichte Aufgabe bevorstand. Wir wußten, daß jeder einzelne unserer Wächter eines Tages zu unserem Mörder werden konnte. Wir wußten auch, daß jeder der Wächter den Befehl hatte, uns im Notfall ohne Rücksicht niederzuschießen.

3. Von früheren Falschgeld-Aktionen zum Plan der SS

Falschgeld des Feindes in Umlauf zu bringen, war nicht von den NS-Verbrechern erfunden worden. Diese hatten den Einsatz von Falschgeld als Waffe im Krieg nur kopiert. Schon 1790 bis 1796 hatte Großbritannien bedeutende Mengen gefälschten Papiergeldes (Assignaten) nach Frankreich eingeschleust, um damit die Französische Revolution zu sabotieren.

Und genauso hatte später Napoleon Bonaparte unter Aufsicht seines Polizeiministers Joseph Fouché englisches, österreichisches und russisches Geld fälschen lassen, um durch dessen Verbreitung die Finanzen seiner Hauptgegner zu schwächen. England hatte darauf mit der Fälschung von französischem und spanischem Metall- und Papiergeld reagiert.

Seit dem ersten Weltkrieg benutzte der deutsche Imperialismus diese tückische Waffe. So arbeitete auch Hjalmar Schacht, der spätere Wirtschaftsexperte des »Dritten Reiches«, im ersten Weltkrieg als Leiter einer Bankabteilung im besetzten Belgien. Seine Aufgabe hatte darin bestanden, die belgische Bevölkerung mittels gefälschter Banknoten auszuplündern. Auf diese Weise gelangte das wilhelminische Deutschland nahezu unentgeltlich an Rohstoffe und Waren aller Art.

Kein Wunder also, daß der Geheimdienst der Reichswehr bereits in den zwanziger Jahren ausländische Zahlungsmittel fälschte, um sich für den verlorenen Krieg zu rächen, um den jungen Sowjetstaat zu schädigen. Reichswehrgeneral Max Hoffmann ließ von ehemaligen Offizieren und angeworbenen kriminellen Emigranten aus Rußland mit Wissen deutscher Regierungsmitglieder französische Franc-Noten und sowjetische Tscherwonez-Scheine drucken. Mit den falschen Franc-Noten sollten unter anderem die Reparationen an Frankreich bezahlt werden. Mit den Tscherwonez-Scheinen wollte man die sowjetische Wirtschaft schwächen und die Konterrevolution in Rußland unterstützen. Durch Zufall beschlagnahmte die Polizei in Frankfurt (Main) tausendzweihundert Kilogramm gefälschter Tscherwonez-Noten im Wert von zwölf Millionen Rubel. Hieraus entwickelte sich ein internationaler Skandal ersten Ranges.

Hjalmar Schacht

Diese Falschgeldaktion hatte 1925 in Ungarn begonnen. Dort war eine Filiale des deutschen Geheimdienstes tätig unter Leitung von Prinz Ludwig zu Windisch-Grätz, einem ungarischen Minister, dem Polizeichef Emmerich Nadossy und dem ungarischen Oberst a. D. Jankowich. Werkzeuge, Maschinen und Direktiven hatten sie von dem Reichswehrobersten Max Bauer erhalten.

Das Unternehmen scheiterte jedoch an der Unvorsichtigkeit Jankowichs, der sich in den Niederlanden mit einer riesigen Menge Falschgeld ertappen ließ. Es gab einen Skandal, und unter dem Druck der empörten ungarischen Öffentlichkeit wurden alle drei Geldfälscher vor Gericht gestellt und zu Zuchthausstrafen verurteilt.

Der Einfluß des Deutschen Reiches reichte jedoch aus, seinen Mitarbeitern zu helfen. Sobald die Affäre etwas in Vergessenheit geraten war, wurde Jankowich in aller Heimlichkeit amnestiert, und Reichsverweser Horthy reaktivierte ihn obendrein noch als Honvéd-Major.

Trotz dieser peinlichen Angelegenheit setzte der Geheimdienst der Reichswehr seine Fälschertätigkeit fort. Doch im Sommer 1927 wurde in Deutschland erneut eine große Rubelfälschung aufgedeckt. Obwohl die deutschen Regierungsstellen dies zu vertuschen suchten, gelangte der Vorfall in die Gerichtssäle.

In einer von der Tagespresse und der Sowjetregierung erzwungenen Berufungsverhandlung wurden 1930 zwei der gefaßten Geldfälscher zu Zuchthausstrafen, zwei weitere zu hohen Geldstrafen verurteilt. Die beiden berüchtigsten Falschmünzer, die aus der Sowjetunion geflohenen Emigranten Karumidse und Sadathieraschwili, flohen ungehindert in die Schweiz.

Bei der SS war der erste konkrete Gedanke an eine großangelegte Aktion zur Fälschung ausländischer Banknoten im Kopf von Alfred Naujocks entstanden. Er hatte ursprünglich als Mechaniker auf den Schiffswerften in Kiel gearbeitet und sich nebenbei als Amateurboxer und als wüster Raufbold einen Namen gemacht. Kein Wunder, daß diese Neigung ihn bald in die Reihen der SS führte, wo er die Aufmerksamkeit seiner Vorgesetzten durch Draufgängertum und Rücksichtslosigkeit auf sich lenkte. Auf ihn wurde Reinhard Heydrich aufmerksam, dessen ungewöhnliche Karriere zum späteren sogenannten Reichsprotektor von Böhmen und Mähren selbst eingeweihte Nazis überraschte.

Heydrich erkannte bald, was in dem Boxer und Schlägertyp Naujocks steckte, und machte ihn zu einem seiner engsten Vertrauten. Die von Naujocks geführte Gruppe schwarzuniformierter SSler wurde bald die meistgefürchtete Mördertruppe der Ostseestadt. Heydrich setzte Naujocks und seine Leute zu den brutalsten und gefährlichsten »Sonderaufgaben« ein, die dieser stets zur vollen Zufriedenheit der Vorgesetzten ausführte. Begreiflich, daß mit jeder Stufe, die Heydrich auf seinem Weg nach oben erklomm, auch Naujocks höher und höher stieg.

Eine der Naujocks übertragenen Sonderaufgaben war der »Fall Gleiwitz«. Zur Rechtfertigung des geplanten Krieges mit Polen brauchte Hitler im Sommer 1939 einen die Weltöffentlichkeit überzeugenden Anlaß, um Polen für den Kriegsausbruch verantwortlich zu machen. Dazu inszenierte Heydrich einen »Überfall« auf den Reichssender Gleiwitz. Das Gebäude des Senders befand sich in der Nähe der polnischen Grenze. Mit einem Trupp SSler in polnischen Uniformen stürmte Naujocks am 31. August 1939 den Gleiwitzer Sender. Das Personal wurde überwältigt

*Ing. Otto Skorzeny, SS-Sturmbannführer,
Leiter der Spionageschule des
Reichssicherheitshauptamtes*

*Reinhard Heydrich, SS-Obergruppenführer,
Befehlshaber des Sicherheitsdienstes,
stellvertretender und statthaltender
Reichsprotektor von Böhmen und Mähren*

*Walter Schellenberg, SS-Gruppenführer,
Generalmajor der Deutschen Polizei,
Chef des Amtes VI im RSHA*

und an die Wand gestellt. Einer der Angreifer sendete einen »Kampfaufruf namens einer polnischen patriotischen Organisation« in den Äther, »die alle zum Angriff auf das nazistische Deutschland aufruft«. Zur Erhärtung der Glaubwürdigkeit ballerte Naujocks im Studio noch herum. Beim Verlassen des Gebäudes ließ er als Beweis für den Kampf, den es gar nicht gegeben hatte, einen Häftling aus dem KZ Sachsenhausen liegen, erschossen, in polnischer Uniform. Damit hatte Naujocks seine Aufgabe erfüllt, und Hitler konnte am 1. September 1939 im Reichstag verkünden, daß dieser »verbrecherische Überfall auf den Reichssender Gleiwitz« eine Lawine in Bewegung gesetzt habe. Um den »unerträglichen Übergriffen Polens gegenüber Deutschland ein Ende zu bereiten«, habe er den Streitkräften Marschbefehl nach Polen erteilt. Der Zweite Weltkrieg hatte begonnen.

Im November 1939 wurde Naujocks eine weitere Aufgabe übertragen.

Walter Schellenberg, der spätere Chef des Amtes VI des RSHA, hatte Major Stevens und Captain Best, zwei Angehörige des britischen Secret Service, aus dem niederländischen Grenzort Venlo zu einem Agententreff eingeladen. Hier überfielen SS-Leute unter Naujocks' Kommando die beiden britischen Offiziere und entführten sie – in deren eigenem Auto – nach Deutschland. Die deutsche Presse bezeichnete die britischen Offiziere als Urheber des mißglückten Attentatversuchs auf Hitler am 8. November 1939 im Münchener Bürgerbräukeller. Hitler hatte damals das Attentat wie durch ein Wunder überlebt, weil er unerwartet das Lokal bereits verlassen hatte, bevor der Zeitzünder die Explosion ausgelöst hatte.

Den tatsächlichen Attentäter, den deutschen Schreiner Georg Elser, hatte die SS verhaftet, als er versuchte, in die Schweiz zu entkommen. Er wurde in demselben Lager wie die beiden britischen Offizieren eingekerkert, im KZ Sachsenhausen, im Zellenbau. Kurz vor Kriegsende wurde er dort ermordet.

Naujocks erhielt für sein Gangsterstück das Eiserne Kreuz I. Klasse. Das erbeutete englische Auto durfte er als sein Eigentum behalten.

4. Aktion Andreas

Naujocks hatte die Idee gehabt, englische Pfundnoten zu fälschen.

Anfang Dezember 1939 trug SS-Sturmbannführer Naujocks, Gruppenleiter im Amt VI., den Plan seinem Chef Heydrich vor. Der gab begeistert seine Zustimmung, zumal er weitere Möglichkeiten sah, an die Naujocks noch nicht gedacht hatte.

Heydrich rechnete damit, daß sich gefälschte Pfundnoten im neutralen Ausland auch in echte, dringend benötigte Devisen umtauschen ließen.

Was sich Naujocks ausgedacht hatte, nahm bei Heydrich schon »erweiterte Formen« an. Er wollte nicht nur englische Pfunde, sondern auch amerikanische Dollars fälschen.

Der SD-Chef stellte seine Überlegungen in einem ausführlichen Memorandum zusammen, das er von Himmler Hitler überreichen ließ.

Der stimmte sofort zu. Damit konnte die Arbeit beginnen.

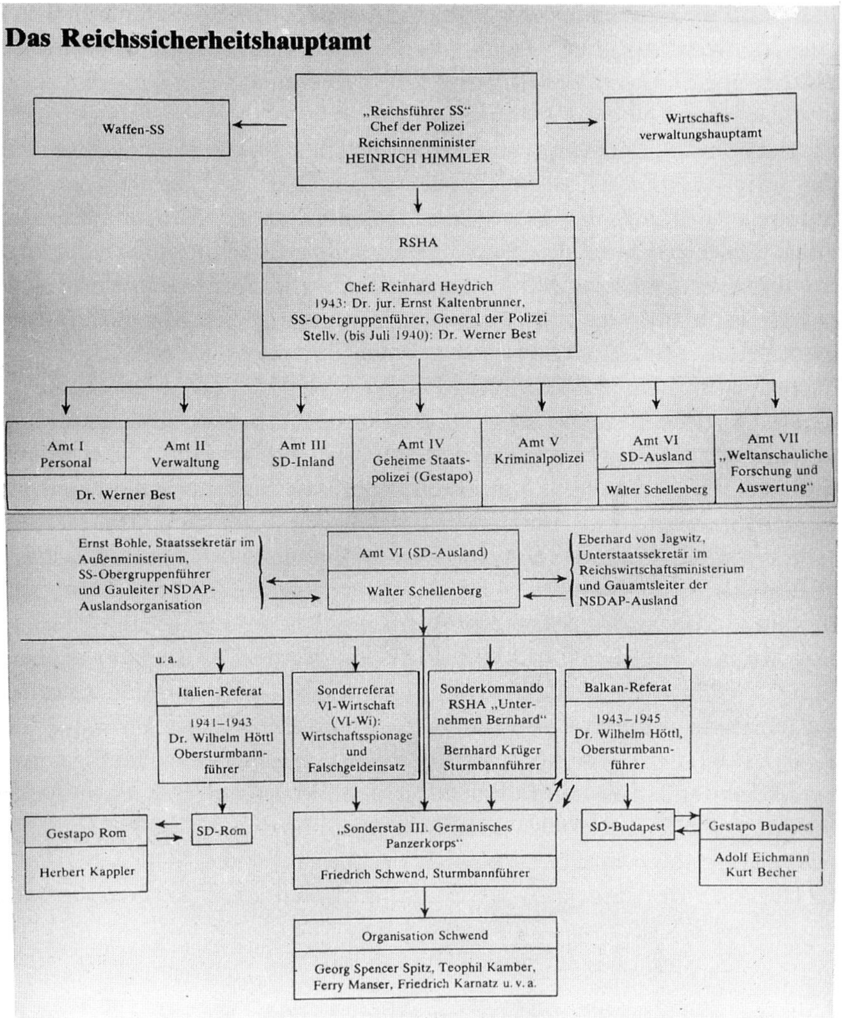

Organisationsschema des Reichssicherheitshauptamtes

Von der Falschgeldaktion und der Werkstatt im Konzentrationslager Sachsenhausen wußten nur die Spitzen des Dritten Reiches und die Leiter im Reichssicherheitshauptamt

An den streng geheimen Verhandlungen über die Verwirklichung der Falschgeldidee beteiligten sich Reinhard Heydrich, Leiter der deutschen Sicherheitspolizei und des SD, SS-Brigadeführer Otto Rasch und SD-Obersturmbannführer Dr. Wilhelm Höttl. SS-Sturmbannführer Naujocks wurde zunächst mit der Leitung der Falschgeldaktion betraut, während Krüger, der Fälscherexperte, mit der technischen Kleinarbeit beauftragt wurde.

Eine als »streng geheim« deklarierte Anweisung, die Naujocks von Heydrich erhielt, gibt erste Details. An einer Stelle dieses Geheimbefehls heißt es: »Es darf sich hier nicht um eine Fälschung oder Nachahmung im üblichen Sinne handeln, sondern um eine nachträgliche, unautorisierte Herstellung (von englischen Pfundnoten). Die Scheine müssen derart originalgetreu hergestellt sein, daß selbst die erfahrensten britischen Pfundnoten-Spezialisten keine Unterschiede herausfinden können.«

Hier wurde etwas Ungewöhnliches gefordert. Eine Aufgabe wurde gestellt, die nur mit allen denkbaren technischen Hilfsmitteln und mit größter Umsicht gelöst werden konnte.

Mit dem Startschuß zum »Unternehmen Andreas«, wie es zuerst hieß, begann eine Aktion, für die es kein auch nur annäherndes Vorbild gab.

Dieser »Blüten«-Auftrag stellte vier besonders komplizierte Forderungen:

Zunächst einmal galt es, ein Papier herzustellen, das dem Original der echten englischen Pfundnoten im wahren Sinne des Wortes haargenau entsprach.

Dann mußten Druckplatten angefertigt werden, so perfekt, daß sich mit ihnen auch die kleinsten Details exakt wiedergeben ließen.

Drittens mußte mit Hilfe von Mathematikern das Nummernsystem ausgeklügelt werden, dessen sich die Bank von England auf ihren Noten bediente.

Und schließlich mußte eine weltweite Vertriebsorganisation geschaffen werden.

»Suchen Sie sich die besten Leute, die Sie in Deutschland auftreiben können«, ermunterte Naujocks Krüger. »Sie haben alle Vollmachten ...«

Die Schwierigkeiten waren größer, als sich Naujocks zunächst vorgestellt hatte.

SS-Obersturmbannführer Dr. Wilhelm Höttl, Vertrauter und Mitarbeiter des Chefs des Sicherheitsdienstes

Schon das Herstellen des Papiers erwies sich als ein kaum zu bewältigendes Hindernis.

Die Naujocks-Männer zerschnitzelten echte Pfundnoten und ließen sie in den Labors verschiedener Hochschulen analysieren. Die verschiedenen Untersuchungsergebnisse stimmten aber nicht überein. Nur in einem Punkte wurden die Fälscher durch die Analysen beruhigt: Das Pfundnotenpapier war nicht etwa, wie sie zunächst befürchtet hatten, aus einem besonderen Schilf hergestellt, das nur in Burma und anderen asiatischen Staaten wuchs, sondern aus Leinen, aus Hadern. Diese Hadern waren Lumpen: Reste von Leinen, die in Spezialmaschinen zerfasert worden waren. Aber die Engländer benutzten kein gewöhnliches Leinen, sondern eine Sorte, die Naujocks nur aus der Türkei beziehen konnte. Er bestellte mehrere Tonnen, die auch prompt geliefert wurden. Doch die ersten Versuche scheiterten. Mit dem »Rohstoff«, den die Engländer für die Herstellung des Papiers benutzten, mußte es etwas Besonderes auf sich haben.

Etwas war den Naujocks-Mitarbeitern sofort klar geworden: Das Notenpapier wurde – wie auch andere hochwertige Spezialpapiere, etwa Bütten – im Handschöpfverfahren gewonnen. Auch das »Unternehmen Andreas«, wie es damals hieß, mußte also nach dieser Methode arbeiten.

Die »Britannia«, schwer zu fälschendes Symbol auf den englischen Pfundnoten

Schloß Friedenthal bei Sachsenhausen, hier wurden die Druckplatten hergestellt

Naujocks ging in ganz Deutschland auf die Suche nach den hervorragendsten Handwerkern, die diese Kunst beherrschten. Sie wurden dienstverpflichtet, der Wehrmacht gegenüber u. k. gestellt (für »unabkömmlich« erklärt) und vereidigt. In einem separaten Gebäude der Papierfabrik Spechthausen bei Eberswalde, nördlich von Berlin, machten sie sich an die Arbeit.

Die Spezialisten experimentierten mit Chemikalien. Sie erprobten besondere Zusätze. Sie wechselten Einzelheiten der Methode. Wenn nicht alle Zeichen trogen, hatten sie es geschafft: Aber gründliche Untersuchungen mit Mikroskop und Speziallampen bewiesen, daß an dem Ergebnis immer noch etwas auszusetzen war.

Es konnte nur an den Hadern liegen...

Neue Analysen führten Naujocks auf den richtigen Weg. Die Engländer verwandten keine neuen Hadern, sondern alte. Er ließ jetzt das aus der Türkei bezogene Leinen zu Putzlappen zerschneiden, gab sie an Fabriken, die ihre Maschinen damit reinigten, ließ sie wieder einsammeln, reinigen und dann erst zu Papier verarbeiten.

Jetzt endlich hielt das Papier der gewissenhaftesten Prüfung stand.

Auch das Problem mit den komplizierten Wasserzeichen wurde in mühevoller Arbeit gelöst. Diese geheimen Merkmale nehmen fast den ganzen Schein mit parallel verlaufenden gewellten Linien ein, die an drei Stellen durch die Nummern und Buchstaben der Noten unterbrochen sind. Der etwa fünf Millimeter dicke Draht, mit dem das Wasserzeichen in die Papiermasse gepreßt wurde, mußte auf 1/50 Millimeter genau gearbeitet sein.

Erst im Dezember 1940 waren die Voraussetzungen – Papier und Wasserzeichen – für das Gelingen der größten Falschgeldaktion der Geschichte erfüllt.

Mit den Druckplatten waren die Schwierigkeiten nicht ganz so groß...

Hand in Hand mit der Papierfabrikation liefen die sehr komplizierten Gravurarbeiten.

Sie konnten überhaupt erst beginnen, als für jede Banknote zwischen siebzig und hundertsechzig der wichtigsten Merkmale herausgefunden waren. Danach arbeiteten die Graveure – sie waren kriegsverpflichtet und standen unter Eid – fast ununterbrochen in drei Schichten.

Am meisten Schwierigkeiten bereiteten die verschnörkelten Buchstaben und das wallende Gewand der Britannia, in das aus Sicherheitsgründen eine besondere Falle hineingearbeitet war.

Nach sieben Monaten war die »falsche« Britannia nicht mehr von der echten zu unterscheiden. Nach weiteren Monaten waren auch alle anderen Details meisterhaft kopiert.

Die Druckplatten wurden in der Chemigraphischen Anstalt auf Schloß Friedenthal bei Oranienburg aus Kupfer hergestellt. In diesem Schloß war auch die SD-Agentenschule untergebracht.

Zum Druck gehörten die Farben. Sie wurden unter der Hand von der Reichsdruckerei bezogen, für das »Unternehmen Andreas« aber zusätzlich mit Chemikalien versehen, damit sie schneller in das Papier eindrangen. So erschienen die feinen Linien etwas verschwommen – Zeichen des Alters einer Note. Ohne diese Veränderung der Farbzusammensetzung hätten die Scheine zu neu ausgesehen.

Mehrere Mathematiker rechneten nun mit Hilfe schwieriger Formeln das System der englischen Registriernummern aus.

Die ersten vom SD in der Berliner Delbrückstraße und in Spechthausen gedruckten Pfundnoten mußten nun ihre Bewährungsprobe bestehen. Dazu wurden sie versuchsweise in der Schweiz zum Wechseln angeboten. Der Beauftragte bat sogar den Schweizer Bankbeamten um genaue Prüfung dieser Scheine mit dem Bemerken, er habe das Geld auf dem Schwarzen Markt erworben.

Das geschah am 1. März 1941.

Nicht nur das Bündel Pfundnoten war gefälscht, das ein »Industrieller« vorlegte. Auch der Brief der Falschgeldabteilung der Deutschen Reichsbank stammte aus der Naujocks-Werkstatt. In diesem Brief wurde gesagt, daß es sich bei den Scheinen möglicherweise um Fälschungen handele und daß man in Berlin leider nicht in der Lage sei, die Echtheit verbindlich zu überprüfen.

Nach drei Tagen lag das Ergebnis vor. Eine gründliche Untersuchung nach allen Regeln der Kunst hatte ergaben: Die Noten waren echt!

Der Mittelsmann spielte seine Rolle weiter... Er wollte letzte Klarheit haben und schlug den Schweizern vor, bei der Bank von England telegraphisch nachzufragen, ob Seriennummern, Ausgabedaten usw. stimmten.

Die Antwort traf umgehend ein. »Alles in Ordnung – stop – Banknoten mit den genannten Daten sind in Umlauf.«

Naujocks triumphierte. Heydrich war entzückt. Jetzt konnte die Massenfabrikation (Produktion »A«) der falschen Pfundnoten beginnen.

Alfred Naujocks hatte zwar die »tolle Idee« gehabt, wie Heydrich feststellte, aber er fiel in Ungnade.

Schon bald nach seinem großen Triumph über die Schweizer Experten mußte SS-Sturmbannführer Naujocks, durch einen Befehl Heydrichs als einfacher SS-Mann zur »SS-Leibstandarte Adolf Hitler« versetzt, an die Front, weil er in den Zimmern des berüchtigten Berliner Bordells Kitty Diplomaten und Offiziere durch den Einbau von Wanzen belauscht hatte, schließlich belauschte er auch Heydrich im Bett.

Sein Nachfolger als Chef der Gruppe VI F 4 im RSHA wurde SS-Sturmbannführer Hermann Dörner. Zum Leiter der Pfundfabrikation avancierte der gelernte Ingenieur und Meisterfälscher Bernhard Krüger. Aus der Tarnbezeichnung »Unternehmen Andreas« wurde, nach Krügers Vornamen, das »Unternehmen Bernhard«.

Victoria-Tiegel.
Auf einer solchen Druckmaschine hat der Autor Millionenwerte von Pfundnoten drucken müssen

Dr. Ernst Kaltenbrunner, SS-Obergruppenführer, General der Deutschen Polizei, Chef der Sicherheitspolizei und des Sicherheitsdienstes

SS-Wirtschafts- Verwaltungshauptamt Oranienburg, 20. 7. 1942
Amtsgruppe D - Konzentrationslager
D II/1 Ma./Hag.

Waffen-SS
Konzentrationslager Buchenwald
Kommandantur
Eingang: 29 JUL 1942

Betrifft : Meldung jüdischer Häftlinge

An die
Kommandanten der
KL Buchenwald, Ravensbrück u. Sachsenhausen

Es sind mir umgehend die im dortigen Lager befindlichen jüdischen Häftlinge zu melden, die aus dem graphischen Gewerbe stammen, Papierfachleute oder sonstige geschickte Handarbeiter (z. B. Frisöre) sind.

Diese jüdischen Häftlinge können fremder Nationalität sein, müssen jedoch deutsche Sprachkenntnisse besitzen. Bei Abgabe der Meldung ist Nationalität bekanntzugeben.

Termin: 3. August 1942

Der Chef des Amtes D II
im Auftrage:

SS-Obersturmführer

Im Fälscherblock des SS-Sicherheitsdienstes durften nur jüdische Häftlinge arbeiten

3.August 1942.

Az.: AE-20/3-8.42.-Gr/Si.

6

Betreff: Meldung von jüdischen Fachkräften.
Bezug: Dorts.Schr.Az.: D/II/1-Ma./Hag.v.28.7.42.
Anlagen: -o-
Termin: 3.8.1942.

An das
SS-Wirtschafts-Verwaltungshauptamt
Amtsgruppe D - Amt II
Oranienburg.

Zu obigem Betreff meldet das K.L. Buchenwald:

Friseure	11 +)
Graphik	13
Papierfach	3
	27

Bei der vorstehenden Aufstellung handelt es sich ausschließlich um Juden. In der mit +) versehenen Zahl sind die Blockfriseure nicht einbegriffen.

Der Lagerkommandant:
I.A.:
SS-Obersturmführer.u.
Arbeitseinsatzführer.

Meldung der Häftlinge aus dem graphischen Gewerbe aus dem KZ Buchenwald

Einer der großen Befürworter des »Unternehmens Bernhard« sollte die Verwirklichung seiner KZ-Idee nicht mehr erleben: Heydrich, seit dem 27. September 1941 »statthaltender Reichsprotektor in Böhmen und Mähren«, erlag am 4. Juni 1942 seinen Verletzungen, die ihm am 27. Mai 1942 bei einem Attentat tschechischer Widerstandskämpfer zugefügt worden waren. Zu seinem Nachfolger in der Funktion des Chefs der Sicherheitspolizei, des Sicherheitsdienstes und damit des gesamten RSHA, des Reichssicherheitshauptamtes, wurde Dr. Ernst Kaltenbrunner ernannt.

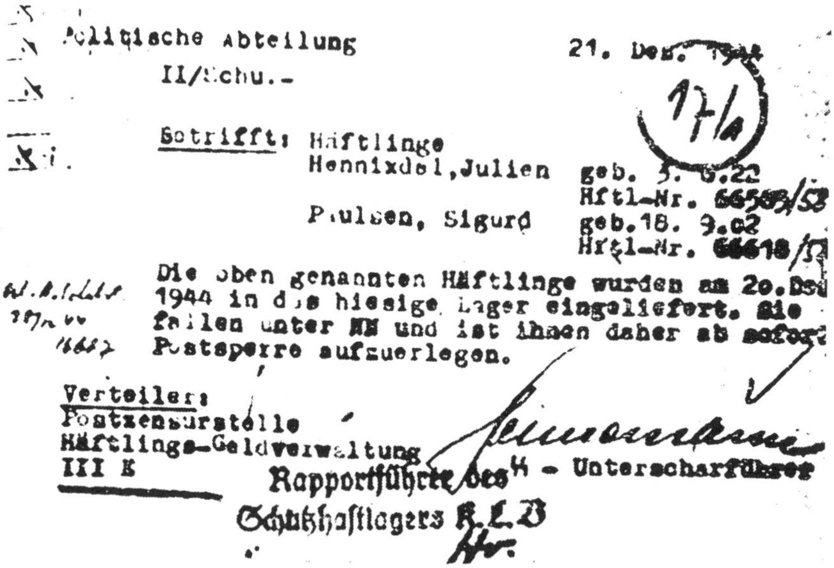

Politische Abteilung 21. Dez. 1944
II/Schu.-

Betrifft: Häftlinge
Hennixdel, Julien geb. 3. 6.22
Hftl.-Nr. 66585/53
Paulsen, Sigurd geb. 18. 9.02
Hftl.-Nr. 66618/53

Die oben genannten Häftlinge wurden am 20. Dez. 1944 in das hiesige Lager eingeliefert. Sie fallen unter NN und ist ihnen daher ab sofort Postsperre aufzuerlegen.

Verteiler:
Postzensurstelle
Häftlings-Geldverwaltung
III E

Rapportführer des SS-Unterscharführer
Schutzhaftlagers K.L.B.

Überstellung der Häftlinge aus dem graphischen Gewerbe

Die Banknote No. 14112275 – Die Code No. A 0937 im Wasserzeichen.
Das Wasserzeichen bedeckt die ganze Banknote

5. Aktion Bernhard

Es begann der Weg nach Sachsenhausen. Aus zahlreichen Konzentrationslagern wurden Häftlinge dorthin überstellt. In ihrem Zivilberuf waren sie Drucker und Kupferstecher, ehemals führende Bankangestellte oder Leute mit vorangegangener technischer Ausbildung gewesen.

In einem Fernschreiben vom 20. Juli 1942 vom SS-WVHA, dem zentralen »Wirtschaftsverwaltungshauptamt« für die Verwaltung der Konzentrationslager, an die Kommandanten der Konzentrationslager Buchenwald, Ravensbrück und Sachsenhausen wurde angeordnet: »Es ist notwendig, mir umgehend diejenigen jüdischen Häftlinge mitzuteilen, die sich in den dortigen Lagern befinden und die in der graphischen Industrie gearbeitet haben, Papierfachleute oder auf andere Weise geschickte Handwerker (z. B. Friseure) sind. Diese jüdischen Häftlinge können fremder Nationalität sein, müssen aber die deutsche Sprache beherrschen...«

Auf der Grundlage dieses Befehls wurden Mitte 1942 in den verschiedenen Konzentrationslagern, u. a. in Buchenwald, Ravensbrück, Mauthausen, Theresienstadt und Auschwitz, Fachleute des graphischen Handwerks ausgesondert und nach Sachsenhausen überstellt. SS-Sturmbannführer Bernhard Krüger leitete die Vorbereitung und Durchführung der Falschgeldaktion.

Die Druckmaschinen kamen von der Ullsteindruckerei in Berlin und anderen Betrieben. Das Papier lieferte die Firma Hahnenmühle GmbH in Dassel, Kreis Einbeck. Die Druckfarben produzierten die Firmen Gebr. Schmidt in Berlin sowie Kast + Ehinger GmbH, ebenfalls in Berlin.

In der chemigraphischen Anstalt des Sicherheitsdienstes in Friedenthal in der Nähe des KZ Sachsenhausen wurden die Druckstöcke hergestellt und von dort in die Fälscherwerkstatt geliefert.

Im September 1942 begann das Kommando zu arbeiten, zunächst mit einer Personalstärke von 26 Häftlingen. Bis zum Dezember 1942 wurden in den Blocks 18

Detail der Code-Nummer

und 19 die Maschinen und die übrigen Ausrüstungen montiert. Beide Blocks waren mit Stacheldraht umzäunt. Im Januar 1943 wurde mit der Herstellung der Produktion »B«, d.h. gefälschter Fünfpfund-, Zehnpfund-, Zwanzigpfund- und Fünfzigpfundnoten begonnen. August Pertrich, ein Zivilist, Träger des Goldenen Parteiabzeichens, hatte die Aufgabe, die Häftlinge in dieser Arbeit zu unterweisen. Den Wachdienst versahen SS-Angehörige und Angehörige des Sicherheitsdienstes.

Im Verlaufe des Jahres 1943 und im Frühjahr 1944 trafen weitere Gruppen von Häftlingen ein. Insgesamt waren im Herbst 1944 142 Häftlinge beschäftigt. Das Lager wurde von 12 bis 15 Angehörigen des SD bewacht. Die Wachleute wurden ständig ausgewechselt. Einige von ihnen wurden an die Front abberufen. Sie wurden durch Verwundete und Invaliden ersetzt.

Die Arbeit wurde entsprechend den Forderungen des RSHA organisiert. Arthur Lewin aus Berlin, Häftlingsnummer 46 834, ungefähr 60 Jahre alt, Typograph, beaufsichtigte zunächst die Papierabteilung, später die Druckerei und wurde zuletzt zum »Blockältesten« ernannt. Unter der Leitung des Vorarbeiters Hans Kurzweil, eines Buchbinders aus Wien, Häftlingsnummer 46 853, unternahmen die Häftlinge Zerreißproben mit verschiedenen Papiersorten. Hans Kurzweil gehörte zu den geschicktesten Häftlingen.

Hans Kurzweil, Häftling Nr. 46 853, aus Wien

Eines Tages lieferte die SS auf einem Lastkraftwagen einige Kisten Papier mit den Wasserzeichen englischer Banknoten. Inzwischen waren alle Vorbereitungen für die Fälschung englischer Fünfpfund-, Zehnpfund-, Zwanzigpfund- und Fünfzigpfundnoten getroffen worden. Wenn es viel Arbeit gab, wurde in der Papierabteilung Tag und Nacht gearbeitet.

Die aus der Hahnenmühle eintreffenden Bogen waren 60 cm breit, 50 cm hoch und mit den Wasserzeichen für acht Pfundbanknoten versehen. Sie mußten durch einen senkrechten Riß in zwei Halbbogen geteilt werden. Auf einen Halbbogen wurden vier Banknoten gedruckt. Das Muster der Wasserzeichen einer Pfundbanknote besitzt ein dichtes Netz waagerechter Wellenlinien und ein weiter auseinander stehendes Netz senkrechter Wellenlinien. In dieses Muster sind am oberen und am unteren Rand die Worte BANK OF ENGLAND eingearbeitet. In der Mitte befindet sich ein Wasserzeichen, das den Wert der Banknote angibt – z. B. TEN oder FIVE. An den Rändern rechts und links befindet sich die gleiche Wertangabe in Ziffern – 5 oder 10 usw. In der linken oberen Ecke bleibt ein von einer Linie umsäumtes, auf der Spitze stehendes Oval ohne Wasserzeichen. Über der unteren Aufschrift BANK OF ENGLAND wurde in einen Rahmen eine vierziffrige Zahl eingesetzt, die einem Eingeweihten die Herstellungszeit des Papiers verriet. Die ersten beiden Ziffern kennzeichneten die Woche, die dritte und die vierte Ziffer das Jahr der Herstellung. Die eigentlichen Wasserzeichen waren auf jeder Banknote durch eine wellenartige Linie vom schmalen Rand der Banknote getrennt. Dieser Rand war mit einer feinen Schraffur versehen.

Die Druckstöcke für den Druck (Buchdruck) der englischen Banknoten wurden in einer geheimen Werkstatt des RSHA unter Leitung von SS-Sturmbannführer Skorzeny auf Schloß Friedenthal, 2–3 km von Oranienburg entfernt, aus Kupfer hergestellt. Hier arbeiteten SS-Scharführer Heinz Gebhart, die Zivilisten Herbert Paul und Rau sowie zwei Fotografinnen, Angehörige der SS. In dieser Werkstatt befanden sich hydraulische Pressen, eine Installation zur Galvanoplastik und ein Lager mit den für die Fälscherwerkstatt in Sachsenhausen notwendigen Materialien. Die auf photomechanischem Weg hergestellten Druckstöcke wurden an die Kupferstichwerkstatt in den Fälscherblocks 18 und 19 weitergeleitet. Dort war ein Raum für die Kupferstecher bestimmt, die die Aufgabe hatten, jede Linie und jeden Punkt auf der Galvanoplastik (d. h. auf der Druckplatte für die Pfundbanknoten) mit größter Genauigkeit zu stechen. Diese Arbeit führten folgende Kupferstecher durch:

Felix Citryn, Häftlingsnummer 14 898, Severin Tiefenbach, Häftlingsnummer 67 865, David Bialer, Häftlingsnummer 105 445, Leib Fried, Häftlingsnummer 102 441, Laib Italiener, Häftlingsnummer 67 866, Laib Zyberski, Häftlingsnummer 75 222.

Die Druckerei war mit vier elektrisch angetriebenen Druckmaschinen ausgestattet. Für den Fall eines Stromausfalles war im Block 18 eine selbständige Stromversorgungsanlage mit Dieselmotoren installiert worden.

Zum Vorarbeiter der Druckerei war Leo Krebs ernannt worden, Häftlingsnummer 46 681, zum Vorarbeiter der Setzerei Max Bober, Nummer 46 855.

Die Pfundbanknoten wurden zu je vier Stück auf dem Wasserzeichen-Bogen im Buchdruckverfahren gedruckt. Mit Hilfe einer Zahlendruckeinrichtung wurde anschließend der Druck der Seriennummern durchgeführt. Bei den Fünfpfundbanknoten z.B. wurde das Wort »FIVE« auf der linken Seite unten mit einer speziellen schwarzen Farbe in einem gesonderten Arbeitsgang gedruckt. Im unteren Teil der Banknote befand sich im Wasserzeichen eine Zahl. Diese Zahl stand in Zusammenhang mit der gedruckten Zahl auf der Banknote. Dem RSHA war dieser Code bekannt, und Sturmbannführer Krüger übergab uns eine Liste, nach der wir die Numerierung der Banknoten durchzuführen hatten. Die Druckerei stand im Mittelpunkt der Aufmerksamkeit der SS; die Arbeit in ihr vollzog sich unter ständiger Bewachung.

Alle gedruckten Fälschungen wurden in die Bücher eingetragen, je nach Wert, Nummer, Serie und Nummer des Wasserzeichens. In diesen wurde auch festgehalten, welche Fälschungen dem RSHA übergeben wurden. Diese Liste wurde vom tschechischen Ingenieur Oskar Stein aus Tabor, Häftlingsnummer 47 832, geführt.

Die bedruckten Bögen wurden der Reißerei und der Sortiererei übergeben. Vorarbeiter der Reißerei war Dr. Kaufmann, Vorarbeiter der Sortiererei Ingenieur Stein. Jeder vier Fälschungen enthaltende Bogen wurde mit Hilfe von Linealen gerissen. Die gefälschten Banknoten wurden dann in Stößen zu eintausend Stück in eine Presse gelegt und ihre Ränder mit Raspeln bearbeitet, so daß es aussah, als handle es sich um handgeschöpftes Papier. Anschließend wurden die gedruckten Fälschungen zur Kontrolle vorbereitet.

Zu vier Scheinen im Bogen wurden die Pfundnoten gedruckt

Die Kontrollabteilung war im gleichen Raum wie die Reißerei untergebracht. Der für diese Arbeit eingeteilte Häftling mußte besonders aufmerksam sein. Er kannte alle geheimen Zeichen der englischen Banknoten und hatte jedes Detail mit einer echten Banknote zu vergleichen. Er mußte darauf achten, daß ihm auch nicht der geringste Mangel des Papiers entging.

Die Kontrolleure, meistens frühere Bankbeamte, saßen an einem Tisch vor einem Kontrollkasten. Dieser Kasten in Größe der Pfundnote war mit einer Milchglasscheibe bedeckt und wurde von unten her von einer starken Lichtquelle beleuchtet. Auf diese Weise konnte die ganze Banknote genau kontrolliert werden.

Die Häftlinge in der Kontrolle arbeiteten verhältnismäßig langsam. Ihre Tagesleistung betrug etwa 300 Stück. Die Häftlinge, die man zu dieser Arbeit einteilte, wurden häufig ausgewechselt, weil nur Menschen mit guter Sehfähigkeit diese Arbeit durchführen konnten.

Die fertigen Banknoten wurden entsprechend ihrer Qualität in vier Kategorien eingeteilt. In die erste Kategorie gelangten nur erstklassige Fälschungen. Die zweite Kategorie umfaßte Fälschungen mit kleinen, fast unsichtbaren Mängeln. Zur dritten Kategorie gehörten Banknoten mit Druckfehlern; diese Fälschungen sollten von deutschen Fliegern über England abgeworfen werden und so zur Entwertung der englischen Währung beitragen. Die vierte Kategorie erfaßte Banknoten von mangelhafter Qualität, diese wurden vernichtet. Die ausgewählten Banknoten wurden dann absichtlich beschmutzt und geknittert, damit sie wie benutzte aussahen. Dann wurden sie zu je 500 Stück gebündelt und erneut in die Listen eingetragen.

Die Engländer trugen das Geld oft frei in der Hosentasche, nur mit einer Sicherheitsnadel zusammengehalten. Deshalb wurde in der Fälscherwerkstatt eine besondere Gruppe von Häftlingen gebildet, die nur die eine Aufgabe besaß, das Zusammenhalten der Banknoten mit einer Sicherheitsnadel nachzuahmen. Bei ihrem Arbeitsvorgang durchlöcherten die Häftlinge die Pfundbanknoten absichtlich in der oberen Ecke, wo die BRITANNIA gedruckt war. An dieser Stelle waren echte Banknoten fast nie durchlöchert. Sie taten das für den Fall, daß es uns einmal gelingen könnte, eine Nachricht über die Fälschungen aus unserem »goldenen Käfig« hinauszuschmuggeln. Dann würde man die Fälschungen leicht von den echten Banknoten unterscheiden können. Aber eine solche Gelegenheit ergab sich nie.

Die gefälschten Banknoten wurden in einem besonderen Raum aufbewahrt. Einmal in der Woche brachte sie SS-Sturmbannführer Krüger weg. Das Falschgeldlager durchliefen »Millionenwerte«, über die der SD eine genaue Nachweisliste führte. Krügers Interesse beschränkte sich auf die Einhaltung des vorgegebenen Fälschungsprogramms. Und wenn die Häftlinge ihre Normen erfüllten und »gute Arbeit« leisteten, verhielt er sich zu ihnen mit väterlicher Vertrautheit, verteilte Zigaretten, die er ständig bei sich trug. Bevor er den Block mit dem Falschgeld verließ, kontrollierte er jedesmal sorgfältig die Bücher. Dann verschwand er wieder für eine ganze Woche.

6. Cicero

Wenn wir verfolgen wollen, wie die falschen Banknoten benutzt wurden, können wir die Person eines sehr bedeutenden Spions des zweiten Weltkrieges nicht übergehen. Sein Fall gehörte zu den berühmtesten Spionagefällen dieser Zeit und zwar wegen des außerordentlichen Wertes der übergebenen Nachrichten. Seine Dokumente enthielten Verträge über die künftigen Beziehungen zwischen den Alliierten – Photokopien von der Konferenz von Teheran. Der Spion, der sich als »Pierre« vorstellte und eigentlich Elyesa Bazna hieß, war Kammerdiener des englischen Botschafters in Ankara. Er selber bot L. C. Moyzisch, dem Gesandten an der deutschen Botschaft in Ankara, seine Spionagedienste an. Gleich beim ersten Mal brachte er 52 Negative mit: Fotos der Korrespondenz zwischen dem britischen Außenministerium und Sir Knatchbull-Hugessen, dem britischen Botschafter in Ankara. Es handelte sich um militärische Informationen, Richtlinien und Dokumente, die später dem deutschen Spionagedienst halfen, den britischen Chiffriercode zu brechen. Für dieses Material forderte er 20 000 Pfund.

Nachdem Moyzisch die Dokumente nach Berlin weitergereicht hatte, schickte Ribbentrop 20 000 Pfund. Dann nahm sich Kaltenbrunner des Falles an und zahlte auch selber die Belohnung – allerdings in falschen Pfundbanknoten. Er schickte auf einen Schlag 200 000 Pfund nach Ankara, zur Verfügung von Moyzisch. Gleichzeitig forderte er, daß der Attaché, der als einziger »Pierre« kannte, mit ihm heimlich zusammentreffen solle. Seinen Decknamen »Cicero« erhielt der Spion »Pierre« vom deutschen Botschafter Franz von Papen höchstpersönlich wegen des außergewöhnlichen Wertes seiner Dienste. »Cicero« lieferte Photokopien von Dokumenten der höchsten Geheimhaltungsstufe: Protokolle der Verhandlungen der Außenminister Großbritanniens und der UdSSR mit dem amerikanischen Staatssekretär Hull im Jahre 1942, Protokolle der Beratungen von Churchill und Roosevelt, den Regierungschefs Großbritanniens und der USA, in Casablanca und Kairo, des weiteren Protokolle der Konferenz von Teheran im Jahre 1943, der Aufzeichnungen zu strategischen Maßnahmen zur Vernichtung Deutschlands vom Osten, Westen und Süden her aus dem Jahre 1943, Photokopien von Aufzeichnungen über die Anzahl der Angehörigen der britischen Luftwaffe in der Türkei im Oktober 1943, Nachrichten über das an die Sowjetunion gelieferte Rüstungsmaterial, über eine geheime Reise des türkischen Präsidenten nach Kairo zu einem Zusammentreffen mit Roosevelt und Churchill und viele andere ähnlich wertvolle Nachrichten. Darunter auch die Vereinbarung der alliierten Kommandeure über den Zeitpunkt des Angriffs auf die Hauptstädte der Satellitenstaaten Deutschlands aus der Luft. Zunächst sollte Sofia bombardiert werden, dann Budapest und Bukarest.

Moyzisch schilderte »Cicero« als einen intelligenten, sehr vorsichtigen Menschen, der die Orte ihrer Zusammenkünfte und die telefonische Chiffre, die Stunde und Tag ihrer Zusammenkünfte beinhaltete, häufig wechselte.

Für seine Dienste erhielt »Cicero« fast 300 000 Pfund. Das waren damals knapp 6 Millionen Mark; allerdings war das alles Falschgeld.

Julius Mader zitierte Robert M. W. Kempner, einen der Hauptankläger der USA bei den Nürnberger Kriegsverbrecherprozessen, wonach Reichsaußenminister SS-Obergruppenführer Joachim von Ribbentrop am 24. Februar 1944 nachweis-

Elyesa Bazna – alias »Cicero«

lich eine persönliche Zahlungsanweisung folgenden Wortlauts ausgestellt hatte: »Ich bitte dem SD über den Leiter der Gruppe Inland II (des Auswärtigen Amtes – J. M.) für ›Cicero‹-Zwecke den einmaligen Betrag von 250 000 Mark in Gold zu zahlen.« Und weiter heißt es bei Mader: Der SD jedoch kassierte das Gold und bezahlte Cicero mit papiernen Pfund-Sterling-Scheinen aus eigener Produktion.

Als dieser in seinem südamerikanischen Fluchtasyl die Früchte seiner gefährlichen Vergangenheit genießen wollte, bewies ihm die Polizei, daß sein Vermögen aus gefälschten Banknoten bestand. Typisch für Bazna alias »Cicero«: 1962 verklagte er die Bundesrepublik auf Schadenersatz.

7. Der Vertrieb

Der SD benutzte die gefälschten Pfundnoten, um damit in besetzten, verbündeten und neutralen Staaten, aber auch in den westlichen Ländern »legal« oder auf den entstandenen Schwarzmärkten Gold, Edelsteine, Schmuck oder Valuten aufzukaufen.

Die Abrechnung des Falschgeldvertriebs besorgte das Sonderreferat VI Wirtschaft (VI-Wi) im Amt VI des Reichssicherheitshauptamtes. Die Auswirkungen zeigten sich bald auf allen Kontinenten. In Europa bezog der SD Andorra, Belgien, Dänemark, Frankreich, Griechenland, Irland, Italien, Jugoslawien, Liechtenstein, Monaco, die Niederlande, Norwegen, Portugal, Schweden, die Schweiz, die Slowakei, Spanien, die Türkei und Ungarn in seinen Falschgeldhandel ein.

Himmlers Falschgeld-Vertriebschef, SS-Sturmbannführer Fritz Paul Schwend, alias Dr. Wendig

Schloß Labers bei Meran, Hauptsitz von Schwend

Um den Vertrieb des Falschgeldes kümmerte sich ein Mann mit weltweiten Beziehungen, der als Kaufmann ganz Europa, China und den amerikanischen Kontinent von Alaska bis Feuerland bereist hatte: Fritz Schwend. Er baute eine riesige Vertriebsorganisation auf und wurde zum Sturmbannführer der Waffen-SS befördert. Sein Hauptquartier, Schloß Labers bei Meran, trug den offiziellen Titel: »Sonderstab Generalkommando III. Germanisches Panzerkorps.« Und er hieß jetzt nicht mehr Fritz Schwend, sondern Dr. Wendig. Schwend-Wendig erhielt eine Provision von 33 1/3 Prozent seines »Umsatzes«. Von diesem Anteil mußte er 25 Prozent an seine Chef-Agenten abführen. Und diese »Hauptfunktionäre« mußten wieder ihre Unter- und Kleinverteiler partizipieren lassen.

Schwends Organisation umspannte bald die ganze Welt. Er hatte seine Leute in Afrika und in den Vereinigten Staaten, in Argentinien, Brasilien, Chile, Honduras und Uruguay. Seine Männer operierten in Indien, China und Japan, im ganzen Vorderen Orient und natürlich in allen europäischen Staaten. Er unterhielt sogar Geschäftsverbindungen zum Vatikan. Sein Agent war als wissenschaftlicher Mitarbeiter der Deutschen Gesandtschaft am Vatikan getarnt. Um das Falschgeld in den verschiedenen Ländern in Umlauf zu bringen, bediente sich der SD Personen aller Gesellschaftsschichten: Geschäftsleute, hohe Offiziere und Diplomaten wurden mit seinem Vertrieb betraut. Handelsattachés der Botschaften Hitlerdeutschlands in Ankara, Bern, Lausanne, Lissabon, Madrid und Rom erhielten größere Beträge von falschen Pfundnoten.

Die Mitglieder dieser Vertriebsorganisation realisierten Riesengeschäfte im Dienst des Geheimdienstes der SS und natürlich auch für sich privat. Viele heute noch als ehrenwerte Bürger geltende Männer haben mit »Bernhard«-Geldern ihre Unternehmen errichtet, ihre Villen erbaut, sich ihre Hotels und ihren Frauen Schmuck gekauft.

Pfundnote um Pfundnote, gewissenhaft verpackt und gut bewacht, nahm von Sachsenhausen aus ihren manchmal geheimnisvollen Weg in die Welt.

Das Geschäft blühte. Von überall her konnten Erfolge gemeldet werden. Die Falschgeldflut erreichte auch Großbritannien. Bei Kriegsende betrug die Menge des in Großbritannien kursierenden Falschgeldes rund vierzig Prozent der echten Pfundnoten. Am 24. März 1945 zog deshalb die Bank von England alle Banknoten ab zehn Pfund ein und erklärte sie ab 30. April 1945 für ungültig. Später wurden dann auch die Fünfpfundnoten eingezogen und durch neue ersetzt.

Nach dem Krieg befaßte sich der Geheimdienst der USA mit der Aufklärung des Falschgeldhandels, konnte jedoch nur etwa neun Prozent der gesamten Falschgeldmenge erfassen. Trotzdem sind die Angaben recht aufschlußreich; wir sehen, in welchem Verhältnis die falschen Noten verteilt wurden:

Staat	falsche Pfundnoten	Anteil in Prozent
Spanien, Portugal, Schweiz	7 500 000	62,5
Dänemark, Norwegen, Schweden	3 000 000	25,0
Türkei und Staaten des Nahen Ostens	1 500 000	12,5
	12 000 000	100,0

Der Gegenwert der von den NS-Verbrechern eingenommenen Summe muß also mindestens 48 Millionen Dollar oder 192 Millionen Reichsmark betragen haben. Da jedoch bei diesen Transaktionen Schwarzmarktkurse ausgenutzt wurden, war die tatsächlich erzielte Summe sicher noch bedeutend höher.

Von 1945 bis 1960 verursachte das Auftauchen dieser Fälschungen in der Tschechoslowakei erhebliche Schwierigkeiten. Insgesamt wurden über dreitausend Fälschungen von den Banken eingezogen, die einen Wert von 35 000 Pfund besaßen und in den Jahren von 1942 bis 1945 in Sachsenhausen hergestellt worden waren.

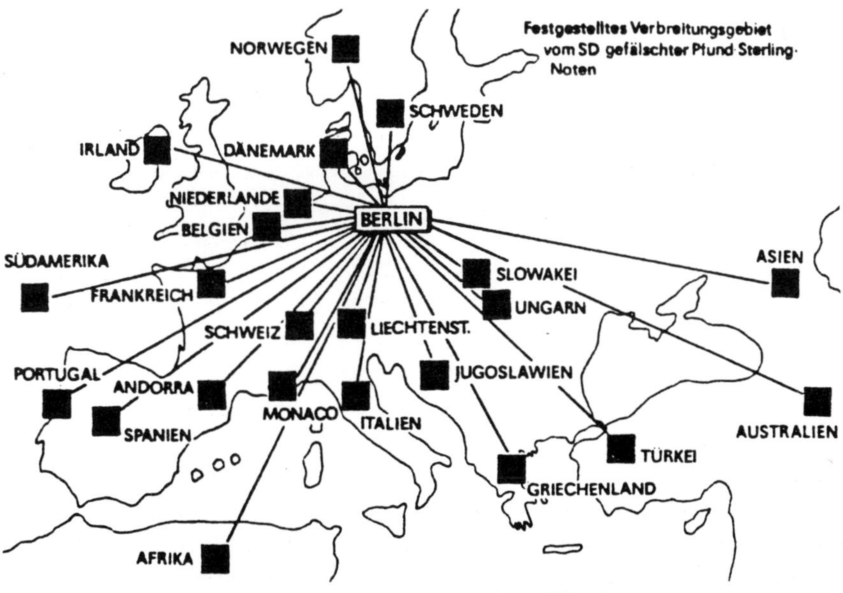

Verbreitungsgebiet der gefälschten Pfundnoten

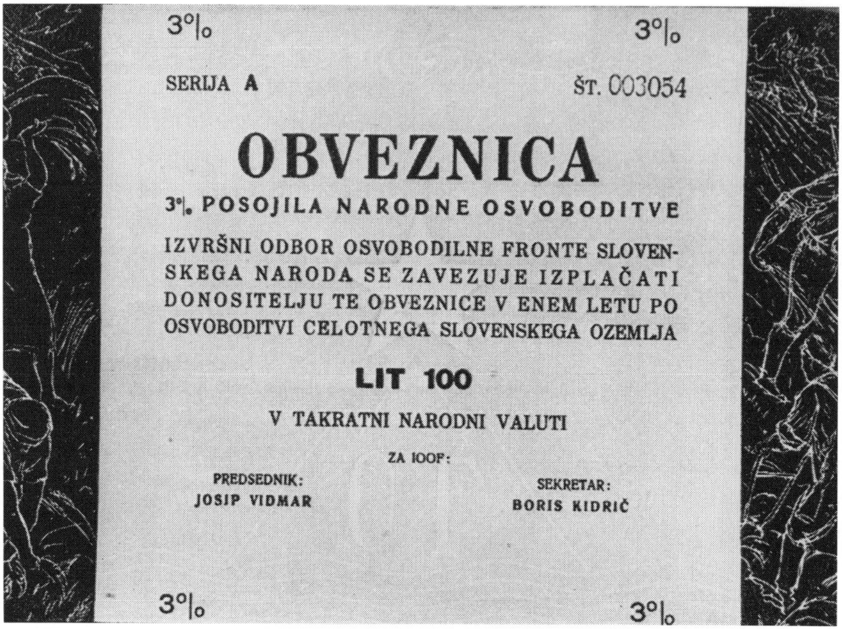

3 %   3 %

SERIJA A   ŠT. 003054

OBVEZNICA

3 % POSOJILA NARODNE OSVOBODITVE

IZVRŠNI ODBOR OSVOBODILNE FRONTE SLOVENSKEGA NARODA SE ZAVEZUJE IZPLAČATI DONOSITELJU TE OBVEZNICE V ENEM LETU PO OSVOBODITVI CELOTNEGA SLOVENSKEGA OZEMLJA

LIT 100

V TAKRATNI NARODNI VALUTI

ZA IOOF:

PREDSEDNIK: JOSIP VIDMAR   SEKRETAR: BORIS KIDRIČ

3 %   3 %

Schuldschein der Volksanleihe – das erste Partisanengeld in Jugoslawien

1944 – Fälschungen aus den Blocks 18 und 19 im KZ Sachsenhausen

8. Mit Falschgeld gegen das befreite Jugoslawien

Mir war zuerst eine relativ leichte Arbeit zugeteilt worden: das Fälschen von jugoslawischen Banknoten.

Innerhalb von Hitlers »Festung Europa«, wie die NS-Verbrecher und andere deutsche Chauvinisten das besetzte Europa nannten, bestand seit 1941 ständig ein freies Partisanengebiet. Im Laufe der Jahre 1942, 1943 und 1944 waren die befreiten Teile Jugoslawiens flächenmäßig größer als manche der kleineren europäischen Staaten (Österreich, Schweiz, Ungarn). Auf freiem Boden lag die Verwaltung in den Händen der Partisanen. Die Volksausschüsse, von den Gemeinden bis zu den Gebietsausschüssen, hatten ihre Landesräte, die sich zu dem im November 1942 gebildeten Rat der Volksbefreiung Jugoslawiens zusammengeschlossen hatten. Mit mehr oder weniger Erfolg wurden Wirtschaft, Verkehr (sogar »Partisaneneisenbahnen« gab es), Lebensmittelversorgung und Landwirtschaft in Gang gehalten. Das Volksbefreiungsheer und die Partisanenregierung aber brauchten Geld, und die Auflage von Volksanleihen erwies sich als notwendig.

Am 13. Januar 1944 wurde durch Verfügung des Vollzugsausschusses des Rates der Volksbefreiung Jugoslawiens die erste allgemeine jugoslawische Volksanleihe in Höhe von 500 000 000 Dinar-Kuna aufgelegt. Das Volk sparte sich alles vom Munde ab, gab was es konnte. Dinare, Kuna, Reichsmark, Lire, Pengös, Kreditscheine der Okkupationsverwaltung – alle Währungen, die während der Besetzung in Jugoslawien im Umlauf waren.

In Kroatien wurden laut Verordnung des Landesrates der Volksbefreiung Kroatiens zwei Tranchen der Volksanleihe im Gesamtbetrag von 250 000 000 Kuna-Lire ausgegeben, in Slowenien eine Volksbefreiungsanleihe von 50 000 000 Lire, während später in Bosnien und der Herzegowina durch deren Landesrat der Volksbefreiung eine Anleihe in Höhe von 300 000 000 Dinar-Kuna ausgeschrieben wurde.

Im Laufe eines einzigen Monats, im Januar 1944, wurden große Beträge dieser Anleihen gezeichnet: im völlig ausgeplünderten Montenegro 4 107 000 Lire, in der Stadt Split 37 746 400 Kuna, in Slowenien 33 968 000 Lire, in Kroatien

248 129 566 Kuna, in Bosnien 21 405 000 Dinar und Kuna. Anleihen und Schuldscheine wurden auch von den Patrioten im besetzten Gebiet gezeichnet. Allein im von Stacheldraht und Bunkern umgebenen Ljubljana (Laibach), Hauptstadt Sloweniens, wurden 13 500 000 Lire gezeichnet.

Die materielle und finanzielle Hilfe, die das Volk mit dem »Partisanengeld« – den Schuldscheinen – dem Befreiungskampf bot, war sofort zu verspüren. Erhebliche Beträge wurden dem Heer und den Volksausschüssen für die Unterstützung der Bevölkerung übergeben.

Die Schuldscheine der Volksanleihen – das erste »Partisanengeld« – wurden auf dem befreiten Territorium als Zahlungsmittel verwendet. Anfang 1944 wurde in Slowenien, jenem Teil des befreiten Jugoslawiens, der an das Dritte Reich grenzte, eine Emissionsbank – Denarni zavod Slovenije – gegründet, die zugleich die erste freie Bank im besetzten Europa war. Damals wurden die ersten Banknoten eines freien Volkes inmitten von Hitlers »Festung Europa« gedruckt. Als die Gestapo sah, wie die Partisanenbewegung durch die gute Aufnahme der Anleihen bei der Bevölkerung erstarkt war, holte sie zum Gegenschlag aus.

Um die Zeichnung dieser Anleihe der jugoslawischen Volksbefreiungsbewegungen so stark wie möglich zu hintertreiben, wurden in Sachsenhausen »dreifarbige« Tito-Banknoten und Schuldscheine dieser Anleihe originalgetreu nachgedruckt.

Die Nachahmung entsprach in Druck und Papierart vollständig dem Original, so daß es kaum möglich war, einen Unterschied festzustellen. Das Geld, das an der mir zugewiesenen Maschine hergestellt wurde, war in dem durch die jugoslawische Volksbefreiungsarmee befreiten Teil Jugoslawiens im Umlauf. Hunderttausende dieser Banknoten hatte die Fälscherwerkstatt bereits gedruckt. Die NS-Verbrecher wollten aber noch weitere Hunderttausende herstellen, um damit die neue Währung im befreiten Jugoslawien zu entwerten.

1944 wurde dieses Geld im befreiten Territorium Jugoslawiens in Umlauf gebracht. Die Gestapo-Filiale in Agram (Zagreb), Hauptstadt Kroatiens, versuchte damit, den Erfolg der vom Rat der Volksbefreiung Jugoslawiens ausgegebenen Volksbefreiungsanleihe zunichte zu machen.

9. Krankheit und Mord

Es dauerte nicht lange, und ich hatte mich in meine neue Tätigkeit so gut eingearbeitet, daß man mich zur Herstellung britischer Pfundnoten heranzog. Diese Arbeit war natürlich viel schwieriger als die Fälschung der jugoslawischen Banknoten.

Bei unserer Arbeit dachten wir nicht an die Zukunft, und niemand zerbrach sich den Kopf darüber, was ihn wohl noch alles erwartete. Sobald wir aber unsere Maschinen und Geräte verlassen hatten, überfiel uns jedesmal Melancholie, der wir uns nur schwer entziehen konnten. Einige Häftlinge versuchten mit ihrem Galgenhumor ihre Mitgefangenen aufzuheitern, andere versuchten ihre Gedanken an die Zukunft durch Lektüre von Romanen und Erzählungen, von Zeitungen und Zeitschriften, die man uns zur Verfügung stellte, zu verbannen.

Nicht jeder konnte sich so gut beherrschen. Aber in jeder Nationalitätengruppe befanden sich einige, die ihre Kameraden aufmunterten, ihnen Mut zusprachen, ihnen mit ihrem Witz und Humor den Lebenswillen wieder zurückgaben.

In diesem Sonderkommando arbeiteten auch 12 Tschechoslowaken:

Adolf Burger	12. 8. 1917	Velká Lomnica	11. 8. 1942	Typograph
Karel Gottlieb	24. 5. 1917	Kaschau	19. 11. 1943	Schreiner
Leo Haas	15. 4. 1901	Troppau	28. 10. 1944	Maler/Grafiker
Victor Hahn	21. 8. 1909	Prag	26. 8. 1943	Bankbeamter
Georg Jilovský	15. 3. 1884	Prag	26. 2. 1944	Grafiker
Jaroslav Kaufmann	19. 1. 1901	Beneschau	20. 8. 1942	Zahnarzt
Artur Klein	25. 4. 1907	Prag	3. 12. 1943	Elektriker
Richard Luka	30. 10. 1913	Prag	25. 9. 1940	Architekt
Alfred Pick	12. 10. 1906	Taus	20. 8. 1942	Zahntechniker
Oskar Stein	5. 8. 1902	Tabor		Papierfachmann
Max Stein	22. 8. 1899	Prag	29. 11. 1943	Weber
Artur Tuppler	10. 6. 1890	Neudorf	23. 8. 1942	Maurer

Dr. Kaufmann aus Hořice. Er war ein älterer Mann, weder Typograph noch Fotograf, noch Graveur. Trotzdem hatten ihn die Deutschen in das Sonderlager gebracht. Er war Zahnarzt, und weil die Häftlinge nicht einmal zum SS-Arzt des Lagers gehen durften, wo sie ja möglicherweise das Geheimnis ihrer Arbeit hätten verraten können, mußte Dr. Kaufmann alle Häftlinge behandeln und sogar kleinere Operationen durchführen.

Damit er »voll ausgelastet« war, ließen ihn die Nazis auch die Funktionen eines Aufsehers ausüben, und darüber hinaus hatte er die Aufgabe, die Banknoten zu zerknittern, damit diese gebraucht aussahen und nicht sofort als Fälschungen zu erkennen waren.

Kaufmann war für seinen nie versiegenden Humor bekannt. Er verscheuchte damit oft unsere melancholischen Gedanken und war vor allem für uns Slowaken und Tschechen eine moralische Stütze.

Um bei den SS-Leuten, welche sich im Nebenraum aufhielten, den Eindruck zu erwecken, er wäre gegenüber den anderen Häftlingen streng und triebe diese ständig zur Arbeit an, schrie er oft mit lauter Stimme durch den Raum.

Weil wir als »Geheimnisträger« von der SS sogar in das Krankenrevier begleitet wurden – und das gab es nur in schweren Fällen, die leichteren Fälle hatte unser Dr. Kaufmann zu versorgen –, war ein Schwerkranker nie sicher, ob man ihm nicht jene traurig berühmte Injektion in die Adern spritzte. – Wer so krank wurde, daß er unseren gemeinsamen Schlafraum nicht mehr zu verlassen vermochte, also arbeitsunfähig war, dessen Schicksal war praktisch besiegelt. Zumeist war er verloren ohne jegliche Hoffnung auf Rettung, weil er, um das Geheimnis zu hüten, nicht in die Krankenbaracke des Lagers eingewiesen werden durfte; und wenn es sich um eine ansteckende Krankheit handelte, bedeutete sein weiteres Verbleiben im gemeinsamen Schlafraum eine ständige Infektionsgefahr für seine Kameraden.

Mehrere Leute aus unserer Mitte traf dieses Schicksal. Eine gewisse Zeit kümmerten sie vor sich hin, und zuletzt wurden sie ermordet! – Einer von ihnen, der junge Student Pjotr Sukiennik aus der Sowjetunion, erkrankte an Tuberkulose. Alle wußten, daß das seinen augenblicklichen Tod bedeutete, wenn die SS davon erfuhr. Bei richtiger Pflege besaß er Aussicht auf Gesundung. Dieser wirklich begabte, außerordentlich kluge Mensch, dieser gute Kamerad wußte, was ihn erwartete. Dennoch kam von seinen Lippen niemals ein böses oder bitteres Wort. Niemals hörten wir von ihm irgendeine Beschwerde. Seinen engsten Freunden, die in ihrer Freizeit um seine Pritsche standen, sagte er oft: »Das Ende würde ich doch gern erleben, nur das Ende. Ich würde zu gern wissen, daß das nicht alles umsonst gewesen ist!«

Als sich der Zustand des Häftlings Sukiennik verschlechterte, rief der Blockälteste Dr. Kaufmann und wies ihn an, den Kranken zu untersuchen. Der Arzt ließ den Gefangenen in Anwesenheit eines SS-Aufsehers kräftig husten und fing den Schleim in einem Reagenzglas auf. Diese Probe sollte von Fachärzten untersucht werden. In einem unbeobachteten Augenblick tauschte er das Reagenzglas gegen ein anderes aus, in dem sich eine Schleimprobe von ihm selbst befand. Die deut-

Der tschechische Arzt
Dr. Jaroslav Kaufmann

Pjotr Sukiennik, Student aus Bialystok, von SS-Oberscharführer Edy Heizmann auf Befehl von SS-Sturmbannführer Krüger erschossen

schen Ärzte stellten daraufhin natürlich fest, daß der Patient nicht an Tuberkulose litt, und so war Sukiennik wenigstens für eine kurze Zeit gerettet.

Die Befreiung hat er nicht mehr erlebt. Sein Zustand hatte sich immer mehr verschlimmert. Dr. Kaufmann und auch wir anderen Häftlinge hatten alles getan, um Pjotr zu helfen, sein Leben zu retten. Aber vergebens. Eines Tages rief ihn Oberscharführer Heizmann hinaus, und alle wußten, was geschehen würde. Pjotr Sukiennik verabschiedete sich von allen und ging dann ruhig hinaus. Nach einer Weile kehrte Heizmann allein zurück. »Er war ein Held«, sagte er. »Er gefährdete die Gesundheit aller übrigen, deshalb mußte ich ihn erschießen. Ich bot ihm eine Zigarette an. Als er sie fast aufgeraucht hatte, legte ich unauffällig den Arm um ihn und erschoß ihn von hinten.« Und nach einer kleinen Pause: »Obwohl er wußte, daß er erschossen wird, benahm er sich so tapfer, daß es mich sehr stark beeindruckte.« Ein Häftling imponierte einem brutalen SS-Mann, einem Mörder. Aber dazu mußte er erst tot sein.

Heizmann handelte auf Befehl von SS-Sturmbannführer Krüger. Und Krüger handelte gleichfalls auf Befehl eines höheren Vorgesetzten. Ein circulus vitiosus unter dem Stichwort: »Ich habe keine Schuld! Ich führe nur Befehle aus!«

Auf der Basis dieses Befehls wurden noch andere erkrankte Häftlinge aus den Blocks 18 und 19 ermordet: Abraham Fingerhut, Ernst Stiasny aus Brünn, Abraham Kleinfeld und Karl Sussman aus Wien. Nur wenn jemand von uns zum Zahnarzt mußte, wurde gestattet, die Blocks 18 und 19 für eine ärztliche Behandlung zu verlassen, aber auch nur, falls der Schmerz unerträglich wurde. Der Leiter schickte den betreffenden Häftling in Begleitung zweier SS-Leute zum Zahnarzt. Die beiden SS-Männer mußten auch während der Behandlung bei dem Häftling bleiben, damit der nicht mit dem Arzt über Hitlers geheime Fälscherwerkstatt reden konnte.

Freizeit im Block 18 – Zeichnung Leo Haas 1944

SYLVESTERFEIER

Freitag, den 31. Dezember 1943

bei den ‚Moneymakers' von Sachsenhausen

PROGRAMM

Ansager, Zwischentextler und Prologus: MAX BERBO

1. Musikalische Unterhaltung der „Moneymaker-Banden-Kapelle" NOLEVY
2. Zeitbilder aus Vergangenheit und Gegenwart, dargestellt von KNOZEL
3. Die zwei müden Wanderer OSKAR STEIN und ALFRED PICK
4. Das Ballett von Sachsenhausen, mit den Damen: LI, LO, LU, MA, MO
5. Begrüßung des neuen Jahres durch den „Obermoneymaker" LEO KREBS

PAUSE

6. Gesangsvorträge JACKIE PLAPPLA
7. Rezitationen und „komische Verse" zum neuen Jahr ICKE-ICKE
8. ZIRKUS PIPEL mit seinen Attraktionen und seinem Riesenprogramm, u. a. Die 3 Frattelinis, Akrobat Schööön, Pipel als Barbier, EGO, der Meisterstemmer, das „JIDDEN-QUARTETT", SEVERINI u. RICO, Tanzakt und dann KNOZEL, alias Pipel, in seinen Soloszenen

Wieder daheim!

Ein Spiel in 3 Szenen mit einem Prolog von F. WEISSMANN

PERSONEN:

Der heimgekehrte Schutzhäftling Karl Weiß — Kurt Lewinsky
Seine Gattin Erna — Chaim Zeichner
Die Kinder: Ludwig (Gerhard Nieft), Peter (Perez Zymermann) Franz (Nachim Zakczewski) Herbert (Severin Tiefenbach) Paul (Sam Wilde) Gustav Tüchtig, Briefträger (Horst Nieft)

Regie: F. Weißmann

Buffett – Schießbuden – Tanz – und andere Belustigungen
Bühnenbilder, Saaldekoration und Ausstattung: JAKOB LAUBER

Beginn 23 Uhr — Ende ???

Das Programm der Silvesterfeier 1943

10. Wochenenden und Kabarett

Sonnabendnachmittags und sonntags arbeitete unsere Fälscherwerkstatt nicht. Der erste Sonntag, den ich hier erlebte, erschien mir wie ein Traum. Jeder Häftling erhielt ein sauberes Handtuch und Seife. Es folgte der Appell des Sonderkommandos. Die Wachmannschaften durchsuchten die Häftlinge nach Papierschnitzeln, auf denen Nachrichten über unsere Tätigkeit hätten nach draußen geschmuggelt werden können. Im übrigen Lager gab es Alarm, der die sogenannte Blocksperre ankündigte. Erst danach öffnete sich das streng bewachte Tor der Fälscherwerkstatt. In Fünferreihen, von unseren wachhabenden SS-Leuten begleitet, marschierten wir über die menschenleere Lagerstraße des Konzentrationslagers zum Bad.

Heißes Wasser!

Und genug Zeit zum Duschen!

Der Sicherheitsdienst war bemüht, durch Vorkehrungen wie die Blocksperre zu verhindern, daß sich auch nur Gerüchte um das streng gehütete Geheimnis der Arbeit des Fälscherkommandos verbreiten konnten.

Am Nachmittag beschäftigte sich jeder nach eigenem Ermessen. Einige saßen beisammen, unterhielten sich, erzählten von daheim. Andere spielten Karten oder Schach. Wir besaßen auch eine Tischtennisplatte. Manche lasen, schliefen oder hörten Rundfunk.

Mir kam dies alles unglaublich vor, phantastisch, eine Sonntagsidylle wie zu Hause, in meinem Heimatstädtchen, bei meiner Familie, meinen Freunden, und ich dachte unwillkürlich an vergangene Zeiten zurück: Ich sah meine Lieben vor mir, meine Eltern, meine Geschwister, mein Geburtshaus, den kleinen Marktplatz mit dem Rathaus und der Kirche, hörte das Läuten der Glocken. In Gedanken erblickte ich hinter dem Kirchturm die majestätische Silhouette der Hohen Tatra mit ihren gewaltigen Bergriesen.

Was für einen Film mochte man jetzt in dem kleinen Kino spielen? Wer von meinen alten Freunden und Bekannten würde noch in der vertrauten Gaststätte sitzen, in der wir uns einst zusammenfanden, Karten spielten, Radio hörten und auch leidenschaftlich das letzte Spiel des heimischen Fußballklubs diskutierten?

Jetzt, an diesem ersten Sonntagnachmittag im Fälscherblock des KZ Sachsenhausen, begann ich das alles richtig zu schätzen, jene Freiheit, die ich damals als selbstverständlich betrachtet hatte und der heute unsere ganze Hoffnung galt. Würde ich sie noch einmal erleben? Würde ich meine Heimat noch einmal wiedersehen?

Es klingt sicher paradox, daß es Häftlingen eines Konzentrationslagers erlaubt war, Unterhaltungsabende zu veranstalten. Aber den Insassen der Blocks 18 und 19 wurden viele Vorrechte eingeräumt. Wer Angehörige hatte, durfte mit ihnen korrespondieren und sogar Pakete empfangen. Natürlich wurde die gesamte Post der Häftlinge einer strengen Kontrolle durch den Sicherheitsdienst unterzogen.

Uns wurden nicht, wie allen anderen Häftlingen, die Haare geschoren. Wir sollten ja in guter geistiger Verfassung bleiben. Möglicherweise auftretenden Depressionen der Häftlinge wollte man mit solchen Veranstaltungen entgegenwirken. Auf keinen Fall durfte sich eine psychische Niedergeschlagenheit dieses oder jenes Häftlings auf das Ergebnis der Arbeit auswirken, die für die deutsche Kriegsfüh-

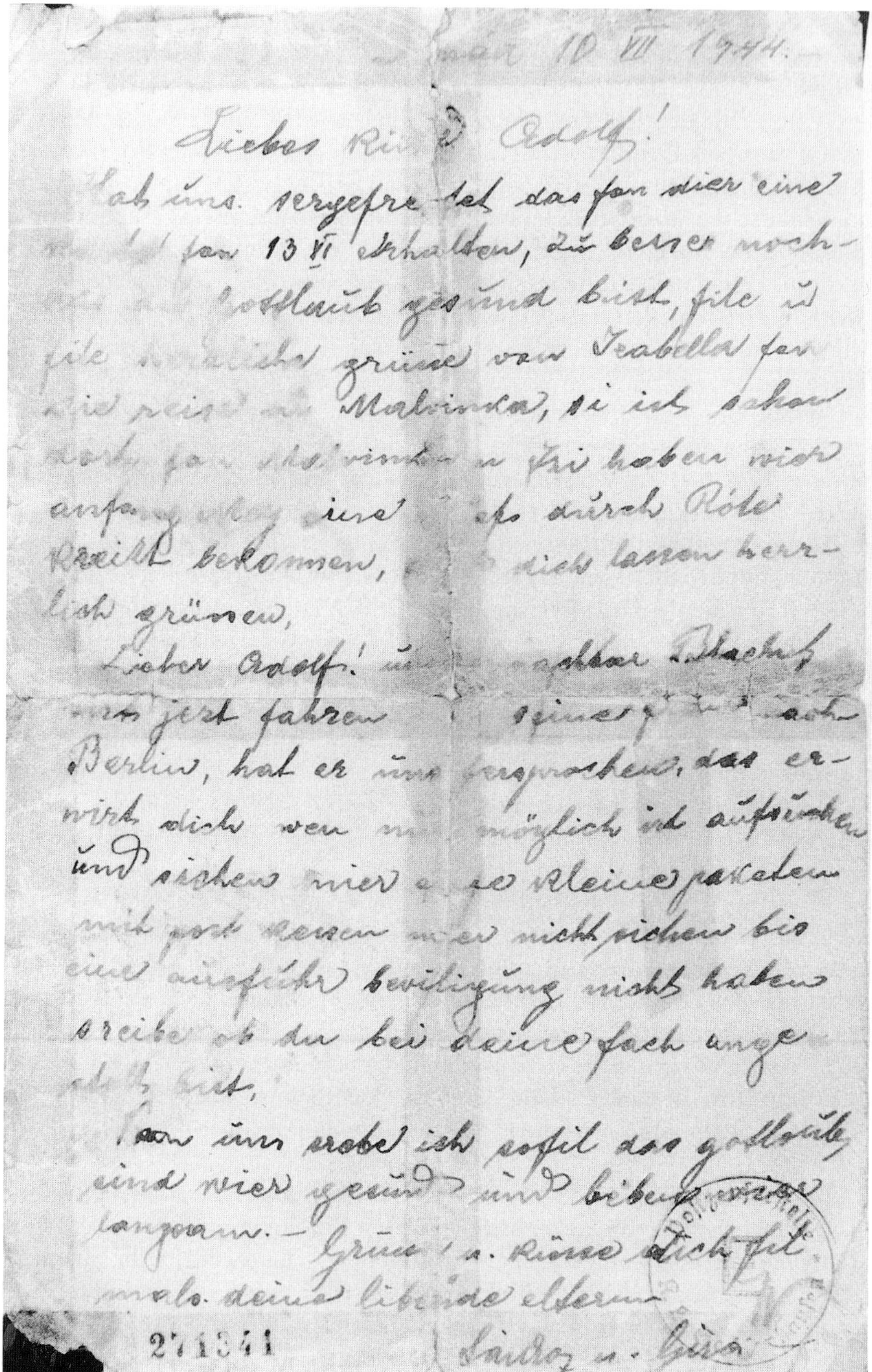

[illegible] 10 VII 1944.

Liebes Kind Adolf!
Hat uns sergefreut das fon dier eine [illegible] fon 13 VI erhalten, zu besser noch [illegible] Gottlaub gesund bist, file u. file herzliche grüsse von Isabella fon die reise zu Malvinka, si ist schon dort fon [illegible] fri haben wier anfang [illegible] ihre [illegible] durch Röte Kreitz bekommen, [illegible] dich lassen herzlich grüssen,
Lieber Adolf! [illegible] nachbar [illegible] jezt fahren [illegible] nach Berlin, hat er uns fersprochen, das er wirk dich wen [illegible] möglich ist aufsuchen und sicken wier [illegible] kleine paketen mit post [illegible] nicht sichen bis eine ausfuhr bewiligung nicht haben sreibe ob du bei deine fach unge[illegible] bist,
[illegible] uns [illegible] ich sofil das gottlaube sind wier gesund und [illegible] langsam. — Grüss u. Küsse dich fil mals. deine libende eltern
Sándor u. Gisa

271341

Der Brief von meiner Mutter. Zwischen den Nachrichten die erfreulichste: Meiner Schwester Jaffa war es gelungen, der Hlinka-Garde zu entkommen – und nach Palästina zu gelangen

rung von so großer Bedeutung war. Wer eine so wertvolle und »kriegswichtige« Arbeit zu leisten hatte, für den mußte auch entsprechend gesorgt werden. Das war für Krüger eine nüchterne Überlegung.

Diese »Unterhaltungsabende« fanden von Zeit zu Zeit samstagabends statt. Schon bei dem ersten dieser Unterhaltungsabende sah ich die SS-Leute, die uns bewachten, in den ersten Reihen sitzen. Zusammen mit dem übrigen »Publikum« lachten sie über die Kabarettauftritte auf der improvisierten Bühne. Diese waren häufig mit Galgenhumor gewürzt. Jede Häftlingsgruppe führte ihre Sketche und Parodien in ihrer Muttersprache vor. Die SS-Leute verstanden den Text meist nicht, dennoch kamen sie zu den Vorstellungen und ließen sich von den Mitwirkenden unterhalten. Sie lachten über deren Mimik, über deren Pantomimen. Häufig verspotteten die Häftlinge ihre Aufseher oder schmähten sie sogar, was bei den Mitgefangenen große Heiterkeit erweckte. Dann stimmten auch die SS-Leute in das Lachen ein, wußten sie doch nicht, worum es hier eigentlich ging. In unserem Block bildete sich aus den Häftlingen mit der Zeit ein regelrechtes Kabarettensemble heraus. Auf der ersten Violine spielte der Wiener Felix Tragholz, Harmonika Hans Blass, ein ausgezeichneter Caféhausmusiker aus Paris. Die Gesangsnummern besorgte Kabarettsänger Levi Groen zusammen mit seinem Freund Andrias Bosboom, beide aus Amsterdam. Groen ergänzte auf einmalige Art und Weise den ungewöhnlich einfallsreichen Berliner Norbert. Das war der geschickteste und witzigste Häftling unter allen Angehörigen unseres Sonderkommandos. Er war Fotograf. Als Nachkomme einer jüdischen Großmutter wurde er wegen einer gefälschten Geburtsurkunde ins Zuchthaus gesteckt, und als talentierter Schauspieler spielte er auf unserer »Bühne« alle weiblichen Rollen. Die falsche Geburtsurkunde seiner Großmutter hatte ihm ein protestantischer Pastor ausgestellt mit solch deutscher Gründlichkeit, daß er sich Notizen über alle von ihm ausgestellten falschen Dokumente gemacht hatte. Dank seiner Genauigkeit kamen dann Dutzende Menschen vor Gericht und ins Zuchthaus, unter ihnen auch unser Norbert.

Er war eine schier unerschöpfliche Quelle von Einfällen. Er stellte die Kabarettprogramme zusammen, schrieb Prologe oder improvisierte nur so aus dem Stegreif. Er dachte sich Pantomimen aus, schrieb kurze Auftritte mit lustigen Verwicklungen und witzigen Dialogen. Er war Dramaturg, Regisseur und Hauptdarsteller bzw. »Hauptdarstellerin« abendfüllender Programme.

Die weiblichen Rollen spielte er einfach vollendet. Wenn er eine Frau darstellte, bewegte er sich so aufreizend und sprach mit so feiner Stimme, daß einer der SS-Männer, der unser Kabarett zum ersten Mal sah, nicht begreifen konnte, wo in den Blocks 18 und 19 eine Frau herkam. Norbert sagte, daß er sich deshalb bemühe, so gut zu spielen, weil er auf der teuersten Bühne der Welt auftrete. Damit hatte er bestimmt recht. Anstelle gewöhnlicher Paletten wurde die geräumige Bühne von Brettern gebildet, die auf Kisten mit Dutzenden Millionen englischer Pfund lagen.

Die Bühne war somit tatsächlich teuer, natürlich nur, wenn man von der Kleinigkeit absieht, daß es alles Falschgeld war.

Solche Abende zu veranstalten, war uns von Krüger höchstpersönlich erlaubt worden. Er hatte uns auch die Musikinstrumente besorgt. Unser Kabarett besaß ein gutes Niveau. Seine Besonderheit bestand darin, daß lustige Auftritte mit anspruchsvollen Nummern wechselten. Der Pole Isaak Plappla besaß die Fähigkeit, einige Opernarien gut vorzutragen. Der Pariser Harmonikaspieler Hans Blass spielte ein Potpourri aus verschiedenen Opern, am liebsten aus »Tiefland«. Der Geiger Felix Tragholz spielte des öfteren Dvořáks Humoresken und Tosellis Serenaden. Die Prager Viktor Hahn und Karel Gottlieb sangen solo tschechische Volkslieder. Zu den gefragtesten Nummern gehörten holländische Gauklerlieder. Bosboom und Groen trugen sie so witzig und mit so sagenhafter Mimik vor, daß sie sie jedesmal wiederholen mußten. Das dankbare Publikum verstand zwar die Worte der holländisch gesungenen Lieder nicht, aber es sang jedesmal zumindest den Schluß des Refrains mit.

Die tschechischen Volkslieder ernteten gleichfalls großen Beifall, und die Häftlinge anderer Sprachen wollten die Texte kennenlernen. So versuchte ich, »Kone vraný« ins Deutsche zu übersetzen, und meine deutsche Version hatte dann auf der »teuersten Bühne der Welt« ihre Premiere.

Die Basis der Unterhaltungsteile bildeten immer die Auftritte Norberts, der allerdings ausnahmslos einen Partner bei sich hatte, meistens Levi Groen. Allerdings kam auch kein Abend ohne Isaak Plappla aus, der früher einmal Zirkusclown gewesen war. Er war ungefähr einen Meter vierzig groß und besaß einen ausgesprochenen Eierkopf, noch dazu mit Glatze. Sein schlaksiger Gang auf den kurzen Beinen wirkte schon für sich genommen komisch. Und wenn er sich als Pastor verkleidete, in eine improvisierte Kanzel stieg und mit der singenden Stimme eines Predigers eine mehr als zweideutige, mit dem Jargon der Frankfurter Halbwelt eingefärbte Predigt aus der Bibel vortrug, dann wälzten wir uns alle vor Lachen. Die klatschenden Zuschauer belohnte er mit einer Zugabe aus seiner Zirkusvergangenheit. Unter lustigem Reden und Singen zerschlug er an seinem deformierten Schädel Porzellanteller.

Ingenieur Richard Luka sang immer sein Lieblingslied »Baruska«; aber einmal mußte er auf Beckmanns Befehl hin den »Führer« imitieren. Er kannte zwar außer der gewaltigen Anrede »Meine Volksgenossen« nur etwa vier oder fünf Sätze aus einer Hitlerrede, aber seine Maske und insbesondere seine stimmliche Imitation waren so meisterhaft, daß er den Auftritt auf Befehl der SS-Leute einige Male wiederholen mußte.

»So ein Programm mit solchem Gaudi findest du heute im ganzen Reich nicht, Menschenskind«, brüllten die erheiterten SS-Leute, die in der ersten Reihe saßen.

Bisher hatte ich nichts gesehen als den Tod. Und mit einemmal schien ich in eine andere Welt geraten zu sein.

Natürlich blieb ich trotzdem KZ-Häftling. Ich wußte, daß ich Sachsenhausen niemals lebend verlassen würde – aber ich wußte auch, daß ich mich in kurzer Zeit dem Leben hier anpassen, daß ich über den Galgenhumor der sonnabendlichen Unterhaltungsveranstaltungen lachen würde, genau wie die übrigen Häftlinge.

Die Unterhaltungsabende wurden von uns nicht nur zur Erheiterung der Häftlinge und der Aufseher veranstaltet, sondern auch, damit wir während des Programms ausländische Rundfunkstationen hören konnten. Die SS-Leute hatten ihre Plätze nicht nur deshalb in der ersten Reihe, weil das die Ehrenplätze waren, sondern hauptsächlich, damit wir beim Abhören größere Sicherheit hätten und uns voll auf die ausländischen Sendungen konzentrieren konnten. Am Samstagabend

*Ingenieur Oskar Stein –
Zeichnung Leo Haas 1944*

*Ingenieur Richard Luka –
Zeichnung Leo Haas*

waren die wenigsten Aufseher da, nie mehr als vier, eher weniger. Wir wußten, daß die SS-Leute Heinz Beckmann, Edy Heizmann, Bruno Psoch und Willi Schmitt nicht so sehr auf die Vorschriften achteten und auf das Büro, in dem sich das Radio befand. Wenn sie zu unserem Kabarettabend gingen, schlossen sie das Büro nicht einmal ab.

Die Abende fanden in der Sortiererei statt, wo eine Bühne, sogar mit Vorhang, aufgebaut wurde. Aus der Sortiererei ging man durch den vom Blockeingang herführenden Gang in die Druckerei. Hinter der Druckerei war der Dienstraum der SS, in dem sich das Radio befand.

Wenn sich alle SS-Männer auf die für sie bestimmten Plätze gesetzt hatten und sich das Programm seinen Glanzdarbietungen näherte, war die günstigste Zeit dafür, daß Ingenieur Oskar Stein wegging, um ausländische Sendungen abzuhören.

Er mußte zunächst die Lautsprecher abstellen, die in den Arbeitsräumen angebracht waren. Sonst hätte er sein heimliches Abhören verraten. Im Kurzwellenbereich London oder Moskau einzustellen, je nachdem, wo gerade tschechisch oder deutsch gesendet wurde, war eine Frage von einigen Handgriffen. Er schrieb sich Stichworte auf, um keine wichtige Nachricht zu vergessen. Aber zu solch einer günstigen Gruppierung der Aufseher kam es ungefähr einmal in vier bis sechs Wochen, so daß wir nur sehr selten wahrheitsgemäße Nachrichten erhielten. Aber auch das genügte, um unsere Vermutungen zu bestätigen, daß Deutschland dem Zusammenbruch nahe war. Die Freude über diese Tatsache wurde allerdings durch den Gedanken daran getrübt, daß das Kriegsende wahrscheinlich auch zugleich unser Ende sein würde.

Auf der Bühne mußte inzwischen Karel Gottlieb aus Prag so lange singen, bis Oskar Stein zurückgekehrt war. Gottlieb war ein bekanntes Mitglied des »Klubs vergessener Talente« – einer Gruppe junger Leute, die vor dem Kriege zusammengekommen waren, um mit ihren meist fortschrittlichen, revolutionären Liedern ihr überwiegend proletarisches Publikum in Begeisterung zu versetzen. Er sang und sang; sein Lied hatte er schon zweimal wiederholt, aber sein Kamerad war immer noch nicht da. Schon brach ihm der Schweiß aus allen Poren, vor Aufregung vergaß er den Text. Da endlich betrat Stein wieder den »Theatersaal«.

Das Ziel war erreicht. Wir Häftlinge erfuhren Einzelheiten von dem Vorrücken der Alliierten, was für uns alle eine große Ermunterung bedeutete.

Auch später versuchten wir uns, sobald sich die Gelegenheit dazu bot, mit Hilfe von BBC oder Moskau ein objektives Bild über die Kriegslage zu machen. Jede noch so unbedeutende Nachricht nahmen wir gierig auf. Auf diese risikoreiche Weise erfuhren wir im Herbst 1944, daß die Rote Armee die deutschen Truppen und die NS-Verbrecher aus ihrem Land gejagt hatte.

Eines Samstagabends verkündete Stein fast feierlich die neuesten Nachrichten. »Freunde, die Sowjets sind schon in Rumänien, Bulgarien, Polen ... Die Deutschen werden überall geschlagen.«

Wir rechneten uns aus, wie lange es noch dauern würde, bis die Front unser Gebiet erreichte.

Was aber würden die Deutschen tun?

Die sich ankündigende Niederlage reizte die NS-Verbrecher bis zur Weißglut.

Würden sie uns nicht sogar früher als beabsichtigt umbringen?

Würden sie es nicht darauf anlegen, unliebsame Zeuge zu beseitigen?

Je günstiger die Nachrichten, um so behutsamer wurden wir. Anfang September 1944 erfuhren wir vom slowakischen Nationalaufstand.

»Die Slowaken kämpfen, in den Dörfern und Städten entstehen Nationalausschüsse.«

Natürlich wußten wir nichts Genaues, aber das Verhalten der SS-Leute und ihre Nervosität ließen uns ahnen, daß sich Entscheidendes anbahnte.

Ein SS-Mann schrie uns damals wütend an: »Das ist keine Front mehr..., lauter Partisanen!« Die Slowaken waren aus der Front ausgebrochen. Jetzt kämpften Partisanen gegen die deutschen Besatzer.

Der Prager Karel Gottlieb

Norbert Leonard – Zeichnung Leo Haas

11. Salamon Smolianoff

Eines Tages erhielt unser Sonderkommando weiteren Zuwachs. Es traf ein Mann ein, von dem es hieß, er habe ausgezeichnete Erfahrungen, sei also ein Experte in der Falschgeldherstellung. Schon am Abend vor seinem Eintreffen kündigte uns Sturmbannführer Krüger dieses Ereignis auf ungewöhnliche Weise an:

»Morgen kommt der größte und erfahrenste Fälscher aller Zeiten zu uns. Wir kennen ihn schon lange, konnten aber seinen gegenwärtigen Aufenthaltsort erst jetzt ausfindig machen. Der Mann ist für unsere Werkstatt wie geschaffen. Für ihn sind die schwierigsten Fälschungen ein Kinderspiel. Lange haben wir auf ihn gewartet. Jetzt ist es endlich soweit. Mit seiner Hilfe werden wir unsere schwierigen Aufgaben bewältigen.«

Bernhard Krüger, SS-Sturmbannführer und Chef des »Unternehmens Bernhard«, war glücklich. Jetzt würde das Fälschen englischer Pfundnoten den letzten Schliff bekommen.

Krüger war in so guter Stimmung, daß er an diesem Abend zu uns Häftlingen ausgesprochen freundschaftlich und liebenswürdig war. Wir machten uns unsere eigenen Gedanken über den von Krüger sehnsüchtig erwarteten Mann, dem ein derart »glänzender« Ruf vorausging.

Am nächsten Morgen war Krüger ganz erregt. Ständig blickte er zur Tür. Um neun Uhr hatte der Neue eintreffen sollen. Die Uhr zeigte schon den Beginn der elften Stunde, doch noch gab es kein Zeichen von dem Erwarteten. Krügers Nervosität wuchs.

Es würde ihm doch auf seiner Reise nichts zugestoßen sein? Sollte der Plan etwa im letzten Augenblick noch scheitern? Die Zeiger der Uhr rückten unerbittlich immer weiter vor; elf Uhr dreißig, und noch immer tat sich nichts.

Krüger war schon ganz verzweifelt, als sich schließlich die Tür öffnete und ein kleiner, rundlicher Mann in Begleitung zweier SS-Leute in die Werkstatt trat.

Sturmbannführer Krüger sprang auf, mit einem Satz war er bei der Tür, umarmte den Ankömmling und begrüßte ihn mit den Worten:

»Endlich ist der Kollege angekommen!«

Dann wandte er sich zu uns übrigen Häftlingen, stellte ihn uns vor und erklärte: »Jetzt haben wir den Experten!«

Zu diesem gewandt, fuhr er fort:

»Sicher sind Sie müde. Ruhen Sie sich aus, damit Sie morgen mit frischen Kräften ans Werk gehen können!«

Wir Häftlinge versammelten uns um unseren neuen »Kollegen«. Er machte einen angenehmen Eindruck, und es schien, daß er ein fröhlicher Mensch war. Das lichte Haar über seiner Stirn zeugte davon, daß der Neuankömmling schon auf die Fünfzig zuging. Der Experte hieß Salamon Smolianoff, geboren am 26. März 1897 in Poltawa, Rußland. Er war ein russischer Emigrant, dessen Name unter den kriminellen Fälschern der ganzen Welt ehrfürchtig und von den Kriminalisten mit Achtung genannt wurde. Smolianoff hatte ein ungewöhnliches Leben hinter sich.

Da er sich schon früh durch künstlerische Talente auszeichnete, schien ihm eine glänzende Zukunft gesichert. Vater Smolianoff schickte den Sohn auf die Kunsthochschule nach Odessa. Dort wurde er Schüler des berühmten Professors Eugen

Zotoff, der dort an der Kunsthochschule lehrte und sich einen Namen als Spezialist für Kupfer- und Stahlstiche gemacht hatte. 1917 emigrierte Smolianoff nach Deutschland. In der Reichshauptstadt traf er sich mit seinem Professor Zotoff, der ebenfalls emigriert war.

Beide Künstler mußten von neuem beginnen. Sie taten es auf ihre Weise. Mit Kunst war kein Geld zu verdienen. Lehrer und Schüler nutzten ihre großen Fähigkeiten, um Banknoten zu fälschen. Beide wurden Stammkunden von Interpol.

1923 wurde Zotoff wegen Falschmünzerei zu vier Jahren Zuchthaus verurteilt. Smolianoff kam mit einem blauen Auge davon, weil man ihm eine Mithilfe an dem Zotoff-Unternehmen nicht beweisen konnte.

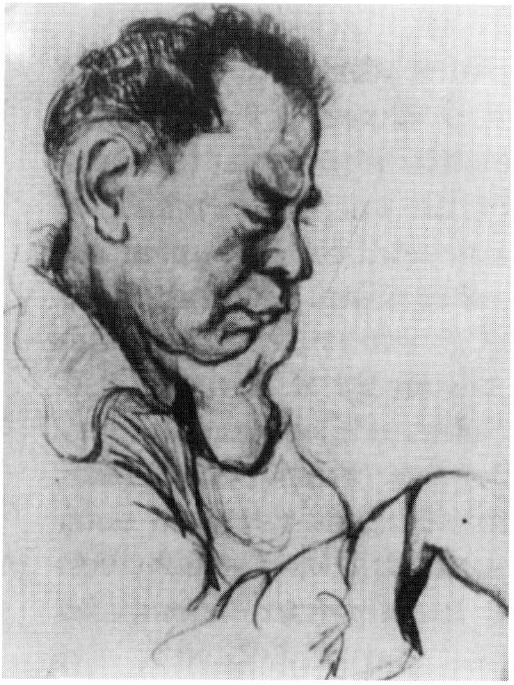

Salamon Smolianoff – der Meisterfälscher

Smolianoff alias
Nathanael Gärtner, geboren am 21. Dezember 1899 in Hamburg (Deutschland)
auch
Matheus Vermer, geboren am 21. Dezember 1888 in Hamburg (Deutschland)
auch
L. Bremer,
wurde 1927 wegen Fälschung und Verbreitung von englischen 50-Pfund-Noten, Type 1, in Amsterdam (Holland) durch die Nederlandsche Centrale in zake Falsificaten (Niederländische Falschgeld-Zentrale) verhaftet: Er hatte wieder Glück. Ein holländisches Gericht verurteilte ihn am 12. Juli 1933 zu nur zwei Jahren und sechs Monaten Gefängnis, weil er Falschgeld vertrieben hatte. Als »Fabrikanten« konnte man ihn nicht bestrafen. Es fehlten dem Gericht die Beweise. 1933 gelang es Inter-

Kriminalkurrenden u. Kriminalberichte

„ERKENNUNGSZEICHEN"
Wien, I., Hohenstaufengasse 7

November 1927

V. Abteilung
II. Gruppe
Nr. 16

Kriminalbericht Nr. 16

K. B. Nr. 1019

Verhaftung wegen Fälschung und Verbreitung gefälschter englischer Banknoten zu 50-Pfund

Wegen Fälschung und Verbreitung der in der I. Abteilung der „ERKENNUNGSZEICHEN" (Blatt E=n=1 vom Oktober 1926) beschriebenen Fälschungen von englischen Banknoten zu 50-Pfund, Type 1, wurde in *Amsterdam* (Holland) durch die *Nederlandsche Centrale in zake Falsificaten (Niederländische Falschgeld-Zentrale)* verhaftet:

Smolianoff Salomon, geboren am 26. März 1897 in *Poltawa* (Rußland) alias:

Gärtner Nathanael, geboren am 21. Dezember 1899 in *Hamburg* (Deutschland), auch

Vermer Matheus, geboren am 21. Dezember 1888 in *Hamburg* (Deutschland), auch

Bremer L., Smolianoff gab an, in *Deutschland* (Leipzig, Berlin und Hamburg), *Ungarn* (Budapest), *Norwegen* (Oslo und Bergen), *Tschechoslowakei* (Prag) sowie in *Schweden* (Stockholm) und auch in *Holland* (Amsterdam) diese Falschstücke ausgegeben zu haben.

pol zwar, Smolianoffs Kumpane eines neuen Fälscherrings auszuheben, aber er selbst konnte seinen Kopf wieder aus der Schlinge ziehen. Erst 1936 wurde er in Berlin geschnappt, weil er mit seinem falschen schwedischen Paß nicht rechtzeitig geflohen war.

Ein Berliner Gericht verurteilte ihn zu vier Jahren Zuchthaus. Nachdem er diese Strafe verbüßt hatte, kam er als »unverbesserlicher Krimineller« in das Konzentrationslager Mauthausen. Dort hatte Krüger den »König der Fälscher« schließlich entdeckt und unverzüglich nach Sachsenhausen bringen lassen.

In Mauthausen hatte er als hervorragender Zeichner gegolten. Und dieser Ruf hatte ihm das Leben gerettet. Dort hatte er es nämlich geschafft, von den SS-Leuten, die er porträtierte, »entdeckt« zu werden.

Hier in Sachsenhausen an seinem neuen Arbeitsplatz sollte er als Hauptretuscheur eingesetzt werden, und am folgenden Tag begann er in dieser Funktion auch zu arbeiten.

Smolianoff war der einzige Geldfälscherprofi unter den 144 politischen Häftlingen des Fälscherkommandos. Seine Häftlingsnummer war 935 94.

Kriminalkurrenden u. Kriminalberichte

„ERKENNUNGSZEICHEN"
Wien, I., Rockhgasse 4

Juni 1936

V. Abteilung
II. Gruppe
Nr. 12

Kriminalbericht Nr. 12[1])

K. B. Nr. 1196

Aburteilung wegen Herstellung gefälschter englischer Banknoten zu 10-Pfund, Type 4 und 6

Smolianoff Salomon, Kunstmaler, wurde am 12. März 1936 von der 20. großen Strafkammer des Landgerichtes Berlin als der Hersteller der gefälschten englischen Banknoten zu 10-Pfund, Type 4 und 6, festgestellt und wegen fortgesetzten Münzverbrechens verurteilt.

In Richtigstellung des Kriminalberichtes Nr. 18 (Jahrgang 1935: V. Abteilung, II. Gruppe, Nr. 18) wird mitgeteilt, daß der als Hersteller dieser Fälschungen bezeichnete russische Flüchtling Miassojedoff (Miasoiedoff), wie von den Behörden in Berlin festgestellt wurde, an diesen Fälschungsfällen nicht beteiligt war. Wie aus dem Urteil des obenerwähnten Gerichtes hervorgeht, kommt Miassojedoff als Hersteller dieser Fälschungen aus dem Grunde nicht in Frage, weil er sich vom 11. März 1932 bis 18. März 1934 ununterbrochen in Strafhaft befunden hat.

Siehe November 1927: Kriminalbericht Nr. 16 (V. Abteilung, II. Gruppe, Nr. 16), Jahrgang 1933: Kriminalbericht Nr. 23 (V. Abteilung, II. Gruppe, Nr. 23) und Jahrgang 1935: Kriminalkurrende Nr. 11 (V. Abteilung, I. Gruppe, Nr. 11) und Kriminalbericht Nr. 18 (V. Abteilung, II. Gruppe, Nr. 18), ferner Beschreibungen der Fälschungen Jahrgang 1933: I. Abteilung, E=n=2, Jahr-

[1]) Nachtrag zu: Jahrgang 1935, Kriminalbericht Nr. 18 (V. Abteilung, II. Gruppe, Nr. 18).

12. Falschgeldproduktion

Ingenieur Oskar Stein, Vorarbeiter in der Fälscherwerkstatt und tschechischer Antifaschist, führte eine eigene Liste über die hergestellten und abgelieferten Banknoten. Er trug sie ständig bei sich. Das war natürlich sehr gefährlich. Doch ihm verdanken wir es, daß wir ziemlich genaue Angaben über das Falschgeld besitzen. Die folgenden Tabellen beruhen auf seinen Angaben.

Anzahl der hergestellten und abgelieferten Pfundnoten

Banknoten zu	Wert der gedruckten Banknoten	Wert der abgelieferten (guten) Banknoten
5 Pfund	19 729 330	1 324 310
10 Pfund	23 989 800	1 765 600
20 Pfund	26 746 680	2 820 920
50 Pfund	64 145 000	4 457 600
Gesamtwert in Pfund Sterling:	134 610 810	10 368 430

Wert der hergestellten und abgelieferten Pfundnoten

Banknoten	gedruckt und numeriert	an das RSHA abgeführt	abgelieferte (gute) Falsifikate in Prozent
5 Pfund	3 945 866	264 862	6,7
10 Pfund	2 398 980	176 560	7,3
20 Pfund	1 337 334	141 046	10,4
50 Pfund	1 282 900	89 152	6,9
Gesamt:	8 965 080	671 620	7,5

Überblick guter Falsifikate gemäß ihrem Wert

Banknoten zu	Wert in Pfund Sterling	Gesamtwert der niedrigen Pfundnoten	Gesamtwert der hohen Pfundnoten	in Prozent
5 Pfund	1 324 310	3 089 910		29,80
10 Pfund	1 765 600			
20 Pfund	2 820 920			
50 Pfund	4 457 600		7 278 520	70,20
Gesamt:	10 368 430			100,00

Krügers Lieblingsstück, die Fünfpfundnote.
Sie wurde im Gesamtwert von 19 729 330 Pfund Sterling gefälscht

Der Gesamtwert der gedruckten 10-Pfund-Noten betrug 23 989 800 £

Gesamtwert der gedruckten 20-Pfund-Noten: 26 746 680 £

Gesamtwert der gedruckten 50-Pfund-Noten: 64 145 000 £

Inzwischen arbeitete ich bereits ein halbes Jahr an der Herstellung falscher Pfundnoten. Ich hatte mich schnell in meine Umgebung eingelebt und mich an die Arbeit gewöhnt. Damals kam es mir überhaupt nicht in den Sinn, welchen Gesamtwert die von uns gefälschten englischen Pfund haben mochten. Ich dachte zwar manchmal darüber nach, wem wohl unsere Erzeugnisse in die Hände gefallen waren oder ob man den einen oder anderen Agenten aufgrund des Falschgeldes hatte entlarven können, doch blieb für solche Überlegungen nicht viel Zeit. Die Arbeit nahm den größten Teil des Tages in Anspruch. Abends waren wir müde und froh, ins Bett zu kommen.

18. Januar 1945

In Ungarn scheiterten örtlich begrenzte Angriffe der Bolschewisten am Nordrand des Vertesgebirge und im Pilisgebirge. Die Verteidiger von Budapest erwehrten sich in erbitterten Häuser- und Straßenkämpfen erneuter heftiger Angriffe des Gegners. An den bisherigen Brennpunkten im ungarisch-slowakischen Grenzgebiet blieben wiederholte feindliche Angriffe erfolglos. Zwischen der Slowakei und dem Oberlauf der Weichsel setzten sich unsere Truppen nach Westen ab. Dabei entwickelten sich Kämpfe mit dem auf Neusandez nachdringenden Feind.

Die Schlacht im großen Weichselbogen dauert mit unverminderter Heftigkeit an. Herangeführte Reserven fingen die feindliche Angriffsspitze Krakau und Tschenstochau auf. Tschenstochau und Tomaschow fielen nach Straßenkämpfen in Feindeshand. Panzerspitzen der Sowjets drangen bis in den Raum zwischen Litzmannstadt und Weichsel vor. Auch zwischen Kielce und der unteren Pilica stehen unsere Verbände in schwerem Kampf mit starken feindlichen Kräften. Eine niedersächsische Panzerdivision schoß dort an einem Tage 85 sowjetische Panzer ab. Im großen Weichselbogen wurde Warschau geräumt.

Nördlich der Weichsel konnten die Bolschewisten nach Zuführung weiterer Verbände ihre Einbrüche trotz der hartnäckigen Gegenwehr unserer Truppen nach Westen und Norden erweitern. Zichenau ging nach schweren Kämpfen verloren.

Am 5. Tag der Abwehrschlacht im ostpreußischen Grenzgebiet errangen unsere Verbände gegen den Ansturm von 35 sowjetischen Schützendivisionen und zahlreichen Panzerbrigaden erneut einen Abwehrerfolg.

In der Doppelschlacht nördlich Warschau und im ostpreußischen Grenzgebiet wurden gestern 201 feindliche Panzer vernichtet. Damit hat sich die Zahl der in diesen beiden Großkampfräumen innerhalb von 5 Tagen abgeschossenen Panzerkampfwagen auf 903 erhöht.

...

Gebirgsjäger der Waffen-SS haben in den unteren Vogesen eine amerikanische Kampfgruppe im Angriff eingeschlossen und alle Ausbruchs- und Entsatzversuche vereitelt. Der auch gestern im Kampfraum von Hatten hartnäckig angreifende Feind erlitt wiederum hohe Menschen- und Panzerverluste. In den erweiterten Brückenköpfen nördlich Straßburg wurden östlich von Hagenau eine Reihe von Orten erstürmt, ein Oberst und mehrere hundert Amerikaner gefangen genommen. Der Feind, der Herrlisheim heftig angriff und auch in den Ort eindringen konnte, verlor dabei die Masse seiner angreifenden Panzer. Im ganzen sind gestern im Elsaß 57 feindliche Panzer abgeschossen worden.

...

In Säuberungskämpfen im Raum Toplice-Seifenberg unter Führung der höheren SS- und Polizeiführer Alpenland erlitten die Banditen erneut schwere Verluste. Über 2 300 feindliche Tote wurden gezählt, 1 500 Gefangene und umfangreiche Beute eingebracht.

...

Groß-London liegt weiter unter unserem Fernbeschuß.

...

Wehrmachtsbericht vom 18. Januar 1945: Tschenstochau fiel in Feindeshand, Warschau wurde geräumt, Zichenau ging verloren

13. SS – erste Zweifel am Endsieg

Im Gemeinschaftsraum hing eine große Landkarte, auf der wir vor dem Schlafengehen noch die Punkte markierten, die die Wehrmacht auf ihrem »strategischen Rückzug« erreicht hatte. In unserer Freude über den Vormarsch der Verbündeten an allen Fronten dachten wir kaum daran, daß sich damit auch jener Schicksalstag näherte, an dem man uns nicht mehr benötigen und daher unbarmherzig liquidieren würde.

Die Landkarte im Gemeinschaftsraum war eine Karte von der sogenannten Ostfront – mit der Sowjetunion und Polen. Die NS-Verbrecher und die ihnen hörigen deutschen Nationalisten waren überzeugt davon gewesen, daß diese Karte ausreichen würde. Sie hatten niemals damit gerechnet, daß die Front eines Tages viel weiter westlich liegen würde als die Grenze Polens zu Deutschland. Doch schließlich war es soweit. Diesen Tag wird wohl keiner von uns Häftlingen je vergessen.

Wir saßen nach getaner Arbeit wie üblich im Gemeinschaftsraum und warteten auf den Bericht des Oberkommandos der Wehrmacht. In einer Ecke saß ein älterer SS-Mann, ein Sudetendeutscher, gebürtig aus Karlsbad (Karlovy Vary).

Es war ein persönlicher Bekannter Krügers, und dieser hatte ihn in das Sonderkommando genommen, um ihn vor dem Fronteinsatz zu bewahren.

Noch ertönte aus den Lautsprechern Marschmusik. Dann erklang die Stimme des Rundfunksprechers, der den Wehrmachtsbericht verlas. Zum ersten Mal sprach er nicht von einem strategischen Rückzug, sondern von der Räumung Warschaus. Am liebsten wären wir alle vor Freude aufgesprungen und hätten uns umarmt. Doch in Gegenwart des SS-Mannes durften wir uns nichts anmerken lassen, obwohl wir das Leuchten in unseren Augen nicht verbergen konnten.

Nach dieser »Hiobsbotschaft« für die NS-Deutschen stand der SS-Mann von seinem Stuhl auf und schritt durch das Zimmer. Ich redete ihn, meinen ehemaligen »Landsmann«, vorsichtig auf tschechisch an. Zuerst plauderten wir nur über allgemeine Dinge. Nach einer Weile kamen wir auf die Politik zu sprechen. Ich erzählte ihm, daß ich in Auschwitz war, berichtete auch von dem, was ich dort gesehen und erlebt hatte. Ich steigerte mich dabei so in Erregung, daß ich gar nicht mehr wahrnahm, daß ich zu einem SS-Mann redete. Ich schilderte ihm alle Schrecken dieser Hölle – wo Tausende von Männern, Frauen und Kindern in die Gaskammern geschickt wurden, wo sie zusammengepfercht gräßlich starben.

Die umstehenden Häftlinge sahen mich erschrocken an. Sie mußten wohl denken, ich sei verrückt geworden, so zu einem SS-Mann zu sprechen. Und dieser hörte mir ungläubig, überrascht, wortlos zu.

Als ich schwieg, schwiegen alle im Raum. Dann unterbrach der SS-Mann das Schweigen. Leise sagte er zu mir:

»Ich bin Vater von sechs Kindern, und es ist doch klar, daß es mir nicht gleichgültig sein kann, wenn ich von solchen Unmenschlichkeiten höre. Ich glaube, Sie verstehen, was ich meine: Solche Unmenschlichkeiten habe ich nicht gewollt. Ich habe bisher nichts davon gewußt.«

»Eine Nation, die derartige Bestialitäten fertigbringt«, antwortete ich ihm, »kann den Krieg nicht gewinnen.«

»Wir müssen ihn gewinnen«, flüsterte er mir zu und verließ den Raum.

14. Briefmarkenfälschungen

In der Falschgeldwerkstatt fingen wir entsprechend Krügers Befehl auch mit der Herstellung von gefälschten englischen Briefmarken an. Wir stellten Zehntausende davon her. Wir druckten Briefmarken im Wert von einem halben Penny, von anderthalb, zwei, zweieinhalb und drei Pennies, auf denen in der Blume in der linken oberen Ecke das Hoheitszeichen der Sowjetunion eingezeichnet war – Hammer und Sichel. In der Blume in der rechten oberen Ecke war der Davidstern eingezeichnet. Das Kreuz auf der Krone wurde durch den Davidstern ersetzt. Einen Teil dieser britischen Briefmarken überdruckten wir mit dem schwarzen Rahmen LIQUIDATION OF EMPIRE – Liquidierung des britischen Imperiums, wobei wir die Namen der Kolonien ständig ergänzten, die die Briten aufgegeben hatten: Jamaica, Bahamas, Barbados, Bermudas, Hongkong, Singapur, Trinidad und weitere.

Eine andere, die Halfpennymarke, trug die Aufschrift: THIS WAR IS A JEWISH WAR – Dieser Krieg ist ein jüdischer Krieg. In den beiden oberen Ecken war die Marke mit je einem Davidstern versehen, darunter befand sich die Jahreszahl 1939 beziehungsweise 1944. In der Mitte war der Kopf Stalins abgebildet, links davon die englische Königskrone, rechts Hammer, Sichel und Sowjetstern. Hammer und Sichel, das Symbol des Sowjetstaates, befanden sich auch in den zwei unteren Ecken. (Ein Druckfehler blieb unbemerkt: Anstatt JEWISH hieß es JEWSH.)

Als gelungenste Fälschung konnte man zweifellos die Anderthalb-Pence-Krönungsmarke ansehen, auf welcher das Porträt der Königin durch den Kopf Stalins ersetzt worden war. Außerdem wurden die Initialen zwischen dem Königspaar durch »SSSR« vertauscht; Buchstaben, die wir auch über dem Bild des britischen Königs eingravierten. Über dem Bild Stalins dagegen wurde die Bezeichnung BRITANNIA aufgedruckt, und in die Königskrone wurde ein Hammer eingearbeitet. Sowjetische Symbole schmückten auch beide Seiten der Marke, und anstatt des ursprünglichen Textes befand sich am untersten Markenrand die Inschrift: TEHERAN 28. 11. 1943.

Der Grafiker und politische Karikaturist Leo Haas hatte die Aufgabe erhalten, den Kopf Stalins zu zeichnen. Er mußte die Zeichnung einige Male umarbeiten, da sie der SS allzu sympathisch erschien und nicht jene groben Züge aufwies, mit denen die Nazis Stalin auf ihren Zeichnungen und Karikaturen versahen. Haas gab jedoch vor, daß er nicht besser zeichnen könne, und so wurde diese Arbeit einem der anderen Grafiker übertragen, von denen es in unserer Gruppe mehrere gab.

Wir konnten uns nicht erklären, wozu die NS-Verbrecher diese seltsamen Briefmarkenfalsifikate benutzten. Bei einer der regelmäßigen Samstagsabendunterhaltungen, die wir im Beisein der SS veranstalteten, fragten wir deshalb einen etwas angeheiterten SS-Mann danach, um endlich diesem Geheimnis auf den Grund zu kommen.

»Das ist ganz einfach«, antwortete er. »Auf diese Weise schüren wir in England Haß gegen Juden und Russen. Unsere Agenten kleben diese Marken in England auf Briefe. Auf den Postämtern werden in England die Markenfälschungen meist nicht bemerkt, und so erreichen die Briefe ordnungsgemäß ihre Adressaten.«

Der SS-Mann lächelte, stolz über diese »Schlauheit und Findigkeit«.

Leo Haas – Zeichnung Peter Edel

Die gefälschten Marken erregten tatsächlich während des Krieges überall, wo sie entdeckt wurden, großes Aufsehen. Die Philatelisten der ganzen Welt waren bemüht, sie sich zu beschaffen. Ihren Zweck, Haß gegen die Allierten zu schüren, erfüllten diese falschen Briefmarken jedoch nicht. Die Briten erkannten sie als das, was sie waren – als Fälschung mit plumper propagandistischer Absicht.

Überdrucke für die gefälschten Briefmarken

Eine der Propagandamarken des SS-Sicherheitsdienstes aus dem Jahre 1944

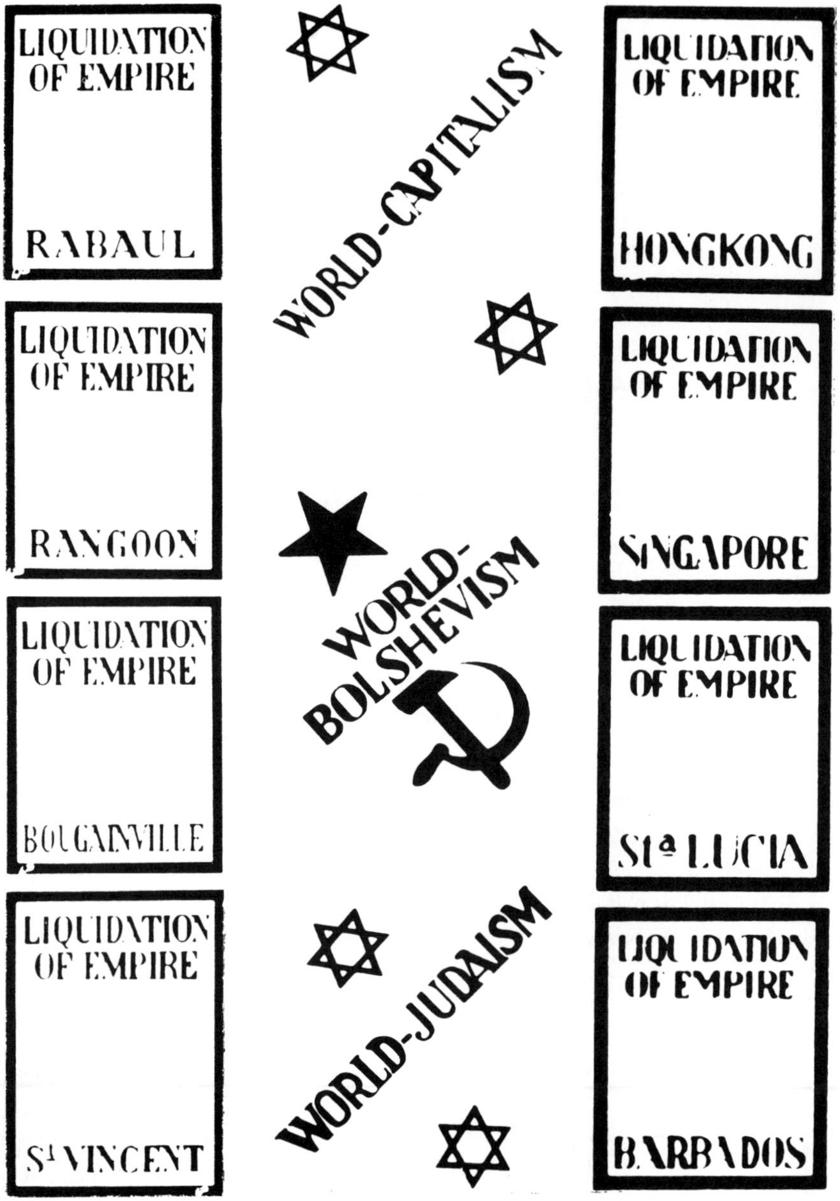

Überdrucke für die gefälschten Briefmarken

Die Anderthalb-Pence-Marke mit dem Porträt König Georgs VI. – postfrisch von 1937 (29 x 34 mm)

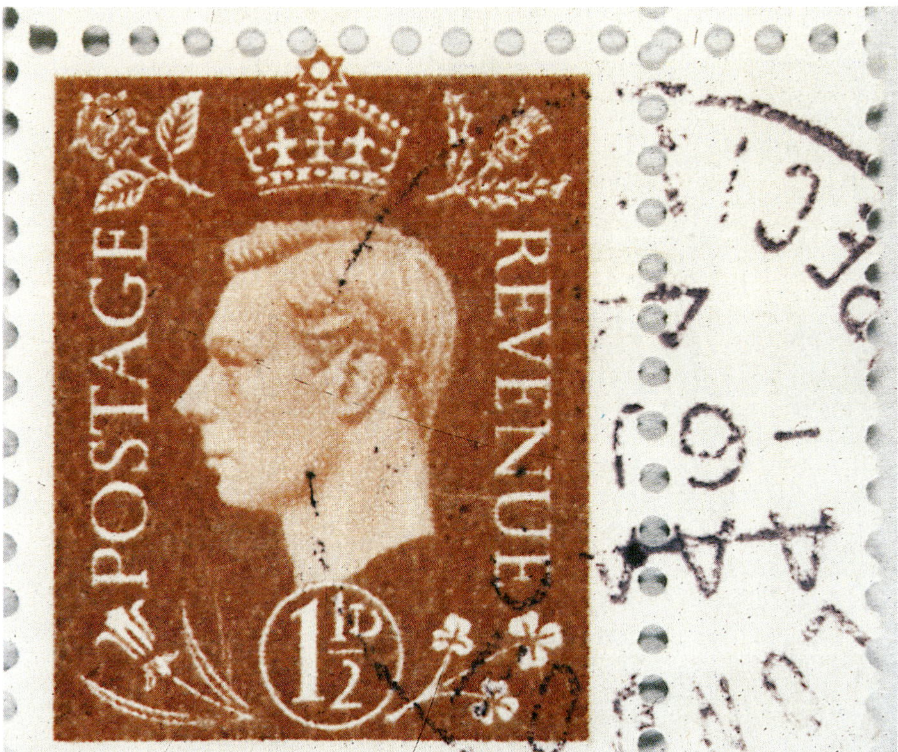

Die gefälschte Anderthalb-Pence-Marke – abgestempelt

Bogen gefälschter Marken – König Georg IV. – 2 Pence

In Bogen gedruckte Fälschung englischer Marken. König Georg VI. – 2 ½ Pence

Die gefälschte Zweipencemarke wurde mit den Überdruck »LIQUIDATION OF EMPIRE« versehen

Aufdrucke auf gefälschten englischen Briefmarken

Aufdrucke auf gefälschten englischen Briefmarken

Im Bogen wurden die gefälschten Krönungsmarken von 1937
1944 im KZ Sachsenhausen gedruckt

Die britische Jubiläumsmarke von 1935

Die gefälschte britische Jubiläumsmarke mit Stalin

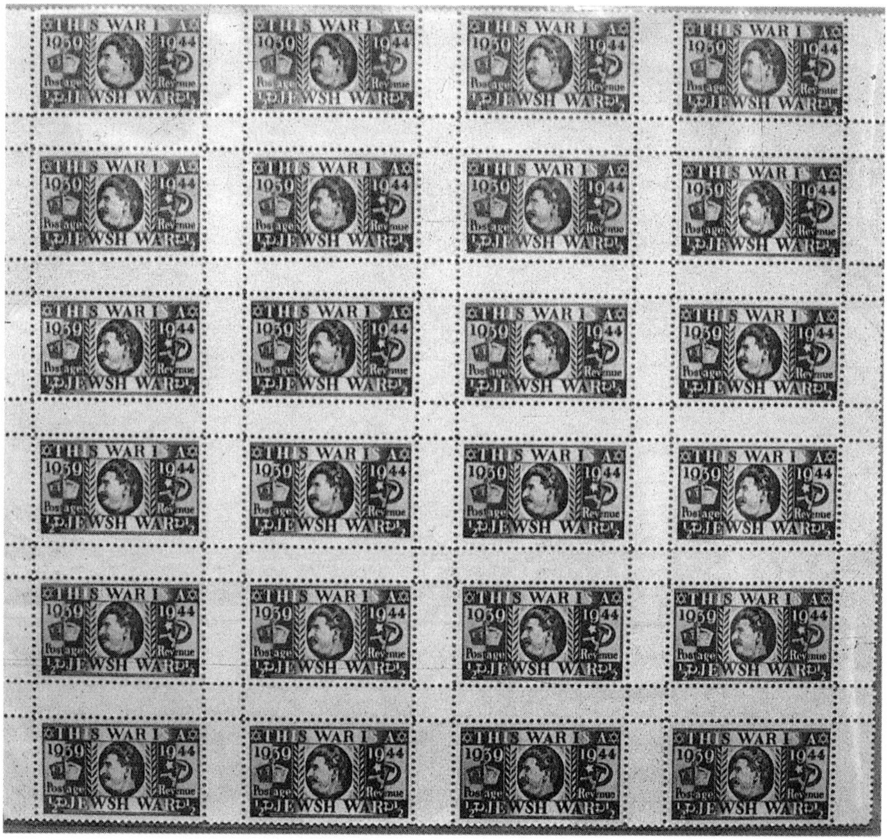

Ein Bogen gefälschter englischer Jubiläumsmarken von 1935

Die englische Krönungsmarke von 1937

Das Porträt der Königin wurde durch das Stalins ersetzt

Marken mit dem Sonderstempel »6. Juni 1944«, erster Tag der Invasion der Verbündeten

Marken mit dem Sonderstempel »6. Juni 1944«, erster Tag der Invasion der Verbündeten

Aufdrucke »MURDER RUIN« zwischen Bomben
CATHEDRAL OF ROUEN, CASTELLE GANDOLFO, MONTE CASSINO,
SCHAFFHAUSEN/SWITZERLAND, SAN MARINO,
CATHEDRAL OF COLOGNE

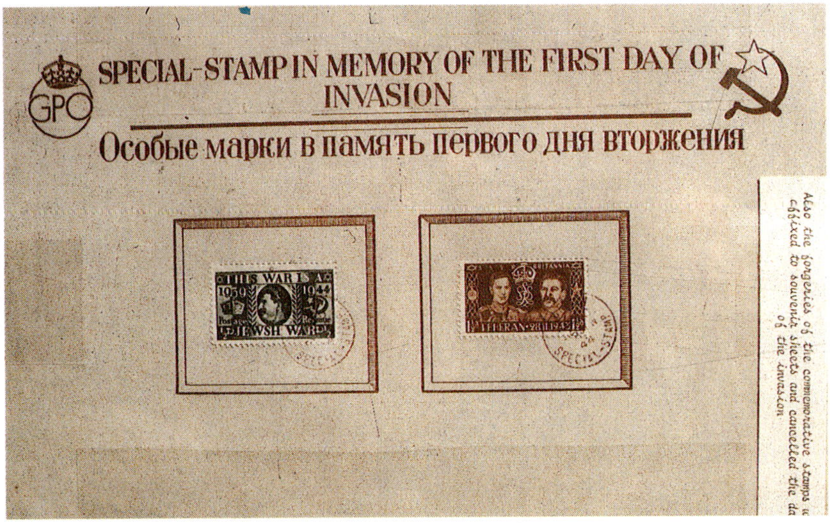

In Sachsenhausen gefälschtes Gedenkmarkenblatt zum ersten Tag der Invasion

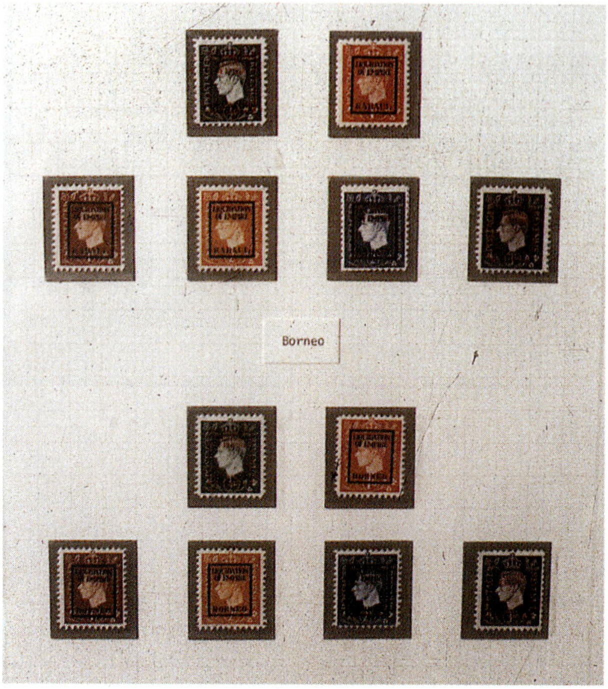

Aufdruck »Liquidation of Empire«

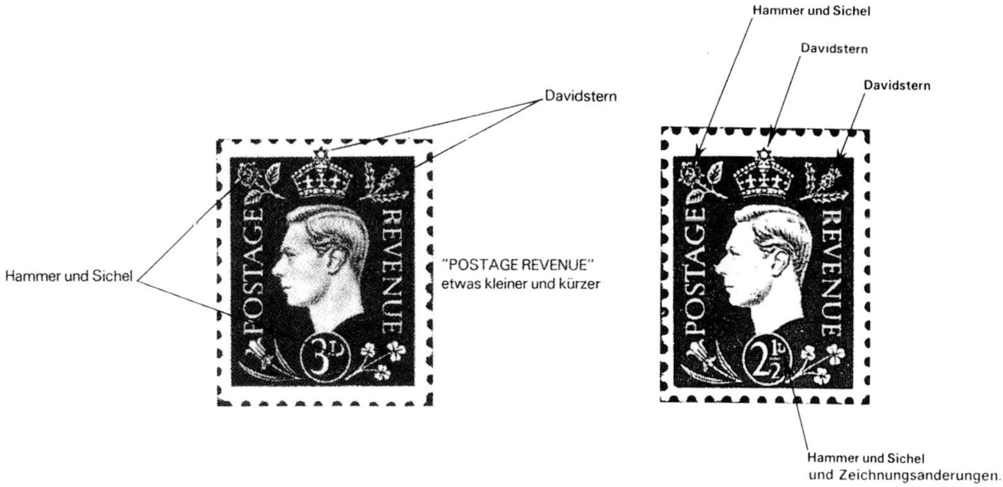

TEHERAN 28.11.1943

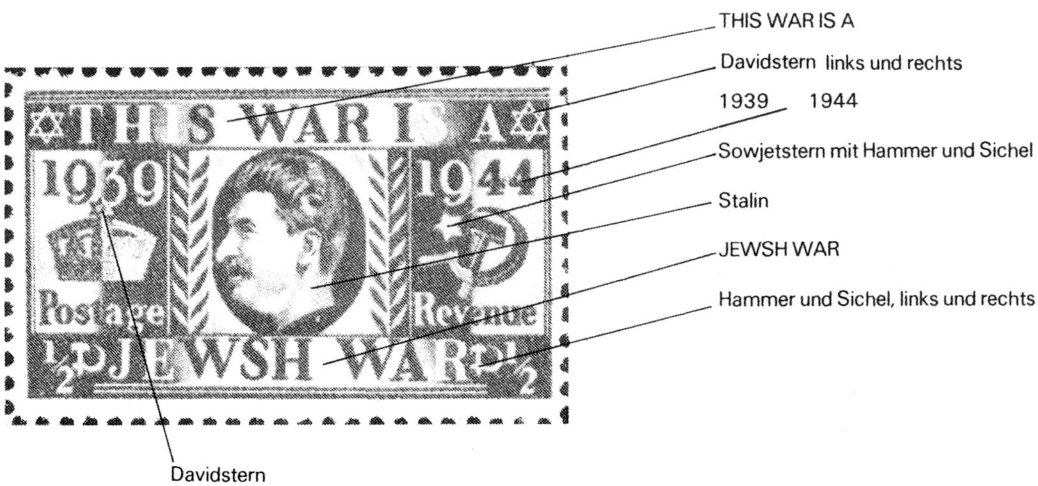

Die Unterschiede bei den gefälschten Briefmarken

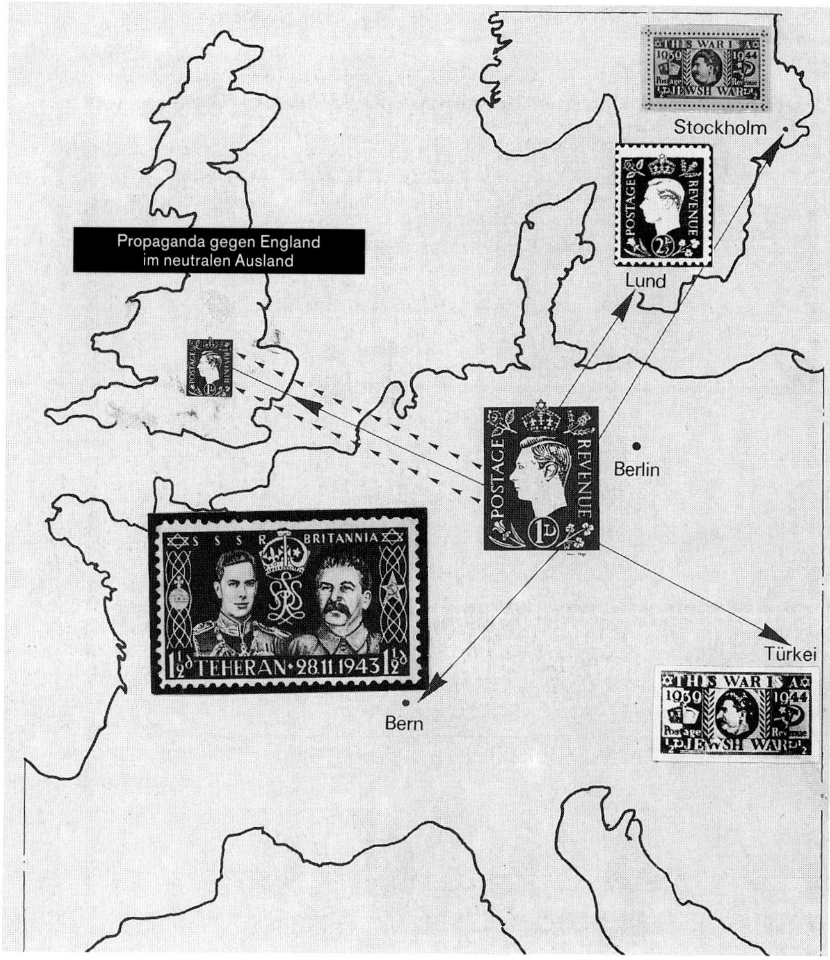

Der Vertrieb erfolgte über Agenten ins Ausland

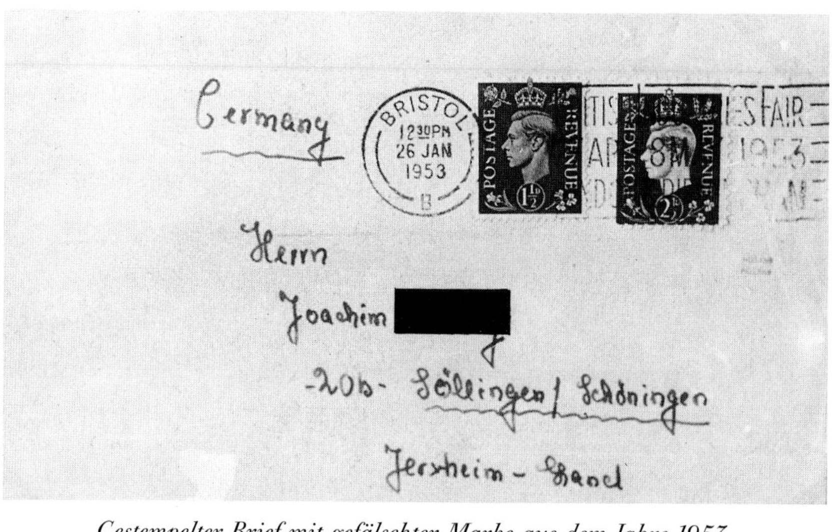

Gestempelter Brief mit gefälschter Marke aus dem Jahre 1953

15. Propaganda mit den gefälschten Briefmarken

Der SD veröffentlichte in den besetzten Gebieten verschiedene Artikel, in denen er, der Goebbelsschen Propagandaidee entsprechend, andere für die Fälschungen verantwortlich machte. Nach dem Krieg geriet mir eine Ausgabe der tschechischen Zeitung »Národní politika« vom 31. Januar 1945 in die Hände. Als Zeugnis dafür, auf welche verlogene Weise der SD arbeitete, zitiere ich diesen Artikel:

POLITIKA

2. strana. NÁRODNÍ

Podivuhodné padělky anglických poštovních známek

K nedávné zprávě ČTK ze Stockholmu o padělcích anglických známek sdělujeme další podrobnosti podle švédského sběratelského časopisu „Svensk filatelistisk Tidskrift".

Švédští sběratelé a obchodníci s poštovními známkami obdrželi od firmy Special Stamp, která uvádí jako svoji adresu poštovní schránku a číslo šekového účtu Poštovní spořitelny ve Stockholmu, řadu kuriosních poštovních známek s tímto sdělením:

„V upomínku na zahájení invase na západní frontě byly vydány zvláštní serie známek, jimiž má býti také vyjádřeno upřímné přátelství mezi invasními vojsky a sovětskou armádou. Touto emisí vyjadřuje také britská vláda přátelství, které uvádí spojeneckou politiku vůči Sovětské Unii. Výtěžek z prodeje příležitostných známek bude věnován všeobecně užitečným účelům. Hlavní části výtěžku má však býti použito k vytvoření základního fondu pro výzkum společné ideje britského a sovětského imperialismu. Prosíme, aby se částku na známky poukázal Poštovní spořitelně. Přejete-li si další serie, oznamte počet na adresu naší poštovní schránky."

S S S R BRITANNIA
1½ TEHERAN • 28 II 1943 1½

Politika Praha — Snímek Šev

Jedna z padělaných britských známek

Není o tom pochyby, že známky jsou velmi speciální. Rozesílají se čistě a orazítkované „London 6. June 1944 Special Stamp", t. j. s invasním datem. Serie se podobá dosud platným anglickým známkám s obrazem Jiřího VI. v hodnotách ½ až 3 pence. Kříž v koruně byl však vyměněn za sovětskou hvězdu, kterou nacházíme také v pravém heraldickém květovém motivu. Na levé straně je srp s kladivem. Další serie má pak černý čtyřhranný přetisk. Pod hořejším rámcem přetisku stojí „Liquidation of Empire", nad dolejším rámcem jsou uvedena stříbrné jména různých anglických kolonií jako Barbados, Bermuda, Hongkong, Jamaica, St. Lucia, Singapore, Trinidad atd.

Korunu všemu nasazuje falšovaná anglická korunovační známka z roku 1937, v níž byl obraz anglické královny nahrazen obrazem Stalinovým a místo původního data uveden text „Teheran 28. 11. 1943". Dále byl ve známce změněn monogram na SSSR, kterážto písmena nacházíme rovněž nad obrazem anglického krále. Nad obrazem Stalina jest naopak nápis „Britannia". Kladivo bylo zamontováno do královské koruny. Sovětské symboly jsou také po obou stranách známky.

Citovaný švédský filatelistický list ještě dodává, že pátráním zjistil, že neexistuje ani firma, která známky nabídla, ani uvedená poštovní schránka, ani číslo šekového účtu u švédské Poštovní spořitelny. List uzavírá svoji zprávu: Odkud a proč byla uvedená falsa rozšiřována, zůstává záhadou. Šev.

Goebbels-Propaganda, Ausschnitt aus der tschechischen Zeitung »Politika« vom 31. Januar 1945

»Ergänzend zu der unlängst veröffentlichten Meldung von ČTK aus Stockholm über die gefälschten englischen Briefmarken, berichten wir weitere Einzelheiten aus der schwedischen Philatelistenzeitschrift ›Svens filatelistik tidskrit‹.

Die Firma Special Stamps (Sondermarken) versandte unter Angabe ihres Postfaches und der Kontonummer bei der Postsparkasse in Stockholm eine Reihe kurioser englischer Briefmarken mit folgender Mitteilung an die schwedischen Sammler und Briefmarkenhändler:

›In Erinnerung an die Invasion an der Westfront wurden Serien von Sondermarken herausgegeben, die die aufrichtige Freundschaft zwischen den Invasionstruppen und der sowjetischen Armee zum Ausdruck bringen sollen. Mit dieser Emission bekräftigt die britische Regierung auch die Freundschaft und die Bündnispolitik mit der Sowjetunion. Der Erlös aus dem Verkauf dieser Sondermarken ist für allgemeine nützliche Zwecke bestimmt, wobei der Hauptanteil zur Schaffung eines Grundfonds für die Erforschung der gemeinsamen Idee des britischen und sowjetischen Imperialismus verwendet werden soll. Wir bitten, den Gegenwert für die Sondermarken auf unser Konto bei der Postsparkasse zu überweisen. Wünschen Sie weitere Serien, richten Sie Ihre Bestellung mit der gewünschten Anzahl an unser Postfach.‹

Ohne Zweifel sind das ganz ›besondere‹ Marken. Sie werden sauber mit ›London 6. June 1944 Special Stamp‹ – also mit dem Datum der Invasion – gestempelt verschickt...

Die zitierte schwedische Philatelistenzeitschrift teilt außerdem noch mit, daß Nachforschungen ergeben haben, daß weder die Firma, die die Marken verschickt hat, noch das angegebene Postfach, noch die Kontonummer bei der schwedischen Postsparkasse existieren. Die Zeitschrift schließt ihren Bericht: ›Wer die beschriebenen Fälschungen verbreitet hat und weshalb, bleibt ein Rätsel.‹«

Von Schweden aus wurden diese Briefmarken angeboten.

Special Stamp
Distribution Center
I. kommission för Sverige — Stockholm, 15/9 1944
Postbox 30 11 74
Postgiro 21 12 79

Högt ärade kund!

Vi äro i tillfälle att erbjuda Eder vissa specialmärken, vars försäljning torde bli en god affär för Eder och även ge Eder möjlighet att bidraga till ett allmän nyttigt ändamål. Samma dag som invasionen i väster startade, emitterades vissa specialmärken vilka icke endast avse att tingfästa denna dag utan tillika ge uttryck för den varma vänskap; som råder mellan invasionsfrontens soldater och Röda armén. Genom denna emission av specialmärken dokumenterar den brittiska regeringen den anda, som besjälar dess förbundspolitik med Sovjetunionen.

Inkomsterna av märkenas försäljning skola ställas till förfogande för ett allmän nyttigt ändamål. Huvuddelen härav skall nämligen utgöra en grundfond avsedd att tjäna utforskandet av den brittiska och den sovjetryska imperialismens gemensamma idé. Vi vore Eder förbundna, om Ni ville översända betalningen för de märken Ni inköper till vårt Postgiro.

Därest Ni skulle vilja beställa ytterligare märken bedja vi Eder att uppgiva det önskade antalet till vår postboxadress.

Prislista bifogas.

Högaktningsfullt
Special Stamp
Distribution Center

Angebot von Sondermarken von der Fa. SPECIAL STAMP aus Schweden

Special Stamp
Distribution Center
I. kommission för Sverige — Stockholm, 15/9/1944
Postbox 30 11 74 Postgiro 21 12 79

Sehr geehrter Kunde!
Wir sind in der Lage, Ihnen gewisse Spezialmarken anzubieten, deren Verkauf ein gutes Geschäft für Sie sein sollte und Ihnen gleichzeitig die Möglichkeit gibt, einen Beitrag für einen allgemein nützlichen Zweck zu leisten.

...

Wir wären ihnen sehr verbunden, wenn Sie den Betrag für die Marken, die Sie zu kaufen gedenken, auf unser Postgirokonto einzahlen würden.

Weitere Bestellungen bitten wir, mit Angabe der gewünschten Anzahl, an unsere Postfachadresse zu richten. Eine Preisliste anbei.

Hochachtungsvoll
Special Stamp
Distribution Center

Ob die folgende Auftragsbestätigung je benutzt wurde, ist zweifelhaft:

Special Stamp
Distribution Center
I. kommission for Sverige Stockholm, 23/9/1944
Postbox 30 11 74
Postgiro 21 12 79

Sehr geehrter Kunde!

Wir bestätigen dankend Ihre Bestellung und erlauben uns, beiliegend die Sondermarken zu übersenden. Unter Berücksichtigung des mit dem Verkauf beabsichtigten guten Zwecks wären wir für erhöhte Verkaufsreklame sehr dankbar.

Hochachtungsvoll
Special Stamp
Distribution Center

Im Stockholmer »Expressen« erschien am 21. September 1944 folgender Bericht:

»Die Kriminalpolizei untersucht:

Falsche englische Briefmarken im Briefkasten des Postgenerals Örnes

Die Königliche Post wie ernsthafte Philatelisten werden z. Z. von einigen Briefmarkenfälschern sehr geplagt. Sie überschwemmen den Markt mit einer Menge verschiedener Fälschungen. Gestern erhielt z. B. Generaldirektor Örnes in einem anonymen Brief eine Karte mit perfekten Nachahmungen der englischen 1-Penny-Marke mit König Georgs Bild. Nur an der Papierqualität wie auch am Wasserzeichen kann man erkennen, daß es sich um eine Fälschung handelt und daß die Briefmarken in Schweden hergestellt worden sein müssen.

Kriminalinspektor Justus Svensson sagt bei einem Gespräch mit ›Expressen‹, daß dies schon seit einigen Monaten geschieht. Eine Reihe von Umständen kommt uns eigenartig vor, erzählt er weiter. Die Fälscher sind allem Anschein nach auf keinen ökonomischen Gewinn aus, sie versuchen nie, diese Marken zu verkaufen oder auf eine andere Art an den Mann zu bringen. Sie schicken die Marken einfach in anonymen Briefen an Postangestellte oder Philatelisten. Es ist natürlich denkbar, daß nur ein ›Spaßvogel‹ am Werk ist, aber es ist ja unwahrscheinlich, daß sich irgend jemand soviel Arbeit für einen einfachen Scherz macht. In dem Zusammenhang will die Polizei betonen, daß man – selbst wenn man keine schlechten Absichten hat – unter keinen Umständen eine solche private Produktion von Briefmarken starten darf. Die Fälscher können, wenn sie von der Polizei gefaßt werden, mit einer spürbaren Strafe rechnen.

Es gibt einen weiteren merkwürdigen Umstand: Die Fälscher haben sich nicht damit begnügt, tatsächlich existierende Marken zu fälschen, sondern selbst eigene Marken komponiert. Z. B. wurde eine Marke mit dem Bild König Georgs von England hergestellt, diese aber mit dem Bild König Georgs von England nebst Stalin und mit der Inschrift: ›Teheran, den 28/11 1942 USSR Britannia‹ versehen.

Außer dieser Marke, die eine Nachahmung der englischen Krönungsmarke von 1937 ist, kommen in den Kollektionen auch englische Marken mit dem Aufdruck ›Liquidation of Empire‹ sowie Namen einiger im Krieg verlorengegangener Kolonien vor, z. B. Hongkong und Singapore, oder von Kolonien, die an Amerika abgetreten wurden – Trinidad, Jamaica. In einem der Kollektion beigefügten Brief schreibt die unauffindbare Firma, daß die Marken an dem Tag erschienen, als die Invasion im Westen anfing, um damit ›die warme Freundschaft zwischen den Soldaten der Invasionsfront und der Roten Armee‹ zum Audruck zu bringen. Daß diese Freundschaft durch Marken von der Vernichtung des englischen Imperiums ›gekrönt‹ wurde, sagt ja genug über ihren Ursprung.

Ein Briefmarkenexperte, der die Marken schon vor der Kripo untersuchte, stellte fest, daß sie eine breitere Zähnung haben und ca. 0,5 mm größer sind als die echten. Es steht auch fest, daß die geschickt hergestellten Fälschungen auf Briefmarkenpapier gedruckt worden sind. Das ganze deutet auf Deutschland hin – zu welchem Zweck auch immer.

Sämtliche Marken werden jetzt von der Kripo untersucht, und dann wird die Polizei alles Notwendige veranlassen, um den Unfug zu stören, welcher der Post eine Menge Arbeit und den Philatelisten graue Haare bereitet hat.«

Übersetzung des Artikels aus DU MONDE ENTIER

»Propaganda per Post

Als die Briefmarken kämpften

Leicht erkennen wir die beiden Gestalten, die sich auf diesem Dokument befinden: König G e o r g VI. und Josef S t a l i n

Diese Marke wurde gemeinsam mit anderen im finsteren Konzentrationslager Oranienburg-Sachsenhausen (nahe Berlin) auf Rechnung der Abteilung VI-F4 SIPO (Sicherheitspolizei) der Geheimpolizei hergestellt.

Ziel: Herstellung von Propagandamarken mit dem Ziel, die abgeschlossenen Verträge zwischen Roosevelt, Churchill und Stalin auf der Konferenz in Teheran lächerlich zu machen. In der Konferenz war die Landung der Flotte an der Küste Frankreichs festgesetzt worden und nicht an der Küste der Balkan-Halbinsel, wie von Churchill vorgeschlagen.

Dieses Dokument, wahrscheinlich ein Unikat, diente zur Herstellung von Marken, welche im Jahre 1944 verbreitet wurden. Sie wurden auf Altpapier gedruckt,

DU MONDE ENTIER

Propagande postale

Quand les timbres faisaient la guerre

On reconnaît aisément les deux personnages qui figurent sur ce document: le roi George VI et Joseph Staline.

Cette maquette fut réalisée avec d'autres, dans le sinistre camp de concentration d'Oranienburg-Sachsenhausen (pas très loin de Berlin) pour le compte de l'Abteilung VI-F4 de la SIPO (Sicherheitspolizei), la police secrète.

Le but: fabriquer des timbres de propagande pour tourner en dérision les accords passés par Roosevelt, Churchill et Staline lors de la conférence de Téhéran, qui, entre autres, déterminèrent le choix de la France comme lieu de débarquement plutôt que les Balkans (proposés par Churchill).

Ce document, probablement unique, servit bien à réaliser des timbres qui furent diffusés vers 1944. Ils furent imprimés sur du papier de récupération du genre de celui que l'on utilise pour emballer de la nourriture. Les timbres sont cotés environ 600 F en Allemagne...

Mise en vente en même temps que ce document, une autre maquette de la même origine et reproduisant le dossier modifié d'un autre timbre anglais de 1935 (Yvert n° 201).

L'effigie de George VI est remplacée par celle de Staline; quant aux légendes elles ont été transformées par la mention "THIS WAR IS A JEWSH WAR" (cette guerre est une guerre juive). On note une faute au mot JEWSH, auquel il manque un I pour faire JEWISH.

On raconte que le timbre avec l'inscription corrigée aurait bien été imprimé mais aucun n'a encore été découvert à ce jour.

Ce document, estimé entre 3 000 et 4 000 F par la firme londonienne Sotheby's, sera vendu aux enchères au mois de novembre. Tout en bas, on distingue le timbre anglais authentique (émis en 1937) qui servit de modèle à la réalisation de cette maquette. Outre l'effigie de Staline qui remplace celle de la reine Elisabeth, on remarque que l'inscription "POSTAGE REVENUE" est devenue "SSSR BRITANNIA" soit Soviet Socialist Sionist Britannia *(sic).*

Artikel aus der Zeitschrift »Du Monde Entier« über Fälschungen von englischen Briefmarken

ähnlich dem, was man zur Verpackung von Nahrungsmitteln verwendet. Diese Marken werden in Deutschland auf ungefähr 600 F bewertet...

Gleichzeitig mit diesem Dokument wurde eine weitere Marke gleicher Herkunft in Verkauf gegeben, welche die veränderte Vorlage einer weiteren englischen Marke aus dem Jahre 1935 wiedergibt (Yvert No. 201).

Das Bild Georges IV. ist durch das Bildnis Stalins ersetzt worden. Was die Überschriften anbelangt, so wurden diese durch die Überschrift ›THIS WAR IS A JEWSH WAR‹ verändert, wo das I fehlt – richtig wäre JEWISH.

Es wird erzählt, daß die Marke mit diesem Eindruck gedruckt worden sei, aber bisher wurde keine entdeckt.

Dieses Dokument, durch die Londoner Firma SOTHEBY'S auf 3000 – 4000 F bewertet, wird im November auf einer Versteigerung verkauft werden. Unten sehen wir eine authentische englische Marke (herausgegeben im Jahre 1937), welche als Vorlage für diese Marke diente. Außer dem Bild Stalins, welches das Bild der Königin Elisabeth ersetzt, ist zu sehen, daß die Überschrift ›POSTAGE REVENUE‹ zur Überschrift ›SSSR BRITANNIA‹ oder Soviet Socialist Sionist Britannia geworden ist.«

16. Fälschung von Dokumenten

Das Sonderkommando im KZ Sachsenhausen wurde förmlich mit »Aufträgen« überschüttet. Neben Fälschungen von Banknoten und Briefmarken hatten wir auch alle Arten von »Dokumenten« herzustellen. Es gab kaum einen Staat in Europa, dessen Dokumente, offizielle und private, wir in unserer Werkstatt nicht nachgeahmt hätten.

Unter den vielen Dokumenten, welche hier gedruckt wurden, befanden sich unter anderem: brasilianische Pässe, tunesische Identitätskarten, englische und amerikanische Ausweise und Kapitänspatente. Auch sogenannte Prägestempel wurden angefertigt. Einmal waren es niederländische Taufscheine, dann wieder Urkunden französischer Städte oder Briefköpfe des Palästina-Amtes in Genf mit hebräischem Text, englische Heiratsurkunden, amerikanische Soldbücher und viele andere Druckerzeugnisse.

Auch Broschüren für Agenten des Nazireiches wurden in Hitlers Geheimwerkstatt gedruckt. Fast in alle europäischen Sprachen übersetzt, enthielten sie genaue Anweisungen zum Beispiel dafür, wie eine Brücke zu sprengen sei, wie ein Zug zum Entgleisen gebracht und die Lieferung von Waffen sabotiert werden könne. Obwohl die Falschgeldherstellung Vorrang hatte, mußten alle diese »Sonderaufträge« in kürzester Frist und in guter Qualität erledigt werden.

Einmal erschien ein SS-Sturmbannführer des SD in der Fälscherwerkstatt. Er brachte die Personaldokumente eines Argentiniers mit, der sich gerade besuchsweise in Deutschland aufhielt. Die Dokumente mußten innerhalb von vierundzwanzig Stunden fotografiert und bis ins kleinste Detail nachgestaltet werden.

»Ihr sollt keine Arbeit verrichten, ohne zu wissen, warum und wofür«, erklärte der SD-Offizier überheblich. »Ich will euch verraten, warum ihr das tun sollt. Dieser Argentinier kam nach Deutschland zu geschäftlichen Verhandlungen. Wir nahmen ihn unter dem Vorwand fest, daß seine Dokumente nicht in Ordnung seien. Morgen werden wir sie ihm aber wieder zurückgeben und ihn mit einer Entschuldigung entlassen. Deshalb müssen die gefälschten Dokumente in dieser kurzen Frist fertig werden. Mit den falschen Personalpapieren wird dann unser Agent nach Südamerika reisen, wo er als ›argentinischer Bürger‹ überall offene Türen vorfinden wird.«

Der SD-Sturmbannführer lächelte verschmitzt ob seines genialen Einfalls.

»Ihr wißt nun, wofür ihr das tut. Beeilt euch also! Denn wir halten nur ungern Unschuldige hinter Gittern fest!«

Mit diesen sarkastischen Worten verließ er die Werkstatt.

Ich erinnere mich unter anderem eines Schweizer Passes, dessen Inhaber, ein Journalist, unter irgendeiner fadenscheinigen Beschuldigung zur Gestapo gebracht wurde und dort seine Papiere abgeben mußte. Sein Paß wanderte über den SD in unsere Fotoabteilung, wurde fotografiert, retuschiert, im Kopierraum auf der Gelatinedruckplatte reproduziert und endlich im Lichtdruck vervielfältigt. Dem Journalisten wurden schon am nächsten Tage seine Papiere wieder ausgehändigt, und er wird wohl kaum jemals erfahren haben, warum man ihn einsperrte und so schnell wieder freiließ.

17. Mutlosigkeit und Mut machen

Solcher Methoden bedienten sich SS, SD und RSHA. Wir Häftlinge des Sonderkommandos waren die einzigen, ausgenommen die direkt an diesen Verbrechen beteiligten SD-Leute, die davon wußten. Wir galten sowieso als zum Tode verurteilt, und so machte sich der SD nichts daraus, uns solche Geheimnisse zu verraten. Uns würde man von hier nicht lebend entlassen, und so lief der Sicherheitsdienst keine Gefahr, daß ein Unberufener von alldem erfuhr.

Je mehr wir jedoch in die Praktiken der NS-Verbrecher eingeweiht wurden, um so mehr sehnten wir uns danach, die Befreiung zu erleben. Wir wollten und mußten der Welt von den unglaublichen Verbrechen berichten!

Wie viele Menschen gab es doch, die vor den Greueltaten und grenzenlosen Brutalitäten die Augen verschlossen, davon nichts wissen wollten. In den Blocks 18 und 19 sprachen wir oft darüber und schworen uns, sollten wir den Tag der Freiheit erleben, zu berichten und zu warnen. Wer mit eigenen Augen gesehen hat, wie hilflose Frauen und Kranke im Gas ermordet wurden, wer ihre Todesschreie gehört hat, kann und darf nicht schweigen, muß die Menschen vor dem Vergessen bewahren.

Aber wer würde die Freiheit erleben?

Es gab Augenblicke, in denen die Häftlinge einen moralischen Tiefpunkt durchlebten, in denen sie sich resignierend in ihr Schicksal ergaben. Und in solchen Momenten mußten die Starken unter ihnen eingreifen. Sie sprachen ihnen Mut zu und halfen ihnen, ihre Niedergeschlagenheit zu überwinden.

Wir hatten einige solch starker Persönlichkeiten unter uns. Mag sein, daß sie sich im stillen mit ihrem Schicksal abgefunden hatten und zu Fatalisten geworden waren. Aber eben dadurch behielten sie ihren heiteren Sinn, den sie sich von niemandem und durch nichts nehmen ließen. Und gerade sie waren es, die am meisten zur Aufrechterhaltung unseres Lebensmutes beitrugen.

Zu ihnen gehörte der schon erwähnte Dr. Kaufmann und der tschechische Ingenieur Luka. Sie verloren auch in den schwierigsten Situationen nicht den Kopf.

Wir trachteten danach, unser Schicksal auch auf andere Art angenehmer zu gestalten. Wenn einer von uns Geburtstag hatte, deckten wir feierlich den Tisch und erfreuten das Geburtstagskind mit einem kleinen Geschenk. Es handelte sich dabei nur um Kleinigkeiten, aber der so Beschenkte war darüber unsagbar glücklich, und nicht selten wurden dann die Augen feucht vor Rührung.

Als wir eines Tages wieder eine kleine Feier vorbereiteten, kam ein SS-Mann und wollte wissen, was los sei. Wir erklärten ihm, daß Kurt Lewinsky seinen zehnten Jahrestag hinter Stacheldraht begehe.

Diese Tatsache ließ den SS-Mann anscheinend kalt. Er entfernte sich, kam aber nach einer Weile mit einer Stange Zigaretten zurück.

»Wenn jemand so lange aushält«, meinte er, »verdient er es, gewürdigt zu werden.« Er legte die Zigaretten auf den Tisch und verließ schweigend den Raum.

Kurt Lewinsky, ein deutscher Kommunist, war einer der ersten deutschen Häftlinge im Fälscherkommando. Er war bereits im Sommer des Jahres 1942 aus dem KZ Buchenwald nach Sachsenhausen gekommen. Er berichtete: »An einem schwülen Augustmorgen des Jahres 1942 brüllte es durch die Lautsprecher in den Blocks

Jakow Plac – Zeichnung Peter Edel

Jean Lental – Zeichnung Leo Haas

Die Kameraden von Hans Walter

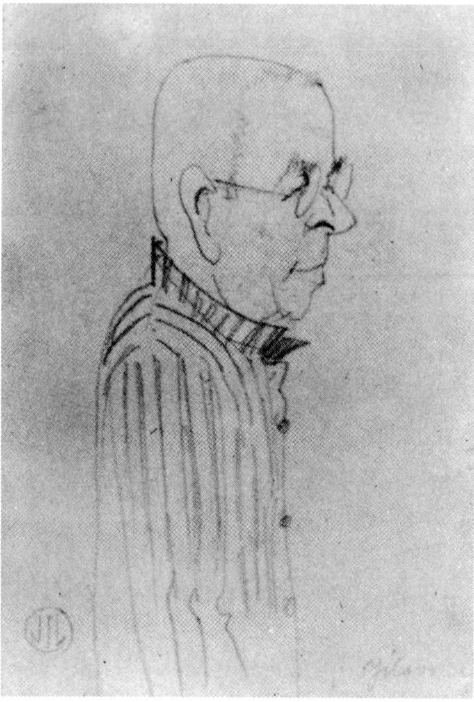

Jiří Jilovský – Zeichnung Leo Haas

Max Wulfowicz – Zeichnung Peter Edel

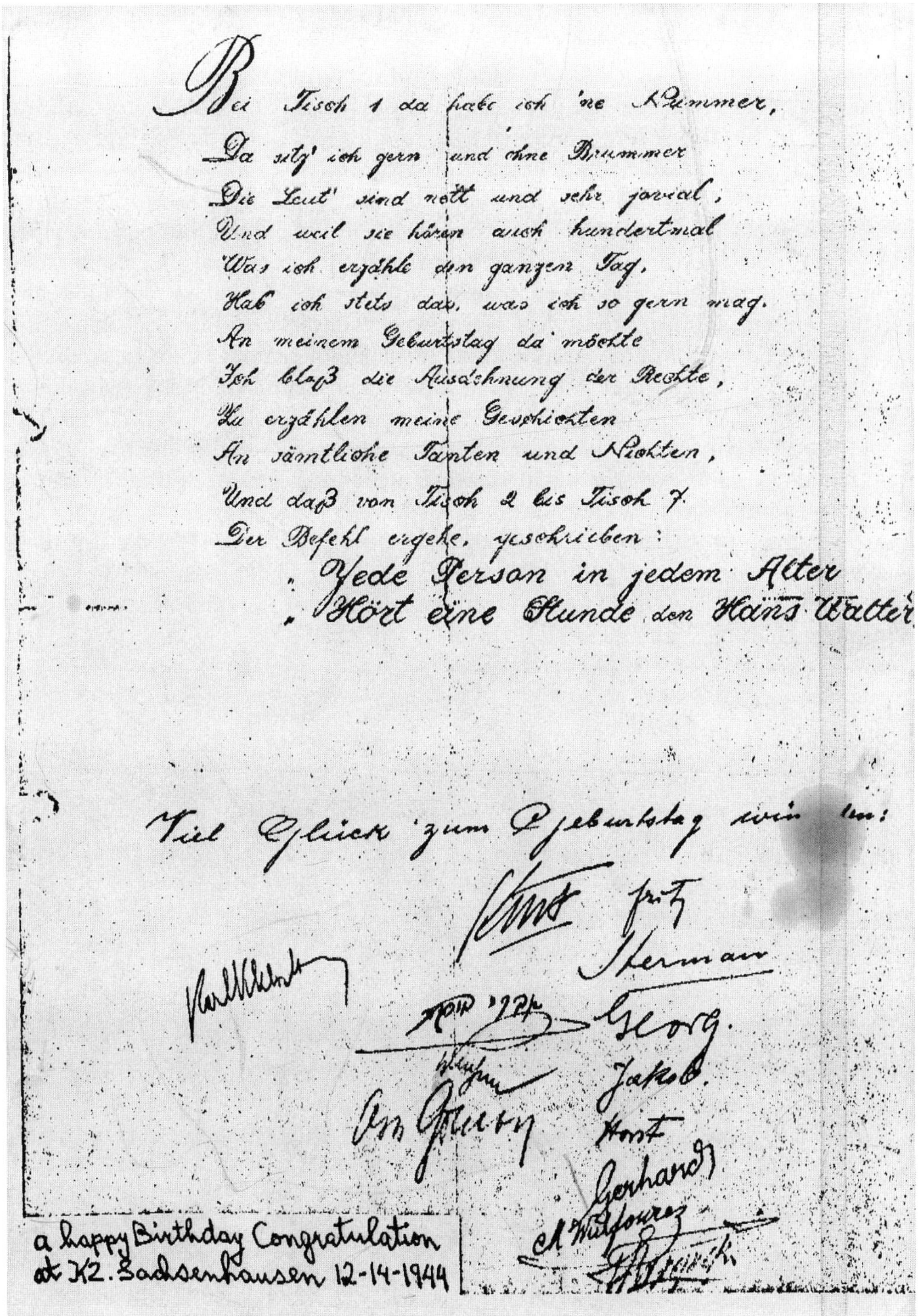
Bei Tisch 1 da habe ich 'ne Nummer,
Da sitz' ich gern und ohne Brummer
Die Leut' sind nett und sehr jovial,
Und weil sie hören auch hundertmal
Was ich erzähle den ganzen Tag,
Hab' ich stets das, was ich so gern mag.
An meinem Geburtstag da möchte
Ich bloß die Ausdehnung der Rechte,
Zu erzählen meine Geschichten
An sämtliche Tanten und Nichten,
Und daß von Tisch 2 bis Tisch 7
Der Befehl ergehe, geschrieben:
„Jede Person in jedem Alter
„Hört eine Stunde den Hans Walter

Viel Glück zum Geburtstag wün[illegible]:

Fritz
Herman
Georg
Jakob
Horst
Gerhard

a happy Birthday Congratulation
at KZ. Sachsenhausen 12-14-1944

Geburtstagsgedicht für Hans Walter

des KZ Buchenwald: ›Alle Juden aus dem graphischen Gewerbe haben sich sofort in der Schreibstube zu melden!‹

Nach einigen Tagen ging's auf Transport, und ich landete mit weiteren zweiundzwanzig Kameraden in Sachsenhausen. Nach den üblichen Formalitäten brachte uns die SS in den Block 19, am äußersten Rande des KZ. Kurze Zeit darauf begann man die Baracke nach allen Regeln der Kunst zu isolieren. Mit doppelten Zäunen, dichtestem Stacheldrahtverhau – auch als Überdachung über den Block – wurde die Baracke vom großen Lager hermetisch abgesondert. Hier eröffnete uns eines Tages ein SS-Sturmbannführer Krüger, daß wir ›auserlesen‹ seien, ein Fälscherkommando zu bilden! Lang und breit, gewürzt mit wüsten Drohungen und süßlichen Versprechungen, erklärte er uns in Gegenwart mehrerer anderer SS-Leute die Situation und unsere Aufgabe. Er kündigte uns alle Foltern der Hölle an, wenn wir es wagen sollten, durch ein Wort, eine Geste, einen Zettel oder sonstwie dieses Geheimnis nach außen dringen zu lassen.«

Viktor Hahn, ebenfalls Häftling im Fälscherkommando, erzählte über seine Auswahl für die Fälscherwerkstatt: »Ich war am Ende meiner Kräfte. Hoffnungslos. Der Tod überschattete das Leben rundherum. Als Krüger eines Tages in Auschwitz aufkreuzte, selbstbewußt, hier und da auch mit einem Funken Verständnis für unser schweres Los, suchte er angeblich Buchhalter. Ich war Bankprokurist. Als Krüger das mitbekam, spitzte er die Ohren. Und so wurde ich für Sachsenhausen ausgewählt. Ich, Häftling Nummer 141 087.«

Kurt Lewinsky, einer der ersten Häftlinge im Fälscherkommando – Zeichnung Leo Haas

18. Häftlinge als Geiseln

Im Jahr 1944 erhielt die Werkstatt die Aufgabe, dreihundert gefälschte Ausweise sowjetischer Sicherheitsorgane herzustellen. Die Innenseite dieser Dokumente war hellgrün, der Einband aus roter Leinwand mit goldenem Aufdruck. Zum festgesetzten Termin waren die Innenblätter fertiggestellt, und uns verblieb noch die Anfertigung der festen Deckel.

Als wir die benötigte rote Leinwand geliefert bekamen, erwies es sich, daß die Stärke der Narbung in der Leinwand von der der echten Ausweise abwich. Fieberhaft wurde deshalb nach einem geeigneten Ersatz gesucht. Die Produktion der Ausweise hatte sich schon um vierzehn Tage verzögert, als die Nachricht eintraf, es sei unmöglich, eine genaue Kopie der Leinwand herzustellen.

Der SD wußte, falls die Leinwand nicht absolut dem Original entspräche, würden die sowjetischen Sicherheitsorgane in kürzester Zeit alle mit den falschen Ausweisen ausgestatteten deutschen Agenten fassen.

Was tun? Berlin unterrichten, von wo der Befehl zur Herstellung der gefälschten Ausweise gekommen war, daß er unausführbar sei?

Das kam für Krüger überhaupt nicht in Frage. Bisher hatte er noch nie etwas Derartiges getan und wollte das auch in Zukunft nicht tun. Verdankte er doch seine glänzende Karriere gerade dem Umstand, daß er alle Befehle, selbst die schwierigsten, unverzüglich und zur vollen Zufriedenheit seiner Vorgesetzten ausgeführt hatte. Und nun sollte er sich etwa von solch einer banalen roten Leinwand seine Zukunft zerstören lassen? Nein, nie und nimmer!

Krüger rief die Leiter der einzelnen Abteilungen zusammen. Er berichtete von seinem Mißerfolg mit der roten Leinwand. »Da Berlin die Ausweise aber spätestens in einer Woche verlangt, bleibt uns nichts übrig, als die Leinwand dem Original entsprechend zu verändern. Das ist zwar eine schwierige Aufgabe, ihr müßt euch jedoch klar darüber sein, daß sie gelöst werden muß.«

Im Raum herrschte tiefes Schweigen. Die Häftlinge blickten einander ratlos an. Jeder wartete auf einen, der den Mut aufbrächte, Krüger zu antworten; denn die Antwort konnte nur lauten: Unmöglich! Hitlers Fälscherwerkstatt war eine Druckerei und keine Fabrik zur Herstellung von Leinwand. Niemals zuvor hatten wir so etwas auch nur versucht.

Nachdem wir unsere erste Betroffenheit überwunden hatten, faßte der Niederländer Abraham Jacobson Mut. Ruhig sagte er: »Bei uns können wir das nicht herstellen. Wir haben weder die geeigneten Werkzeuge dazu, noch besitzt jemand von uns die Erfahrung, die Leinwand zu ändern. Es tut uns leid, aber bitte sehen Sie ein, daß das einfach unmöglich ist.«

Krügers Miene verfinsterte sich. Er runzelte die Stirn, und ein nervöses Zucken kündigte den bevorstehenden Wutausbruch an. »Ihr wollt also sabotieren?« schrie er. »Aber ich werde euch die Sabotage austreiben!« Er rief vier Typographen namentlich auf und sagte: »Diese vier bestimme ich als Geiseln. Sie haften mir mit ihrem Leben dafür, daß die Leinwand binnen vierundzwanzig Stunden fertig ist. Wenn das bis morgen vormittag, Punkt zehn Uhr, nicht der Fall sein sollte, werden sie erschossen. Es liegt also an euch selbst, ob ihr das Leben dieser vier rettet oder nicht.«

Felix Cytrin – Zeichnung Peter Edel

Dann verließ er den Raum. Zurück blieben die Vorarbeiter der einzelnen Abteilungen. Jeder war sich des Ernstes der Lage bewußt und im klaren darüber, daß sie das Leben ihrer Kameraden retten mußten. Aber wie? Gab es überhaupt eine Möglichkeit, ohne Fachkenntnisse und entsprechende Maschinen die Leinwand so zu verändern, daß sie dem Original entsprach?

Drei Stunden saßen sie so beisammen, überlegten und debattierten, erwogen diesen oder jenen Weg und verwarfen ihn wieder.

Schließlich meldete sich der Graveur Felix Cytrin zu Wort. Er schlug vor, das Muster der Leinwand von dem einzigen Original, das zur Verfügung stand, auf eine Messingplatte zu gravieren. Dieser Vorschlag wies einen möglichen Ausweg aus der verzweifelten Situation. Nur ein Versuch zwar, aber wir alle wußten, sollte er scheitern, dann waren auch unsere vier Kameraden hoffnungslos verloren.

Cytrin nahm sich sofort dieser Arbeit an. Genau nach dem Original begann er, eine Linie nach der anderen in die Messingplatte zu ritzen. Die Linien waren überaus fein, und die Augen schmerzten vor Anstrengung. Cytrin mußte die Arbeit immer wieder unterbrechen und seinen Augen Ruhepausen gönnen.

Nachdem er den ganzen Tag an seinem Graviertisch zugebracht hatte, war er am Abend so erschöpft, daß er nur mit Mühe den Schlaf verbannen konnte. Aber hier stand das Leben von vier Kameraden auf dem Spiel, und das bedeutete, das Letzte aus sich herauszuholen.

So arbeitete er auch die ganze Nacht hindurch. Die Augenschmerzen nahmen zu und wurden fast unerträglich.

Endlich hatte er es geschafft. Die Zeiger rückten auf sieben Uhr dreißig, als er den letzten Stich beendete. Bis zum Ablauf des Ultimatums blieben noch zweieinhalb Stunden.

Die fertige Platte wurde auf die kleine Druckereihandpresse geschraubt und ein Stück ungenarbte glatte rote Leinwand eingelegt. In die Platte wurde elektrischer Strom geleitet und die Maschine in Gang gesetzt. Als jedoch die Platte die Leinwand berührte, verbrannte diese.

Wir hatten nur noch eine Dreiviertelstunde Zeit. Niemand wußte, wie es weitergehen sollte. In dieser Situation hatte jedoch einer der Retuscheure den rettenden Einfall. »Bestreichen wir die Platte mit Wachs! Wenn die Platte die Leinwand berührt, wird das Wachs schmelzen, und bevor der elektrische Strom die Leinwand verbrennen kann, wird die Platte schon wieder von ihr getrennt sein!«

Die Idee war gut. Wir mußten also schnellstens Wachs auftreiben. Glücklicherweise fanden wir es auch. Die Platte wurde damit bestrichen. Um neun Uhr dreißig starteten wir den zweiten Versuch. Es war klar, daß alles verloren war, wenn auch dieser wieder mißlang.

Die Augen aller Anwesenden hingen gebannt an der Maschine, als die Presse in Gang gesetzt wurde. Auch die vier Geiseln waren zugegen. Bleich und erregt erwarteten sie die Entscheidung über ihr Leben. Dann ein allgemeines Aufatmen: Das Wachs war nicht einmal ganz geschmolzen, und die Leinwand war fertig. Sie glich genau dem Original.

Krüger erschien Punkt zehn Uhr. Grinsend blickte er zur Uhr und sagte:

»Ich wußte, daß ihr nicht sabotiert. Aber ich wußte auch, daß ich euch mit dem Tod dieser vier drohen mußte. Andernfalls hättet ihr das nie fertiggebracht.«

Der Vorarbeiter der Dollarfälschergruppe Abraham Jacobson

19. Dollarfälschungen

Eines Tages erschien Krüger in seiner Falschgeldfabrik in Sachsenhausen und verkündete:

»Meine Herren, ab heute werden wir auch Dollars herstellen! Hitler höchstpersönlich hat jetzt seinen Segen dazu gegeben.«

Krüger, der in Berlin residierte und nur zu den wöchentlichen Inspektionen nach Sachsenhausen kam, befahl seinem für die Falschgeldfabrikation verantwortlichen Vertreter, dem SS-Hauptscharführer Kurt Werner:

»Wählen Sie vier Häftlinge aus, die sich ausschließlich mit dem Herstellen von Dollars befassen werden.«

Groß war die Spannung unter uns Häftlingen. Jeder von uns wäre gern unter den Auserwählten gewesen, weil wir alle wußten, daß die Dollarfälschung große Schwierigkeiten bereiten würde. Dort mitarbeiten zu können, bedeutete: Weniger zu arbeiten und nicht unter ständiger Kontrolle zu sein.

Wer würde zu den Glücklichen gehören? Wir warteten gespannt auf die Entscheidung. Werner nannte schließlich die vier Häftlinge...

Es war zunächst Salamon Smolianoff, der die wichtigste Arbeit zu leisten hatte. Es folgten Norbert (Leonard) Levy, Chef der Fotoabteilung, Abraham Jacobson, Leiter der Kopierabteilung, und ich, der Typograph. Für unsere Abteilung arbeiteten Leonard und Roger Weill als Retuscheure und die Maler Leo Haas und Peter Edel.

Ich konnte mir nur einen Grund vorstellen, warum Werner gerade mich für diesen »Auftrag« ausgewählt hatte. Im Gemeinschaftsraum stand uns Häftlingen eine Tischtennisplatte zur Verfügung. Manchmal beteiligten sich auch SS-Aufseher an den Wettkämpfen. Die Häftlinge ließen sie natürlich immer gewinnen. Einmal forderte SS-Blockführer Werner mich zu einem Spiel heraus. Mir war an diesem Kampf gelegen, und ich gewann. Meine Kameraden machten mir Vorhaltungen:

»Das hattest du nicht nötig, du Narr, jetzt wird er es dir vergelten!«

Am nächsten Tag kam Werner wieder und forderte mich zur Revanche auf. Diesen Kampf gewann er dann schließlich auch. Von diesem Augenblick an begegnete er mir manchmal etwas »wohlwollender«, und dies war vielleicht der Grund dafür, daß er mich in diese Vierergruppe einreihte.

Für die »Dollargruppe« wurden besondere Räume freigemacht. Aus Berlin kamen neue Maschinen, folgte neues Papier.

Eines Tages rollte ein scharf bewachter Lastwagen mit einer noch schärfer bewachten Kiste an. Echte Dollarnoten. Krüger hatte sie als Muster organisiert. Jacobson teilte Krüger bei dessen nächstem Besuch in Sachsenhausen mit, daß die Produktion von Dollars ungewöhnlich schwierig sein werde. »Das macht nichts!« antwortete er. »Übereilen Sie nichts. Wir haben Zeit...«

Die Schwierigkeit bestand darin, daß britische Pfundnoten im Buchdruckverfahren hergestellt wurden, US-Dollar dagegen im Tiefdruckverfahren. Aber Krüger wollte davon nichts wissen; denn die Anfertigung einer Tiefdruckplatte hätte lange gedauert. Um jeden Preis sollten die Dollarnoten im Lichtdruckverfahren produziert werden. Diese fototechnische Methode kann die Zeichnung besonders scharf wiedergegeben und ist zur Wiedergabe von Halbtönen geeignet.

Die letzte große Aktion der Fälscherwerkstatt: Die Herstellung von von 50- und 100-Dollar-Noten. Nur zweihundert 100-Dollar-Noten wurden gedruckt

Auf eine mattierte Glasplatte wird eine Gelatineschicht aufgetragen, mit einer Chemikalie (Ammoniumbichromat) lichtempfindlich gemacht und bei fünfzig Grad Celsius getrocknet. Die Oberfläche zeigt dann ein gleichmäßig feines »Runzelkorn«. Nach Belichten unter einem Negativ quellen die einzelnen Teile der Platte im Wasserbad verschieden stark auf und stoßen im gleichen Verhältnis fette Druckfarbe ab. Durch vorsichtiges Einwalzen entsteht so eine Druckform, die alle Schattierungen wiedergibt. Dieses Verfahren hat nur einen Nachteil: Mit einer Platte kann man nur bis zu tausend Exemplare herstellen. Macht nichts. Man wird in Sachsenhausen also riesige Mengen solcher Platten anfertigen, wenn es erst einmal funktioniert.

Wir vier Häftlinge arbeiteten isoliert von den anderen Häftlingen.

Niemand durfte unsere drei Räume im Hintertrakt des Blocks betreten.

Wir lernten zuerst, Spiel- und Ansichtskarten nach diesem Verfahren herzustellen. Nur ganz allmählich gingen wir dazu über, Versuchsdollars zu produzieren. Die größte Schwierigkeit lag in der Bearbeitung der Glasplatte mit dem Bild der Banknote.

Die Dollargruppe brauchte sich nicht künstlich Zeit zu lassen, die Schwierigkeiten der Fälschung kosteten sowieso viel Zeit. Wochenlang experimentierten wir. Smolianoff war in seinem Element.

Ununterbrochen wurden Versuche durchgeführt, und ich hatte die Aufgabe, ein Sonderalbum mit allen Versuchen zu führen. Dieses Album diente zum Vergleichen der Ergebnisse der Arbeit.

20. Widerstand

Das Jahr 1944 neigte sich dem Ende zu, und jeden Tag wuchs die Sicherheit, daß die Niederlage der NS-Verbrecher jetzt nur noch eine Frage von einigen Monaten oder sogar Wochen sein würde. Wir entschlossen uns deshalb, die Herstellung der Dollar-Banknoten so hinzuziehen, daß sie vom SD nicht mehr benutzt werden konnten. Trotz strengster Aufsicht und immer größerer Drohungen hatte Abraham Jacobson, der Vorarbeiter der Lichtdruckabteilung, ein holländischer Häftling, die Zivilcourage, die Arbeit in großem Stil zu sabotieren. Er war Offizier gewesen und hatte den Mut, die SS-Leute auf eine direkt großartige Weise hinters Licht zu führen, und zwar ohne daß sie Verdacht schöpften.

Die Hauptaufgabe bei der Fälscheraktion hatte Smolianoff. Er, der Geldfälscher von Beruf war, mußte das Negativ so retuschieren, daß die Konturen beim Druck ganz scharf hervortraten. Smolianoff experimentierte bereits vier Monate, aber ohne zufriedenstellendes Ergebnis. Anfang Januar 1945 vollendete er seinen zweihundertsten erfolglosen Versuch. Abraham Jacobson lächelte verschmitzt. Zu mir gewandt sagte er: »Na, siehst du, Dolfi, es hat wieder nicht geklappt.« Er reichte mir einen ganzen Bogen mit gefälschten Dollarnoten von minderer Qualität, die er gerade aus der Presse gezogen hatte.

»Du bist ein Meister, Abi. Wenn ich mich nicht irre, war das die verdorbene Gelatine.«

»Natürlich, Smolianoffs Negativ war in Ordnung. Perfekt wie immer.«

»Ja, der Smolianoff hat schon Talent.«

»Natürlich, und es geht ihm vor allem darum, sein Talent zu beweisen. Tag und Nacht sitzt er in seiner Kammer mit Lupe und retuschiert. Er schuftet im wahrsten Sinne des Wortes. Er ist auf seinen Ruf bedacht, auf den er so stolz ist.«

»Glaubst du, auch hier, in Sachsenhausen?«

»Ja, denn er will um jeden Preis zeigen, was er kann, allen, auch der SS. Er liefert immer bessere Arbeit. Die letzten Negative waren ohne Fehler. Aber Gott sei Dank wissen wir mit dem Lichtdruck umzugehen: Überbelichten, die Gelatine verderben, alles läßt sich irgendwie machten.«

Jacobson schmunzelte bei diesen Worten.

Salamon Smolianoff beim Retuschieren – Zeichnung Leo Haas

Die Arbeit zu sabotieren war jedoch einfacher gesagt als getan. Und trotzdem gelang es.

Peter Edel, damals mit zweiundzwanzig fast jüngstes Mitglied des Fälscherkommandos, Häftlingsnummer 75192, schilderte in seinem Buch »Wenn es ans Leben geht« sehr anschaulich einen Zusammenstoß mit Sturmbannführer Krüger:

»Da gab es eine Stunde, die meine Niedergeschlagenheit mindern sollte; eine sich zunächst böse anlassende Stunde, in der Bernhard Krüger unheimlich still und schier endlos Dollarfragmente, Probedrucke, Fotokopien, Retuschierarbeiten und Materialien, Filme und Platten betrachtete, befingerte, begutachtete, um schließlich – mit noch leiserer Stimme, gefährlicher als sonst – loszubrechen: ›Machen Sie absichtlich Kleckerkram, treiben Sie hier Geduldsspielchen, oder was soll ich davon halten, daß Sie mit Ihren Knaupeleien an keiner Stelle zu Rande kommen? Verstehen die Herren nicht Deutsch? Ich kann auch anders. Wollen Sie mir Zores machen, mach ich Zoff! Schluß, meine Herren! Das ist hier keine Dauerprobierstube!‹ Und wenn es für uns eine wäre, fuhr er fort, dann möge man ihm gefälligst reinen Wein einschenken.

Breitbeinig stand der Sturmbannführer vor dem Milchglasfenster.

›Jacobson!‹ rief er. Der kam eilends von seiner Maschinen, legte die farbverschmierten Hände an die Hosennaht.

Krüger umfaßte mit weiter Geste die auf den Tischen ausgebreiteten Reproduktionen, hob eine hoch, fuchtelte damit vor Jacobsons Nase. ›Ohne Umschweife: taugt das was oder nicht?‹

›Noch nicht, meiner Meinung nach‹, erwiderte Jacobson ruhig. Sein kehliger holländischer Akzent schien den Sturmbannführer zusätzlich aufzubringen.

›Noch nicht!‹ imitierte er ihn. ›Wann denn dann, Cherr Chakobson?‹

Der wagte, die Achseln zu zucken. Es werde ja fortwährend neu angedruckt, aber die Farben, die Farben, – sie erreichten bisher nie die Prägnanz und Intensität der Originale: im übrigen gerieten immer wieder Zierat und Ornamentik der Noten zu unscharf, was ja auch, wie oftmals von Herrn Sturmbannführer persönlich konstatiert, nicht verwunderlich sei, da eben die Originaldollar in Tiefdrucktechnik hergestellt würden und das Problem darin bestünde, beim gänzlich andersgearteten Lichtdruckverfahren dennoch den gleichen Effekt zu erreichen, die gleichen Eigenheiten überzeugend nachzuahmen, und…

›Genug!‹ Krüger winkte ab. Das könne er schon herbeten, die Litanei kenne er. ›Trotzdem! Daß ihr mir das endlich hinkriegt! Wie, ist mir egal. Hauptsache, daß!‹ Und: ›Smolianoff, Ihnen fällt dazu auch nichts ein? Woran liegt's, zum Beispiel, das mit der Unschärfe?‹«

Ehe Smolianoff antworten konnte, sprach Peter Edel ungefragt dazwischen; erschrocken über seine eigene Courage, vergaß er sogar die vorgeschriebene Anrede, stotterte drauflos: »Bitte, dazu etwas sagen zu dürfen!«

»Raus damit!« Krüger drehte sich auf dem Absatz zu ihm um. Nun konnte er nicht mehr zurück, nun mußte er loswerden, was ihm während der Debatte blitzartig durch den Kopf geschossen war; eine jähe Idee, was weiß ich, wie er darauf gekommen war und warum er es aussprach, so recht einfältig und holprig: Wenn man vielleicht – für diese besonders winzigen dünnen Linien, die Heliogravüren und so weiter, wenn man da – also statt der Retuschiernadeln entsprechende Pinsel hätte, nämlich ganz spitze Pinsel, haarfeine, die beim sachtesten Druck elastisch nachgeben und schwingen, dann ... Edel mußte nicht weiter.

Krüger musterte ihn mit einem sonderbaren Lächeln. »Pinsel? Haben Sie denn hier keine?«

»Doch, das schon, aber«, mischte sich Smoljanoff ein, wahrscheinlich froh, daß es nun um Materialfragen ging und die Kritik abgelenkt wurde.

»Aber was?«

Solche Pinsel, so spitz wie Nadeln, nur biegsamer, wie Edel sie meine, die hätten sie nicht. »Unsere hier – schlecht, serr schlecht.«

»Und was wären das für – Zauberpinsel? Wo gibts die?«

»Eventuell bei Spitta und Leutz?« schlug Edel vor. Am Wittenbergplatz, das Künstlerbedarfsgeschäft dort habe er früher...

»Früher!« Krüger schlug eine spöttische Lache an. Früher habe es manches gegeben. Der hübsche Künstlerpinselladen, der sei längst zerbombt, aber man könne ja rumhören, denn was der Mensch brauche, das müsse er haben, und wie die Dinger denn hießen, Aquarellpinsel, nicht wahr?

»Jawohl, Herr Sturmbannführer, aber andere als unsere hier, man nennt sie chinesische Pinsel, solche schmalen in Bambusholz gefaßten.«

»Sie machen mir Spaß.« Krüger schien sich auf einmal köstlich zu amüsieren. Wo er denn die herbekommen solle. Aus Peking etwa? Oder ob er, nun mal sachlich, ein Extrakommando losschicken müsse, um nach chinesischen Pinseln zu fahnden, das sei ja wohl zum Wiehern. Aber bitte, wenn das stimmen sollte mit dem Zeugs. »Ist da was dran, Smolianoff, könnte das was verbessern? Haas, was meinen Sie? Burger, nun? Jacobson, Weill, Leonard, hat er recht?«

Sie nickten, verblüfft über die Wendung, die das Verhör genommen hatte. Nun, man könne das immerhin versuchen, einleuchtend wär's schon...

»Aber gewiß,« Krüger grinste ironisch beifällig, »dacht es mir doch, an den Pinselchen soll's liegen. Um Ausreden nie verlegen, nicht wahr? Und wenn ich's mal glauben will, woher nehmen und nicht stehlen?«

Peter Edel – einer der Jüngsten im Fälscherkommando

21. Ein Lebenszeichen an die Mutter

»Ich wüßte vielleicht«, platzte Edel heraus, »ich meine, wo welche sein könnten.«

»Ach, nu nee? Und das sagen Sie jetzt erst? Palavern hier unnötig rum, halten den ganzen Verein auf. Warum nicht gleich so? Klipp und klar: wo?«

»Bei mir zu Hause, Herr Sturmbannführer. Bei meiner Mutter, wollte ich sagen. Da müßten meine Malsachen sein. Aber ich weiß es nicht bestimmt, ob sie überhaupt noch da sind und ob meine Mutter... Mir fällt es nur gerade ein. Ich dachte, darum dürfte ich Sie gar nicht erst bitten.«

»Dachten Sie?! Lassen Sie das mal meine Sorge sein.« Krügers Mund verzog sich wiederum zu jenem unbeschreiblichen Lächeln.

»Kommen Sie mit«, sagte er. Er ging mit Edel über den Barackenhof, verhielt vor der Tür, die zur Reißerei führte, faßte ihn am Jackenaufschlag. »Haben Sie an Ihre Mutter geschrieben?«

»Jawohl!«

»Und Antwort bekommen?«

»Nein. Noch nicht.«

»Ach, so ist das! Den Pinselkram brauchen Sie gar nicht, war nur Vorwand, damit wir... Nu, Sie wissen schon. Keine Flunkerei jetzt. Tacheles reden. Also?«

»Das Material wäre wirklich brauchbar. Deshalb wird mir doch aber meine Mutter nicht schreiben dürfen.«

»Nehmen wir an, Sie bekämen, was Sie wollen, dann wär's auch eine Nachricht!«

Edel schwieg. Krüger schien angestrengt zu überlegen, oder er tat so. Seine Fragen bewiesen Edel, daß Krüger ihn sofort durchschaut hatte, nur daß ihm alles klarer war, als es Edel bei seiner spontanen Äußerung vorhin eingefallen war. Ein blödsinniger Einfall. Warum sollte Krüger, dieser ausgefuchste Mann, der eine Millionenoperation leitete und mithin über Materialarsenale sondergleichen verfügte, warum sollte der ausgerechnet auf ein paar lächerliche graphische Utensilien eines Häftlings angewiesen sein? Aber gerade daran dachte der Sturmbannführer anscheinend gar nicht. Ohne ein weiteres Wort schob er Edel durch die Tür, schritt lässig an dem »Achtung!« rufenden Atze vorbei und stracks auf den von einem Regal umbauten Schreibtisch zu, der sich mitten in der Reißereiabteilung befand.

»Los, setzen Sie sich.« Krüger nahm den schwarzen Deckel von der klapprigen Schreibmaschine, legte ein Blatt Papier ein. »Nu, was ist? Soll ich etwa selber tippen? Sie wollten doch was haben, nicht wahr? Also schreiben Sie's auf.«

»Das mit den Pinseln?«

»Was denn sonst?«

Edel wußte nicht, wie ihm geschah. Unerfindlich, was Krüger zu einer Schreiberlaubnis bewogen haben mochte, auf die Edel nicht im entferntesten zu hoffen gewagt hatte. Krüger sah Edel über die Schulter, las, was der da mit zwei Fingern tippte: »Sämtliche Chinapinsel, besonders kleine und kleinste, Größe Nummer Eins bis Null...!« Er griff nach dem Blatt, riß es von der Walze. Ob Edel den Wisch etwa für ein »ordnungsgemäßes Aushändigungsersuchen!« hielte, ob er etwa der Meinung sei, daß Krüger ihn zum Schreiben einer Notiz benötige.

Rasch und scharf flüsterte er's ihm zu, verlangte eine Vollmacht mit akkurater Adressenangabe, einen regulären Brief mit Anrede. »Wie schreiben wir denn sonst:

Mutter, Mutti, Mama, na, also wie? – und mit üblichem Gruß, verstanden!« Außerdem schmecke ihm, Krüger, die »alleinige Notierung« von etlichen Spezialpinseln recht wenig. Warum, das sagte er nicht, gleichwohl konnte sich's Edel denken; es schien ihm vermutlich zu auffällig, die Briefempfängerin sollte sich erst gar nicht fragen, was es denn gerade mit diesen besondern Pinseln auf sich habe.

»Wenn wir schon dabei sind«, bestimmte er, »dann gleich von A bis Z. Verlangen Sie Ihren ganzen Malklumpatsch auf einmal. Wird der Frau Mama sicherlich 'ne Wonne sein, daß Sie so gut bei uns aufgehoben sind. Was hätten wir denn da so?«

Edel verschlug es die Sprache. Schließlich stammelte er wahllos: »Ölfarben, Palette, Feldstaffelei, Zirkelkasten, Mischnäpfe, Graphosfedern, Spritzapparat mit Düse und Zubehör und...«

»Spritzapparat ist gut«, unterbrach ihn Krüger, »werden wir noch Verwendung für haben. Aufschreiben das alles, sauber hintereinander.«

Edel schrieb, wie verlangt: »K. L. Sachsenhausen. Liebe Mutti! Im Auftrag des Herrn SS-Sturmbannführer Krüger« – der hatte selbst auf die Taste mit der SS-Rune gewiesen und hatte auch nichts gegen die Erwähnung seines Namens gehabt – »bitte ich Dich, dem Überbringer dieses Briefes folgendes Material auszuhändigen...!« Und nach der Aufzählung am Ende: »Hab vielen Dank für Deine Mühe und sei herzlich gegrüßt von Deinem Peter.«

Später, nach der Befreiung, hätte er wohl selbst nicht mehr daran geglaubt, einen solchen Brief aus dem KZ geschrieben zu haben, hätte er nicht diese vergilbte Briefliste, die seine Mutter tatsächlich erhalten hatte, greifbar vor sich liegen gehabt. Sie hatte sie ihrem Sohn aufgehoben, so wie viele andere Dokumente, immer darauf hoffend, das er doch wiederkommen würde. Ein Blatt Papier von ungewöhnlich langem Format. Als Edel es aus der Schreibmaschine zog, zusammenfaltete und auf die Rückseite die Adresse schrieb – »Frau Margarete Edel, Berlin W 35, Kurfürstenstraße 50« – hatte Krüger abermals auf die Tasten gezeigt und gefragt: »Wo bleibt die Sara?« Margarete Sara Edel müsse es doch wohl heißen. Ja, wußte er denn nicht...

»Meine Mutter ist Arierin, Herr Sturmbannführer.«

»Arierin? Um so besser. Kenn ja nicht alle Stammbäume auswendig. Dachte immer, Ihr Vater sei Arier und sie – na, das spielt für uns keine Rolle.«

Spielte keine Rolle? Die Welt stand Kopf.

Ein SS-Offizier wollte den Postboten für Häftling Nr. 75192 spielen! Nicht genug damit; kofferweise Mal- und Zeichenmaterial würde er nach Sachsenhausen transportieren lassen, so daß Peter Edels Mutter – wäre sie nur am Leben und noch in der alten Wohnung – wirklich viel mehr als einen bloßen Gruß erhielte. »Ölfarben, Palette, Staffelei« würde sie lesen und sicherlich annehmen, daß ihr Sohn im KZ all das tun dürfte, was ihm im Schutzhaftbefehl als »artfremde Kunstbetätigung« angekreidet worden war. Wie ein Schwerkranker geneigt ist, auch dem unwahrscheinlichsten Heilungsversprechen Glauben zu schenken, mußte seiner Mutter ums Herz sein, wenn sie das las, diese Liste, angefertigt im Auftrag eines SS-Sturmbannführers, der danach zu urteilen ein anständiger Mensch sein mußte, wenigstens keiner von diesen Mördern.

Sie hatte es erst nicht glauben wollen und hat es dann doch geglaubt.

Während Krüger, Edels Liste in der Tasche, abrupt den Raum verließ, während

Edel an seinen Arbeitsplatz zurückkehrte und von den Kameraden mit Fragen bestürmt wurde, machte seine Mutter sich für einen schweren Gang bereit. Die Gestapo hatte sie vorgeladen. Innerlich bebend, tapfer ihre Ängstlichkeit verbergend, klopfte sie an Türen, lief über Korridore, wurde von Pontius zu Pilatus geschickt, bis sie endlich dem zuständigen Beamten gegenübersaß, einem gleichgültigen, borniert dreinblickenden Fettwanst. Aus irgendwelchen Schnellheftern fischte er einen Briefumschlag, schnipste ihn übern Tisch. »Haben Sie das geschrieben? Seine Mutter mußte es bejahen. Es war ihr Brief, ihr Antwortbrief, den Peter Edel nicht erhalten hatte. Tonlos stammelte sie: »Ja bitte, aber wieso denn? Ich durfte doch schreiben, sehen Sie selbst, es ist die Nummer auf der Adresse, die Nummer von meinem Sohn, und nun weiß er nicht, daß ich seine Zeilen bekommen habe, wartet vergeblich auf meine.« Sie weinte fassungslos. »Oder lebt er gar nicht mehr? Bitte, sagen Sie mir die Wahrheit. Mein Brief kam zurück, weil er...«

Der Beamte trommelte unwirsch auf den Tisch. »Nehmen Sie sich zusammen. Hier frage ich, nicht Sie!« Im übrigen sei er überfragt, das sei nicht sein Ressort, etwaige Abgänge aus der KZ-Haft zu registrieren. Er habe – »nun mal mit der Ruhe, Frau« – lediglich eine Verwarnung auszusprechen. Verwarnung? Sie hatte sich doch streng an die Vorschrift gehalten, war sich keiner Schuld bewußt.

Nun, dann möge sie mal scharf nachdenken – er zog den Brief aus dem Umschlag, reichte ihn ihr – dann möge sie mal nachlesen, was von der KL-Zensur rot unterstrichen worden sei, diese immerhin recht eigenartige Mitteilung: »Mein lieber Junge, ich bin ja so froh, daß Du nach Oranienburg gekommen bist. Ich habe alles getan, was ich konnte, Dir etwas zu schicken, bin auch im Januar vorigen Jahres nach Auschwitz gefahren mit einem Paket, aber ich kam nicht bis zum Lager. Ich wurde abgewiesen...«

Der Beamte riß ihr den Brief aus der Hand. »Das reicht wohl! Sie waren in Auschwitz? Woher wußten Sie? Wie sind Sie dahin gekommen? Mitten durchs Generalgouvernement gezuckelt? Etwas wollten Sie schicken? Was etwas? Was war in dem Paket? Wer hat Ihnen dabei geholfen, überhaupt so weit zu kommen – nach Auschwitz, bloß nicht ganz bis zum Lager? Rumspionieren, was? Und das schreiben Sie auch noch Ihrem sauberen Sprößling so mir nichts, dir nichts ins andere Lager und staunen noch, daß Ihr Brief eingezogen wurde, ja, wo leben Sie denn, Frau?«

Sie duckte sich unter den niederprasselnden Fragen, beteuerte immer wieder: Eine Mutter würde überall hingehen und hinkommen, ihrem Kind zu helfen, jede Mutter würde sich in ihrer Lage das Beste von den Marken und vom Munde absparen, um ihrem Sohn ein paar Lebensmittel, ein paar warme Sachen zukommen zu lassen. »Jede, auch Ihre Mutter, Herr Kommissar!« Der schnappte nach Luft. Er verbitte sich die Unverschämtheit, daß seine ehrbare Mutter hier verglichen werde mit der Erzeugerin eines halbjüdischen Verbrechers, ganz entschieden verbitte er sich das. Im übrigen sei er kein Kommissar, zu ihrem Glück sei er das nicht, denn sonst könnte er sich leicht versucht fühlen, mal etwas gründlicher nachzuhaken, was sie denn nun tatsächlich gerade aus Auschwitz heraus- und hineinzubringen versucht habe.

»Lassen Sie sich das eine Lehre sein, oder wir sehen uns hier bald wieder!«

»Ich wußte nicht, daß das unrecht war, hab mir nichts dabei gedacht, als ich schrieb.« Sie weinte, sie bettelte. »Bitte, lassen Sie mich noch einmal schreiben.«

»Nichts dabei gedacht?!« Der Fette klatschte in die Hände, wahrhaftig, er schlug sie wie im Gebet zusammen, verdrehte die Augen zur Zimmerdecke. Verharrte eine Weile in dieser Stellung, sprach nur noch zur Decke: »Ach, tun Sie doch, was Sie nicht lassen können, das entscheide nicht ich.« Und immer noch zur Decke gewandt: »Verschwinden Sie! Raus! Sind Sie noch nicht draußen?«

Eine Woche später – Edels Mutter hatte inzwischen einen neuen Brief geschrieben; den hatte er ausgehändigt bekommen und war beinahe überzeugt, das sei auf Veranlassung des Sturmbannführers geschehen – eine Woche später ging ein schwerer Bombenangriff über Berlin nieder. Die Alarmsirenen heulten, der Himmel war auch über Sachsenhausen rot, und wieder bangte Edel um seine Mutter. War sie in Sicherheit? Was hieß schon sicher. Der Luftschutzkeller im Hause – er sah sie in Gedanken dort auf einer der Holzbänke kauern, das Köfferchen zu Füßen.

Was für Gedanken –

Sie war nicht zu Hause gewesen. Der Angriff hatte sie mitten auf der Straße überrascht. In dem riesigen grauen Bunker am Friedrichshain hatte sie Zuflucht gesucht. Eingezwängt in einer fluchenden, drängelnden Menschenmenge, fand sie keinen Platz, stand und stand, umklammerte ihre schwere, mit Hamsterware, kostbaren Kartoffeln, gefüllte Einkaufstasche, wartete in der vor Müdigkeit schwankenden Menschentraube, wartete stundenlang, bis endlich der Entwarnungston aufklang, bis sie durch die nach Phosphor riechenden, von Bränden durchwehten Straßen heimwärts wandern konnte, vorbei an zusammengestürzten Häusern, über Ziegelschutt stolpernd, immer wieder aufgehalten von Feuerwehrleuten und absperrenden Polizisten, die in Kratern wühlende Frauen, schaufelnde Männer, flennende Kinder hindern wollten, in die Löcher zurückzukriechen, aus denen sie sich eben noch mühselig herausgearbeitet hatten, so wanderte sie, lief über fremde Wege, durch Seitengassen, verirrte sich, atmete auf, als sie vertrautere Namen auf Straßenschildern entdeckte und endlich zu ihrer Straße, ihrem Haus fand. Der Morgen dämmert schon, als sie es erreichte. Der Dachstuhl war ausgebrannt, es kümmerte sie nicht, sie hastete über den Hof zum Gartenhausaufgang und mit jagendem Herzen die Treppen hoch, schloß die Wohnungstür auf, sank in der dunklen Diele zu Boden, verzweifelt, weil sie erst jetzt bemerkte, daß sie ihre Einkaufstasche vergessen oder unterwegs verloren hatte.

Sie knipste das Licht an. Die elektrische Birne flackerte nur, doch das matte Licht genügte, den geknifften Zettel unterm Briefschlitz zu entdecken, einen Zettel, auf dem in gewollt schwungvoller Bleistiftschrift stand: »An Frau Edel im Hause«.

Was für ein Zettel –.

Nach jener Bombennacht glaubte sie an eine neuerliche Infamie, an eine Falle vielleicht, die man ihr stellen wollte. Einen häßlichen handgeschriebenen Zettel von einem gewissen Edwin Heizmann, der neben seine Unterschrift sorgfältig die SS-Runen gemalt hatte.

Mehrmals las sie die Bleistiftzeilen, ein dutzendmal allein diese Anrede: »Gnädige Frau!« Sie lief ins Zimmer mit dem Zettel, hielt ihn dicht unter die gelbe Seidenlampe. ... Sie holte ihre Nähbrille. Es stand wirklich so da: »Gnädige Frau!

Zunächst darf ich Sie von Ihrem Herrn Sohn...« Herrn Sohn? »... von Ihrem Herrn Sohn Peter grüßen.« Ein SS-Scharführer grüßte von ihrem Peter, der vor drei Tagen seinen 23. Geburtstag hatte. Darf grüßen? Es grüßt SS-Mann Heizmann.

Aber leider habe er, der Scharführer, die gnädige Frau nicht angetroffen und werde sich darum erlauben, »am Donnerstag oder Freitag im Laufe des Tages nochmals wiederzukommen«. Wiederkommen will er. Bittet, bis dahin »folgende Sachen herzurichten: Feldstaffelei, Zeichenkästen, sämtliche Öl- und Aquarellfarben, Pinsel, feinste usw. Ich weiß im Moment nicht mehr alles. Die Vollmacht Ihres Herrn Sohnes...« Ein SS-Mann, der eine Vollmacht von einem Gefangenen braucht? »Vollmacht Ihres Herrn Sohnes Peter bringe ich Ihnen mit... Heil Hitler! Edwin Heizmann, SS-Oberscharführer.«

Heil Hitler. Hitler gibt es, ja! Heizmann – den gibt es nicht, kann es nicht geben, nicht einen solchen SS-Mann. Da erlaubt sich einer einen üblen Spaß. Man hat sie genug gepeinigt.

Feldstaffelei, Ölfarben, Pinsel – fürs KZ, im KZ benötigte Sachen? Nichts davon würde sie herrichten, nichts!

Alles richtet sie her, sucht zusammen, was sie in Schränken, Kästen, Schubladen, Koffern verwahrt hat, in irrer Eile; und irre an sich selbst geworden, fällt sie schließlich auf ihr Bett, nicht mehr imstande, ihre Herzmedizin zu schlucken. Der Brustschmerz ist rasend. Sie kann nicht mehr denken. Erwacht durch ein Klingeln an der Wohnungstür, und es ist schon der Abend des nächsten Tages – sie weiß keine Zeit, keine Stunde, als sie sich zur Tür schleppt, einen Spalt öffnet, nicht breiter, als das die Kette davor zuläßt. Da steht jemand. Ein Uniformierter reißt den rechten Arm hoch.

»Heitler gnä Frau! Hatte mich angemeldet. Heizmann, wenn Sie gestatten!« Und hält hinter der Kette ein Papier hoch. Die Vollmacht.

»Im Auftrag des Herrn SS-Sturmbannführers Krüger bitte ich Dich, dem Überbringer...«

Sie liest es. Glaubt zu verstehen. Entschuldigt sich bei dem in steifem Unbehagen verharrenden Oberscharführer, daß sie ihm keinen Platz angeboten, diesem schlanken, zartgliedrigen Mann mit den angenehmen Gesichtszügen, dem Sie in ihrer Freude irgend etwas Gutes antun möchte; etwas zu trinken, zu essen, bitteschön. Der Mann wehrt zuvorkommend ab, hilft ihr die »Sachen« zum Tisch tragen, den Koffer mit Schnüren umwickeln. Wirklich, ein höflicher, korrekter großer Junge, der wahrscheinlich zur SS gepreßt worden ist wie so manche, von denen sie gehört hat, einer, der ihren Sohn kennt, vielleicht täglich sieht und sich auf Weisung eines hohen Vorgesetzten zu ihr, der Mutter, bemüht, Sorgen zu lindern.

Sie ist ja nie fromm gewesen, aber gebetet hat sie, inständig gebetet und sich dabei immer aufs neue gesagt, daß nicht alle Menschen schlecht geworden sein können; selbst auf ihrer entsetzlich zehrenden Fahrt nach Auschwitz ist ihr, so nahe schon dem Lager und so ferne noch, manchmal etwas Mitgefühl zuteil geworden, eine Spur Bedauern in den barschen Worten jener Soldaten, die ihr das Weitergehen verwehren mußten. Der aber, der Heizmann, spricht so selbstverständlich ruhig mit ihr, schnauzt nicht, kommandiert nicht, bittet sogar um Verständnis, daß er auf ihre zaghaften Fragen nach der Gesundheit und der Arbeit ihres Jungen nicht mehr sagen könne als: »Wirklich recht gut, den Umständen nach ausgezeichnet.« Und: »Natürlich, warum sollen Sie kein Paket schicken dürfen. Das kriegt er, aber sicher, wenn er schon so was« – er zeigt auf den Malkoffer – »bestellen darf, und wir holen's auch noch ab. Oder fallen Sie auf Greuelmärchen rein, Frau Edel? Sie doch nicht! Schutzhaft ist nun mal Schutzhaft, und unsereiner tut nur seine Pflicht.«

Nein, das ist kein schlechter Mensch. Der ist, wie er spricht, was Besseres und weiß es eben nicht anders. Und sie ist eine Mutter wie andere Mütter auch, und an Greuel, die sie selbst erleben mußte, mag sie nicht denken in diesen Minuten, nur Dankbarkeit ist in ihr, für die sie keine Worte findet. Er hat es auch sehr eilig mit einemmal, schnappt sich hurtig Koffer und Kartons. »Das wärs denn.« Kaum, daß sie ihn noch zur Diele geleiten kann – »bitte bemühen Sie sich nicht« – ist er auch bereits an der Tür, salutiert, »Heitler!«, ist fort.

Ist anderntags wieder an Ort und Stelle, deutet Edel mit keiner Silbe, keiner Miene an, mit wem er wo gesprochen. Die Sache mit dem Malmaterial, dachte der, muß wohl ad acta gelegt, als Kateridee verworfen worden sein. Aber dann wurde er doch zur Wachstube gerufen, wo ihm der lange Werner sichtlich irritiert mitteilte, daß er im Hof am Holztor etwas in Empfang nehmen sollte. Dort war der schwarze Mercedes des Sturmbannführers vorgefahren und ein SS-Mann gerade dabei, aus dem Kofferraum zwei umfangreiche, von braunem Packpapier umhüllte, verschnürte, hauptamtlich bestempelte Pakete herauszuheben, die er »Los, aufmachen, nachsehen!« – in den Wohnraum tragen mußte. Kopfschüttelnd, einen gelinden Anflug von Begriffstutzigkeit auf seinem Dienstgesicht, verfolgte der Lange, was Peter Edel da auswickelte: ein komplettes Sortiment Künstlerhandwerkszeug! Das schlug dem Faß den Boden aus!

Krügers Ehrgeiz, zu guter Letzt doch noch Dollarnoten herzustellen, hatte ihn dazu gebracht, den SS-Oberscharführer Heizmann zu Peter Edels Mutter nach Berlin zu schicken, um dessen Malsachen zu holen. Peter Edel hatte seiner Mutter damit ein Lebenszeichen geben können.

»Übermüdet«, Zeichnung Leo Haas

22. Himmler-Befehl: Erfolg oder Tod

Nachdem es vier Häftlingen gelungen war, die Arbeit, zweihundert Versuche zunichte zu machen, traf Himmlers Befehl ein:

»Binnen vier Wochen sind die Druckvorbereitungen der falschen Dollarnoten zu beenden. Wird der Termin nicht gehalten, sind die Häftlinge, die daran beteiligt sind, zu erschießen!«

Wieder war äußerste Vorsicht geboten. Es ging um unser Leben. Die Nazis durften nicht den leisesten Verdacht schöpfen, daß der Druck der Falsifikate seit Monaten hinausgezögert worden war. Die Aufdeckung dieser Sabotage hätte unweigerlich den Tod bedeutet.

Die vier experimentierten weiter. Erfolglos. Die SS war davon überzeugt, daß die Häftlinge des Sonderkommandos eine verzweifelte Aktivität entwickelten.

Die Zeit verrann. Schließlich blieben nur noch vier Tage.

Jetzt durften sie die Sache nicht länger hinausschieben.

Es war der zweihundertfünfzigste Versuch. Smolianoffs scharf retuschiertes Negativ war wie immer fehlerlos. Jacobson legte es auf die mit Gelatine überzogene Glasplatte, die er durchleuchtete. Dann übergoß er sie mit Glyzerin, wusch sie ab und zog das Bild auf Papier ab. Ich legte die Platte in die Maschine, ließ die Walzen anlaufen und setzte die Anlage in Bewegung. Vierundzwanzig falsche Hundertdollarnoten waren von echten nicht mehr zu unterscheiden.

Smolianoff hatte damit bewiesen, daß es möglich war, auch im Lichtdruckverfahren Dollarnoten zu fälschen. Alle anfänglichen Unzulänglichkeiten waren ausgemerzt. Noch in derselben Nacht druckten wir über zweihundert dieser Falsifikate, im Wert von zwanzigtausend Dollar. Werner verständigte Krüger.

Am nächsten Morgen erschien Krüger. Vor allem Smolianoff kostete die Situation aus. Auf einen grün gedeckten Tisch legte er fünfzehn echte 100-Dollar-Noten, die als Muster gedient hatten, und dazu die schnell »auf alt« getrimmten Fälschungen.

Krüger und seine Begleiter suchten lange aus. Sie begutachteten jedes einzelne Stück, betrachteten es von beiden Seiten, ließen es durch die Finger gleiten. Die SS-Männer hielten schließlich die falschen für die echten Dollarnoten.

Noch an diesem Abend meldete Krüger unseren Erfolg telefonisch an Himmler. Krüger versicherte seinem »Reichsführer SS«, daß jetzt alles vorbereitet sei zum Herstellen falscher Dollars.

Nach einigen Tagen übermittelte Hauptscharführer Werner den zehn Männern der Dollargruppe einen Plan, den Himmler und Schellenberg unverzüglich verwirklicht sehen wollten:

»In zwei Schichten zu je zehn Stunden sind täglich Falsifikate im Werte von einer Million Dollar herzustellen!«

Doch ehe mit der Produktion noch begonnen werden konnte, hörten die Häftlinge in Sachsenhausen wieder Bomben explodieren. Berlin wurde von den Verbündeten angegriffen. Über das KZ Sachsenhausen flog eine Reihe Flugzeuge in Richtung Berlin; es sah aus, als wenn sich der Hauptstadt Hitler-Deutschlands eine riesige schwarze Wolke näherte.

23. Auf Transport

Uns Häftlingen war klar, daß Hitler seinen Krieg bereits verloren hatte. So sehr wir darüber Genugtuung empfanden und den Flugzeugstaffeln der Alliierten Glück wünschten, war uns aber doch bewußt, daß sich damit unser eigenes Ende näherte. So hofften wir manchmal schon, daß einer der Piloten über dem Konzentrationslager eine Bombe ausklinken möge. Ein solcher Tod schien uns immer noch besser als der Tod durch Erschießen oder gar der Tod in der Gaskammer. Und was konnten wir anderes erwarten?

Dann kam der schicksalsvolle 20. Februar 1945. Starkes Artilleriefeuer hielt den ganzen Tag über an. An diesem Tag traf aus Berlin der telegraphische Befehl ein: »Arbeit einstellen!«

Wir vermochten nicht auszudenken, was weiter geschehen würde. Die Mehrzahl von uns sah sich bereits in die Gaskammer geschickt. Eine unbeschreibliche Spannung herrschte in der Gruppe. Alle versammelten sich im Gemeinschaftsraum, wo wir die weitere Entwicklung abwarteten. Und sofort tauchten auch Gerüchte über unser künftiges Schicksal auf. Sie trugen natürlich zur Erhöhung der Nervosität bei.

Die SS-Leute, die von diesem Augenblick an keinen Schritt mehr ohne Waffen taten, hörten plötzlich auf, mit den Häftlingen zu sprechen. Sie erwarteten neue Befehle und wußten ebenfalls nicht, was weiter geschehen sollte.

Am nächsten Morgen stürmte SS-Sturmbannführer Hansch, Krügers Stellvertreter, in den Speiseraum und brüllte:

»Maschinen einpacken und zum Transport vorbereiten!«

Wir atmeten auf.

Dieser Befehl war ein Zeichen dafür, daß wir irgendwohin übersiedeln sollten und daß für den Augenblick die Gefahr vorbei war. Die Freude dauerte jedoch nur bis zwei Uhr nachmittags. Ein neuer Befehl erreichte uns: »Packen einstellen!«

Im Lager herrschte Chaos. Es war offenkundig, daß die Lagerleitung selbst nicht mehr wußte, was sie wollte. Und wieder blieb uns nichts anderes übrig, als zu warten.

Am nächsten Tag kam erneut der Befehl: »Einpacken!«

Diesmal setzte man uns aber eine Frist von sechsunddreißig Stunden. Wir hielten das für ausgeschlossen: Demontage, Zerlegung, Bezeichnung, Verpackung und Verladung so schwerer Maschinen innerhalb von sechsunddreißig Stunden, das konnten wir nie schaffen! Doch hier ging es um Sein oder Nichtsein. Auf sechsunddreißig Stunden waren wir erst einmal sicher, und danach bestand immer noch ein kleiner Hoffnungsschimmer.

Wir teilten uns in drei Gruppen. Die eine Gruppe demontierte die Maschinen, die zweite verpackte sie, und die dritte brachte die Maschinen mit drei Autos zum Bahnhof. Dort stand schon ein Sonderzug mit sechzehn überdachten Güterwagen. In diese wurde die gesamte Einrichtung der Druckerei und der Werkstätten geladen. Die schon gedruckten Banknoten verpackten wir in Kisten in Sargform mit Deckeln, die kein Scharnier hatten, sondern genau in Schlitze eingriffen und mit etwa zwanzig langen Schrauben gesichert wurden. In weitere Waggons luden wir die Einrichtung der Labors des geheimen Spionagedienstes des Reichssicherheitshauptamtes und zwanzig ebenfalls längliche sargförmige Kisten mit unbekanntem Inhalt, die aus Friedenthal stammten.

Was uns am Anfang unmöglich geschienen, hatten wir geschafft. Und sogar in einer kürzeren Zeit, als festgesetzt gewesen war. Für die Demontage und das Aufladen hatten wir nur vierunddreißig Stunden gebraucht. Wozu der Mensch doch fähig ist, wenn es ums Leben geht.

Zum Schluß kam ein Befehl, nach dem wir alle aufatmeten: »Jeder soll Reiseproviant für vier Tage bekommen! Morgen wird gereist!«

So verließ am 24. Februar 1945 ein Sonderzug mit seltsamer Last das Konzentrationslager Sachsenhausen.

In drei Waggons war der Fußboden mit Stroh und Decken bedeckt, es gab dort einen Ofen und Heizmaterial. Es war sicher das erste Mal, daß die Nazis Häftlinge eines Konzentrationslagers so beförderten, wie normale Menschen fuhren: 47 Häftlinge in geheiztem Wagen mit Decken. Bewacht wurden wir von 16 Aufsehern.

Uns beschlich ein eigenartiges Gefühl. An das Lagerleben waren wir mehr oder weniger gewöhnt; im Vergleich zu anderen KZ-Insassen war es uns in Sachsenhausen wirklich nicht schlecht gegangen, und hinter dem Stacheldraht unseres Blocks hatten wir uns relativ sicher fühlen können. Jetzt saßen wir nebeneinander im rüttelnden Eisenbahnwagen und dachten über unser weiteres Schicksal nach.

Nicht ein einziger von uns machte sich große Hoffnungen, noch einmal lebend nach Hause zu kommen. Der einzige Unterschied würde wohl darin liegen, statt in Sachsenhausen nun irgendwo anders zu sterben.

Der Tod ist überall gleich schrecklich. Warum zwang man uns jetzt noch zu dieser viertägigen Reise? Hätte man uns nicht sofort in Sachsenhausen erschießen und uns damit diese anstrengende, deprimierende Reise ersparen können? Solche und ähnliche Gedanken gingen mir durch den Kopf, während der Zug einem unbekannten Ziel entgegenfuhr.

Erschöpft saßen wir auf unseren Bänken. Die meisten von uns hatten ihre Marschverpflegung aufgebraucht, und so plagte uns schon nach drei Tagen der Hunger. Immer wieder versuchten wir festzustellen, wo sich der Zug befand und in welche Richtung er fuhr.

Endlich hielt der Zug mit einem heftigen Ruck. Der Prager Gottlieb blickte durch den vergitterten Luftschlitz. Plötzlich rief er mit heiserer Stimme, Tränen in den Augen: »Leute, wir sind in Prag!«

Wir Tschechen und Slowaken sprangen auf. Jeder von uns drängte zu dem kleinen Fensterchen, um wenigstens für einen Augenblick das hunderttürmige Prag zu sehen, an das wir so oft gedacht, von dem wir so oft gesprochen und das noch einmal wiederzusehen wir uns so sehr gewünscht hatten. In der Ferne erblickten wir die Umrisse des Hradschin.

Der Zug stand auf einem Abstellgleis in Vršovice. Immer wieder schauten wir hinüber auf die Goldene Stadt und konnten unseren Blick nicht losreißen von den vertrauten Gassen. Eine rotweiße Straßenbahn eilte geschäftig durch die Straßen, so als hätte sich nichts geändert. Wir sahen Arbeiter auf ihrem Heimweg. Zu Hause warteten wohl ihre Frauen und Kinder, und auf der Herdplatte brutzelte sicher das Abendessen für sie. Bald würden diese Männer und Frauen in ihren sauberen Betten liegen.

Gottlieb wies mit dem Finger auf einen nahen Häuserblock.

»Seht ihr dort das Haus in der Kloboučnická? Dort wohne ich. Was werden meine Frau und mein dreijähriger Junge jetzt wohl dort machen? Vor mehr als zwei Jahren habe ich beide das letztemal gesehen. Stellt euch vor, so nahe daheim, bei der Familie, und doch so schrecklich weit von ihnen!«

Volle zwei Stunden, so lange, wie der Zug in Vršovice stand, blickte Gottlieb, tief in Gedanken versunken, nach jenem Haus. Wir flüsterten nur. Wir konnten uns seine Gefühle vorstellen und wollten ihn nicht stören. Eine Flucht war unmöglich.

Die Arbeiter, die am Zug vorüberschritten, wußten sicher nicht, um was für einen Transport es sich hier handelte. Durch die vergitterten Fenster bekamen sie lediglich mit, daß Gefangene im Zug waren. Aber es durfte sich niemand dem Zug nähern. Trotzdem konnten wir, zum erstenmal seit vier Jahren, wieder Mitgefühl in Menschenaugen erkennen.

Eine Frau warf uns ein Stück Brot zu. Es erreichte uns aber nicht, sondern fiel vor unserem Waggon zu Boden. Das kümmerte uns in diesem Augenblick wenig. Für uns bedeutete schon allein das Gefühl, daß es noch gute Menschen gab, unermeßlich viel. Und wir Tschechen und Slowaken waren stolz, daß wir gerade in unserer Heimat das erste Zeichen von Mitgefühl erlebten.

Gegen neunzehn Uhr setzte sich der Zug wieder langsam in Bewegung. Wir standen am Luftschlitz, bis die Stadt unseren Blicken entschwand. Keiner von uns hatte in diesem Moment trockene Augen. Und die übrigen Häftlinge verstanden uns. Sie wußten, wie ihnen wohl zu Mute gewesen wäre, wenn wir durch Warschau, Belgrad, Paris oder Antwerpen gefahren wären.

Einer nach dem anderen setzte sich wieder schweigend auf seine Holzbank.

III.

Alpenfestung

KZ Mauthausen
KZ »Schlier« – Redl-Zipf
KZ Ebensee
Toplitzsee

Die Wachtürme vom KZ Mauthausen

1. KZ Mauthausen

Es war schon sehr spät, als die Bremsen unseres Zuges erneut quietschten. Der Zug hielt. Diesmal war es Smolianoff, der sich erhob, um zu sehen, wo wir uns befänden. Plötzlich verzog sich sein Gesicht zu einem gequälten Lächeln.

»Und ich habe geglaubt, daß ich es in meinem Leben nie mehr wiedersehe«, sagte er. »Jungens, wir sind in Mauthausen!«

Dem Waggon näherten sich Schritte, und nach ein paar Augenblicken öffneten zwei SS-Männer die Tür. Unten stand Sturmbannführer Hansch. Mit tiefer Stimme befahl er: »Alles raus – aussteigen!«

Hansch hatte den Befehl über das Sonderkommando noch vor Abgang des Transports übernommen, Krüger war in Berlin geblieben. Hansch war seit seiner Zeit in Warschau als Mörder bekannt, der viele Polen auf dem Gewissen hatte. Nicht nur wir Häftlinge fürchteten ihn, sondern auch seine eigenen SS-Leute, die den Transport begleiteten. In seiner Gegenwart wagten sie nicht, auch nur ein Wörtchen mit uns zu wechseln.

Wir kletterten aus den Waggons.

Finstere Nacht.

In der Ferne konnte man die Berge nur ahnen.

Ein kalter Wind wehte uns entgegen.

Die sechzehn SS-Aufseher begleiteten unsere Kolonne. Sie führten uns durch Mauthausen, durch menschenleere Straßen. Dann schleppten wir uns müde den Berg hinauf. Was würde uns der morgige Tag bringen?

Wir hatten schon viel von diesem berüchtigten Lager gehört. Bei uns Häftlingen hieß es »Mordhausen«. Tausende von Häftlingen brachte die SS hier in den Steinbrüchen um.

Zum Grübeln blieb nicht viel Zeit. Wir hatten das Lager erreicht. Schemenhaft tauchten im Dunkel der Nacht die hohen Steinmauern mit den Wachtürmen auf. Für mich war es das vierte Konzentrationslager.

Nach einer Weile erschienen zwei hohe SS-Offiziere, Lagerführer Bachmayer und Lagerkommandant Ziereis. Sie wollten unsere Kolonne übernehmen, aber Hauptscharführer Werner erklärte ihnen, daß sie dazu nicht berechtigt seien. Wir wären Häftlinge des SD und Träger eines Staatsgeheimnisses. So blieb den beiden SS-Offizieren nichts anderes übrig, als die Tore zu öffnen. Wir wurden durch das Lager geführt bis zum Block 20. Dieser Block war von dem übrigen Lager durch Stacheldraht und eine Mauer mit drei Wachtürmen isoliert.

Als wir einzogen, ahnten wir nicht, welches Verbrechen sich kurz zuvor hier abgespielt hatte. Wir wußten nicht, warum dieser Block so hermetisch von den anderen Baracken getrennt war. Erst lange nach dem Krieg erfuhr ich, was sich hier ereignet hatte.

Im Block 20 waren sowjetische Kriegsgefangene untergebracht gewesen: Offiziere und Soldaten. Sie hatten sich zur Flucht entschlossen. Mit Pflastersteinen, Holzpantoffeln und Löschapparaten, die sie von den Wänden der Baracken rissen, wollten sie sich auf die SS-Leute stürzen. Ihre kranken Kameraden hatten ihnen ihre Kleider gegeben und waren im Block zurückgeblieben, obwohl sie genau wußten, daß dies für sie den Tod bedeutete.

*Durch die stillen Straßen von Mauthausen –
zum KZ*

*Ivan Vassiljevič Bitukov –
einer der wenigen Überlebenden*

Der Steinbruch von Mauthausen – Lagerführer Bachmayer beim Kontrollgang

◀ *Nach ganztägiger Arbeit im Steinbruch mußten die Häftlinge schwere Steinblöcke die 186 Stiegen hinauf ins Lager tragen*

Nazi-Verbrecher bei der Kontrolle im KZ Mauthausen – Himmler, Kaltenbrunner, Eigruber, Ziereis und Bachmayer

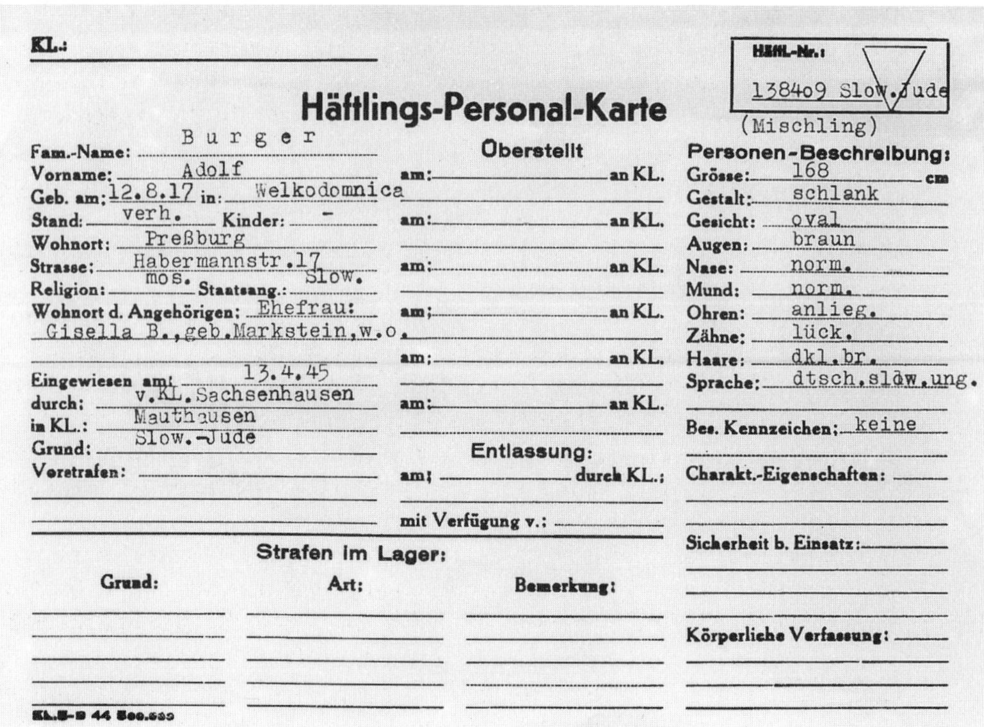

KL.:

Häftl.-Nr.: 138409 Slow.Jude (Mischling)

Häftlings-Personal-Karte

Fam.-Name: Burger
Vorname: Adolf
Geb. am: 12.8.17 in: Welkodomnica
Stand: verh. Kinder: –
Wohnort: Preßburg
Strasse: Habermannstr.17
Religion: mos. Staatsang.: Slow.
Wohnort d. Angehörigen: Ehefrau: Gisella B., geb. Markstein, w.o.
Eingewiesen am: 13.4.45
durch: v.KL.Sachsenhausen
in KL.: Mauthausen
Grund: Slow.-Jude
Vorstrafen:

Überstellt
am: an KL.
am: an KL.
am: an KL.
am: an KL.
am: an KL.
am: an KL.

Entlassung:
am: durch KL.:
mit Verfügung v.:

Personen-Beschreibung:
Grösse: 168 cm
Gestalt: schlank
Gesicht: oval
Augen: braun
Nase: norm.
Mund: norm.
Ohren: anlieg.
Zähne: lück.
Haare: dkl.br.
Sprache: dtsch.slow.ung.
Bes. Kennzeichen: keine
Charakt.-Eigenschaften:
Sicherheit b. Einsatz:
Körperliche Verfassung:

Strafen im Lager:

Grund:	Art:	Bemerkung:

KL.S-B 44 500.000

Häftlings-Personal-Karte vom KZ Mauthausen (Einweisungsdatum falsch)

Am 3. Februar 1945 öffneten die Gefangenen die Fenster und sprangen unter einem Kugelhagel in den Hof. Sie warfen Pflastersteine und Holzpantoffeln auf ihre Peiniger, spritzten ihnen Schaum aus den Löschgeräten ins Gesicht. Dann lösten sie mit auf den elektrisch geladenen Drahtzaun geworfenen nassen Decken und Kleidungsstücken einen Kurzschluß aus. So konnten sie die granitene Umzäunung überwinden. Nur die toten Kameraden blieben auf dem Hof zurück.

Da heulten auch schon die Sirenen auf. Die Jagd auf die entflohenen Häftlinge – Kommandant Ziereis und Lagerführer Bachneyer nannten sie spöttisch »Hasenjagd« – begann. Auch die Wehrmacht beteiligte sich daran. Es war ein ungleicher Kampf. Viele der Geflüchteten wurden eingefangen und ins Lager zurückgejagt. Auf dem Wege dorthin sangen sie die Internationale.

Die Wiederergriffenen wurden von den NS-Verbrechern brutal zu Tode gefoltert. Doch der Aufstand der sowjetischen Kriegsgefangenen gab Tausenden Häftlingen in Mauthausen neuen Mut und Glauben an den Sieg über die Nazis.

Einer Gruppe unter Führung von Oberst Grigori Sabolotnjak sei es geglückt, wurde berichtet, sich bis zur Donau durchzuschlagen. Mit bloßen Händen hätten sie sich auf einen Trupp Flaksoldaten gestürzt, ihn überwältigt und einen Lastkraftwagen erbeutet, auf dem sie ihre Verletzten transportierten. Aber nur einigen wenigen gelang es, ihren Verfolgern zu entkommen und sich in die Freiheit durchzukämpfen.

Mauthausen war wie eine Festung. Kommandant war SS-Standartenführer Franz Ziereis, der sich aus der Haut tätowierter Opfer Lampenschirme und andere Ziergegenstände anfertigen ließ. Ziereis war von hohem Wuchs, trug bei jedem Wetter einen langen Ledermantel, und sein Gesicht zeigte immer ein »freundliches« Lächeln. Dies war jedoch nur die Maske, unter der sich seine Brutalität verbarg.

Wir wurden in der Schreibstube registriert. Es wurden Häftlings-Personal-Karten mit allen Angaben ausgestellt. Jeder bekam eine neue Häftlingsnummer. Im KZ Auschwitz hatte ich die Häftlings-Nr. 64401, im KZ Sachsenhausen die Nr. 79161, und nun wurde ich zur Nr. 138409.

Am nächsten Morgen bekamen wir den Befehl, die Maschinen und Kisten auszuladen. Wir marschierten wieder zu dem sechs Kilometer entfernten Bahnhof zurück. Die Arbeit war freiwillig, aber jeder, der sich daran beteiligte, erhielt täglich einen Liter Suppe mehr. In Mauthausen bedeutete das viel. Deshalb meldete sich die Mehrzahl der Häftlinge zur Arbeit. Natürlich wußten wir, daß ein Liter Wassersuppe nicht die schwere Arbeit und den zwölf Kilometer langen Fußmarsch aufwog.

Auch wir Tschechen und Slowaken meldeten uns freiwillig. Allerdings taten wir das aus einem anderen Grund. Zum erstenmal dachten wir nämlich an Flucht. Auf dem Weg vom Bahnhof zum Lager sahen wir solch eine schwache Möglichkeit auftauchen.

Die »Särge« mit dem Geld transportierten wir zuerst ins Lager. Die Maschinen lagerten wir vorläufig im Bahnhofsschuppen ein. Das Entladen dauerte zehn Tage.

2. KZ »Schlier« – Redl-Zipf

Am 25. März 1945 erhielten wir plötzlich den Befehl: »In drei Tagen alles verpakken und verladen. Bis zum Achtundzwanzigsten, zwei Uhr, mußte die Arbeit beendet sein!«

So mußten wir das, was wir gerade erst abgeladen hatten, wieder aufladen. Die SS-Leute gerieten in Wut, schlugen die Häftlinge, die ihnen nicht schnell genug arbeiteten, schimpften und fluchten. Es war das erstemal, daß sie sich dem Sonderkommando gegenüber so brutal benahmen. Je schlimmer sie uns behandelten, desto eindeutiger war es für uns, daß es ihnen an den Kragen ging, und das tröstete uns.

Zur festgesetzten Zeit waren die Waggons beladen. In den Nachmittagsstunden setzte sich der Zug mit uns und unbekanntem Ziel in Bewegung. Die Desorganisation des deutschen Verkehrswesens machte sich dadurch bemerkbar, daß man für die Häftlinge anstatt geschlossener nur offene Waggons bereitstellte, was den Gedanken an Flucht wieder nährte.

Nach 5stündiger Fahrt erreichte der Zug Redl-Zipf in Oberösterreich, wo sich ein Außenlager des KZ Mauthausen befand.

Es war ein kleines Lager mit nur etwa sechs bis acht Holzbaracken, umzäunt von gewöhnlichem Stacheldraht. Es lag in einem Tal. Zu beiden Seiten erhoben sich bewaldete Höhen.

Nachdem am 13. August und dann am 1. und 26. Oktober 1943 die Neustädter Flugzeugwerke schwer getroffen worden waren, begann man am 11. Oktober 1943 das Konzentrationslager »Schlier« – Redl-Zipf aufzubauen, um das Raketenprogramm fortsetzen und vor Luftangriffen schützen zu können. »Schlier« war die Tarnbezeichnung. Anfang September 1943 bereits war in den Kellern der dortigen Brauerei mit den Umbauarbeiten begonnen worden. Im Wasser stehend, nur mit Hacken und Schaufeln hatten die Häftlinge in zwei 12-Stunden-Schichten arbeiten müssen. So war das Mauthausener Nebenlager »Schlier« – Redl-Zipf entstanden.

Hier waren vor allem Häftlinge untergebracht, die als Republikaner oder als Freiwillige in den Internationalen Brigaden in Spanien die Republik und Demokratie verteidigt hatten.

Unser Sonderkommando erhielt zwei gesonderte Blocks zugeteilt, die wir jedoch nach unserer Ankunft erst selbst mit Draht einzäunen mußten. Wir kamen spät am Nachmittag an, und ehe wir unsere Arbeit beendet hatten und uns schlafen legen konnten, war die Nacht hereingebrochen. Aus den umliegenden Barakken ertönte Musik, der von Gitarren begleitete Chorgesang der spanischen Häftlinge. Wir verstanden die Worte nicht, begriffen aber ihre Melodien voller Sehnsucht. Obwohl todmüde, lagen wir noch lange auf unseren Pritschen und lauschten den spanischen Liedern.

Am nächsten Morgen erwartete uns eine Überraschung. Wir stellten nämlich fest, daß die Berge, deren Umrisse wir gestern bei unserer Ankunft wahrgenommen hatten, mit Tarnnetzen verhängt waren, hinter denen sich geheime Eingänge verbargen, die in tiefe unterirdische Stollen führten.

Die Existenz des Konzentrationslagers Redl-Zipf sollte geheim bleiben. Deshalb erhielt das Lager den Decknamen Schlier, obwohl es eine Ortschaft dieses Namens in der Nähe überhaupt nicht gab. Die Häftlinge des Lagers Schlier wurden weiterhin in der Kartothek des Mutterlagers Mauthausen geführt mit dem Vermerk: abgestellt nach Schlier.

Unsere Arbeit begann damit, daß wir die »Särge« mit den Banknoten in diese unterirdischen Stollen trugen. Gleich hinter der Tür befanden sich große Lastenaufzüge, mit denen wir in tiefe Schächte einfuhren, von wo aus wir in geräumige Lagerhallen gelangten. In dem unter der Erde gelegenen Raum waren mehr als zwanzig Arbeitshallen eingerichtet worden, jede ungefähr 13 Meter breit, über 30 Meter lang und ungefähr 7 Meter hoch, mit einer walzenförmig gewölbten Decke. Die Wände entlang standen eiserne Arbeitstische. An der Wand über ihnen waren Zuleitungen für elektrische Energie und für Gas für das Schweißaggregat angebracht worden. Jede Halle war mit einem eigenen Kran ausgerüstet. Kurz, eine komplette Fabrik für die Herstellung der »Geheimwaffe« V 1.

Die Schleppbahn war so zusammengestellt worden, daß die Waggons bis an den Eingang in die unterirdischen Anlagen fahren konnten. Von dort aus wurde das Material auf offenen Wagen einer Schmalspurbahn bis in die einzelnen Hallen gefahren.

Nachdem wir die Banknoten eingelagert hatten, begannen wir, zwei Blocks in diesem Lager als unsere eigene Werkstatt herzurichten. Wir betonierten die Fundamente für die Druckmaschinen und fuhren dann in der Einrichtung aller Abteilungen fort, als solle der Krieg noch einige Jahre dauern.

Am 1. Mai sollte die Herstellung von Dollarnoten anlaufen.

Denkmal KZ »Schlier« – Redl-Zipf. Die Brauerei Zipf gestattete es bis 1985 nicht, daß auf ihrem Gelände, das sie zur Errichtung des KZ-Nebenlagers »Schlier« an die SS abgetreten hatte, ein Gedenkstein aufgestellt wurde. Diese Gedenkstätte ist etwa 500 m entfernt in der Gemeinde Zipf errichtet worden

3. Abbruch der »Aktion Bernhard«

Am 1. Mai 1945 um sechs Uhr früh weckte man uns, und um sieben begann die Arbeit. Es versprach ein herrlicher Frühlingstag zu werden.

Plötzlich erblickten wir durch das Fenster die auf halbmast gehißte Lagerfahne mit dem Hakenkreuz. Wie immer bei derartigen Gelegenheiten gab es sofort viele Meinungen und Gerüchte, die erst gegen Mittag verstummten, als im Lager ein schwarzeingerahmtes Plakat erschien, das den Tod Adolf Hitlers bekanntgab.

Uns Häftlingen klopfte das Herz vor Freude. Auf diesen Augenblick hatten wir gewartet – und nun war dieser Wunsch wahr geworden! Wir durften uns jedoch unsere Freude nicht anmerken lassen. Statt dessen überlegten wir, wie dieses Ereignis unsere Zukunft beeinflussen würde.

Unerwartet öffnete sich auf einmal die Tür, in die Werkstatt trat mit einem breiten Lächeln Bernhard Krüger, der Leiter der Falschgeldaktion, den wir seit unserer Abreise aus Sachsenhausen nicht mehr gesehen hatten. Krüger schritt durch den Raum, reichte jedem der Anwesenden die Hand und grüßte mit freundlicher Stimme. Dann wandte er sich an unsere Gruppe und sagte:

»Na, Jungs, ihr habt ein schönes Stück Arbeit geleistet. Aber ich glaube, daß wir einander heute zum letztenmal sehen. Spätestens in drei Wochen werdet ihr an meiner Stelle sein und ich an eurer.«

Wir blickten uns verständnislos an. Vor Überraschung konnten wir kein Wort sagen. Es war der erste Hoffnungsschimmer seit unserer Ankunft im Konzentrationslager. Als erster faßte sich Jacobson, der ehemalige niederländische Offizier. Er wandte sich an Krüger und meinte mit leiser Stimme: »Das ist doch fast unmöglich, Herr Sturmbannführer, daß wir noch einmal frei sein sollen.«

»Das werdet ihr schon sehen«, antwortete Krüger und verließ die Werkstatt. Draußen schritt gerade der SS-Mörder Hansch um den Block, und wir hörten, wie er zu Krüger sagte: »Also, in drei Wochen treffen wir einander am verabredeten Ort.«

In der Werkstatt herrschte inzwischen große Erregung. Krügers Worte hatten uns Hoffnung auf Überleben gebracht. Ein winziges Fünkchen Hoffnung, das uns bewog, darüber nachzudenken, wie wir weiter handeln sollten. Die Mehrzahl von uns schenkte den Worten Krügers keinen Glauben. Sie sah darin nur ein weiteres übles Täuschungsmanöver.

Es ging auf den Abend zu, als Werner, seit dem Nachmittag Nachfolger von Hansch, alle Häftlinge der Fälscherwerkstatt antreten ließ.

Dieser Befehl rief unter uns Häftlingen große Erregung hervor. Was wollte uns Werner Wichtiges mitteilen? Warum diese plötzliche Eile? Und warum ließ er es uns nicht durch einen seiner Adjutanten sagen, wie er es bisher immer zu tun pflegte?

Jeder brannte vor Neugierde. Ungeduld und Erregung trieben uns auf den Platz vor der Werkstatt, wo Werner zu uns sprechen wollte. Werden wir unser Todesurteil hören? Oder wird es die Befreiung?

Niemand kontrollierte diesmal, ob die Reihen gut ausgerichtet waren, als Werner in Begleitung zweier Scharführer erschien. Er stellte sich auf eine kleine Kiste und verkündete in ernstem Ton: »Die Amerikaner und Engländer stehen fünfundzwanzig Kilometer vom Lager entfernt. Ich erwarte von euch absolute Disziplin und die Erfüllung aller Befehle. Laßt euch nicht von einer Situation beeinflussen, die nur vorübergehend ist. In ein paar Tagen vernichten wir die Reste der amerikanischen, englischen und sowjetischen Armeen und treten an allen Fronten zur siegreichen Offensive an.

Verhaltet euch also ruhig! Ich habe Befehl, jeden und alle beim ersten Fluchtversuch zu erschießen. Morgen früh gehen wir von hier aus in die Alpen. Die Maschinen können wir nicht mitnehmen und müssen sie daher vernichten, damit sie dem Feind nicht in die Hände fallen. In den Alpen werden uns andere Maschinen zur Verfügung stehen. Dort werden wir weiterarbeiten. So, und nun weggetreten!«

Auch wenn die Dollar-Banknoten – endlich nach vielen Monaten anstrengender Arbeit – für Meisterwerke der Fälschung gehalten werden konnten, war es der SS doch nicht mehr möglich gewesen, mit der eigentlichen Herstellung anzufangen, weil sich die Situation an der Front für Deutschland inzwischen so katastrophal verschlechtert hatte, daß es dem Reichssicherheitshauptamt wichtiger gewesen war, das ganze Unternehmen aus der gefährdeten Zone zu bringen, beziehungsweise alles zu liquidieren, als Dollars zu drucken. Die Probeexemplare waren zwar noch Himmler zur Beurteilung vorgelegt worden. Die geplante Produktion von Dollars in großem Stil war jedoch nicht mehr zustande gekommen. Die Sabotage der Häftlinge hatte gesiegt, so daß praktisch keine einzige falsche Dollarnote in Umlauf kam.

Werners Stimme hatte während seiner Ansprache vor Nervosität gezittert. Wir wären am liebsten aufgesprungen, hätten geschrien, einander umarmt und geküßt – aber nun war noch mehr Vorsicht geboten als zuvor. Denn wir waren uns alle bewußt, daß jetzt der letzte Kampf um unser Leben begonnen hatte.

Noch an diesem Abend wurden achtzig »Särge« mit fertigen Pfundnoten und das geheime Archiv des Referats VI F 4 im RSHA auf zwei LKWs verladen, und Hansch fuhr mit ihnen in unbekannter Richtung davon. Wir haben ihn nicht wiedergesehen.

4. Mord an Karl Sussmann

Unsicherheit und Verwirrung wuchsen unter den SS-Leuten. An diesem Tag erkrankte der Häftling Nr.75245 – Karl Sussmann, ein Zeichner aus Wien. Sein Gesundheitszustand verschlechterte sich, zwei SS-Leute führten ihn weg, und jeder wußte, was passieren würde. Die NS-Verbrecher gaben sich nicht mit Kranken ab, und wenn einer nicht gerade unentbehrlich war, erschossen sie ihn lieber, als sich mit seiner Behandlung aufzuhalten.

Als die SS-Leute den Kranken vor den Lagerkommandanten führten, der ihn laut Werners Befehl erschießen sollte, schrie der die SS-Leute an, sie sollten Werner ausrichten: »Er soll seine Schmutzarbeit selbst machen. Ich will damit nichts zu tun haben!« Er hatte einfach Angst vor den Folgen, die dieser Mord in Kürze nach sich ziehen würde.

Als das Werner hörte, erschrak wahrscheinlich auch er. Statt den kranken Häftling zu erschießen, ließ er ihn durch eine Spritze töten. Ein solcher Tod ließ sich leichter vertuschen.

Das war nicht der erste derartige Mord. Wir hatten Brutalitäten aller Art erleben müssen. Die Tragödie bestand diesmal darin, daß es nur noch wenige Stunden bis zur Befreiung dauern konnte. Wäre er nur einen Tag oder zwei Tage später erkrankt, so hätte er gerettet werden können.

Seine Kameraden fertigten dem Toten einen Sarg an, und wohl zum erstenmal in der Geschichte der NS-Konzentrationslager erhielten wir die Genehmigung zu einem richtigen Begräbnis. Auch darin spiegelte sich die Angst der NS-Verbrecher vor den nächsten Tagen.

Das Begräbnis beeindruckte uns alle sehr. Wir stellten uns im stillen die Frage, ob er nun das letzte Opfer war oder ob wir ihm bald folgen würden. Die Unsicherheit war das Schlimmste.

Karl Sussmann – ermordet wenige Tage vor der Befreiung

Der Leiter der Fälscherwerkstatt, SS-Hauptscharführer Kurt Werner

5. Ebensee

Es war der 3. Mai 1945.

Aus dem Mutterlager Mauthausen kam der Befehl: Das Konzentrationslager Schlier räumen! Zu diesem Zeitpunkt befanden sich im Lager 150 Spanier, 80 Häftlinge verschiedener Nationalität, und dann blieben wir übrig, die nunmehr 138 Häftlinge unseres Sonderkommandos.

Der Kommandant des Lagers Schlier, mit dem Auftrag, das Lager zu liquidieren, trieb am nächsten Tag mit Mühe zwei zivile Lastkraftwagen auf. Werners Befehl lautete kurz: »Aufsitzen!« 118 Häftlinge wurden in den zwei Lastwagen zusammengepfercht. Jeder von uns wollte der letzte sein, weil er hoffte, daß für ihn kein Platz übrigbleiben würde.

Werner verlor die Geduld und begann, uns mit dem Knauf seiner Pistole zu schlagen.

»Idioten!« brüllte er, »es geht um Minuten. Wollt ihr das nicht verstehen?« Wir verstanden nur zu gut. Unter den Schlägen der SS-Männer, die ihrem Kommandanten nacheiferten, mußten wir aufsitzen. Der Blockälteste fuhr mit der ersten Gruppe weg, zu der auch ich gehörte.

Bei der Abfahrt sahen wir noch, wie die Einwohner des Dorfes das Lager stürmten. Werner hatte die Tore öffnen lassen, damit die Bevölkerung die dort lagernden Vorräte in Beschlag nehmen konnte. Sie sollten nicht in die Hände der Alliierten fallen. Wir waren auf dem Lastauto zusammengepfercht. Wer zurückblieb, hatte die Hoffnung, befreit zu werden, bevor die Zeit ausreichte, auch ihn abzutransportieren.

Der Fahrer jagte mit hoher Geschwindigkeit über die Landstraße. Er sollte noch vor Eintreffen der Alliierten zur zweiten Gruppe zurückgekehrt sein, deshalb hatte er nicht eine Minute zu verlieren. Es begann zu schneien.

Wir sahen uns die schöne Berglandschaft an, die auf mich, so weiß verschneit, einen zauberhaften Eindruck machte. Meine Gedanken flogen weit zurück, in die Zeit meiner Jugend, als ich in der Tatra, in einer ähnlichen Landschaft, Ski lief. Sollte ich heute ein solches Bild zum letzten Mal sehen? Aber vor allem stellte sich jeder von uns eine einzige Frage: Werden wir auf der nächsten Kreuzung nach links oder nach rechts einbiegen?

Links waren die Berge, rechts der Weg nach Mauthausen, und das bedeutete: Tod in der Gaskammer. Die Nervosität aller erhöhte sich, je mehr wir uns der schicksalhaften Kreuzung näherten. Niemand sagte ein Wort.

Das Auto schien jetzt irrsinnig schnell zu fahren, so daß die Stelle rasch näherrückte. Noch etwa fünfhundert Meter, noch dreihundert, noch zweihundert...

Wir hielten den Atem an. Nach rechts? Nach links?

Das Auto bog nach links ab. Wir atmeten erleichtert auf. Wieder waren wir dem Tod wenigstens für eine Weile entrückt.

Dann tauchte in unserem Blickfeld ein neues Lager auf. Es handelte sich um das KZ Ebensee. Das also war unsere nächste Station; das letzte – wie wir später erfuhren – noch nicht befreite Lager. Während die Häftlinge aller anderen Konzentrationslager zu jener Zeit bereits befreit waren, fuhren wir in diese letzte Nazihölle.

Auf einem Hügel über dem eigentlichen Konzentrationslager lag ein kleines SS-Lager. Damit wir nicht mit den übrigen Häftlingen in Kontakt kämen, sollten wir dort oben in einer leeren Holzhütte untergebracht werden. Jeder erhielt eine Scheibe Brot und einen Teller mit einer Flüssigkeit. Dann schlugen die SS-Leute die Tür zu und versperrten sie.

Durch das Fenster sahen wir vier Maschinengewehre, die auf die Hütte gerichtet waren. Unter uns lag das Konzentrationslager Ebensee, in welchem nach und nach die Lichter aufleuchteten.

Es dunkelte. Es war so eng, daß wir stehen mußten, eng aneinandergepreßt.

In dem Raum herrschte eine deprimierende Finsternis.

Die Minuten vergingen langsam. Unsere Sinne waren angespannt.

Die Nacht schien unendlich lang zu sein. Als ob die Sonne nie mehr aufgehen sollte. Während der langen, furchtbaren Stunden sprach niemand ein Wort.

Endlich begann es zu tagen. Als es hell geworden war, konnten wir aus dem Fenster die unten im Tal verlaufende Straße erkennen, und uns bot sich ein schrecklicher Anblick. Wir sahen eine lange Kolonne von Tausenden menschlicher Gerippe, die sich langsam in Richtung Konzentrationslager bewegten, Häftlinge auf einem von Hitlers Todesmärschen. Ein grausiges Bild.

Über die Lagerlautsprecher hörten wir inzwischen den Appell des Nazigauleiters Eigruber, in dessen Gebiet wir uns befanden, den vorrückenden Amerikanern keinen Widerstand zu leisten, nirgends die Brücken zu sprengen und so den Alliierten freien Durchzug zu gewähren.

In dem kleinen SS-Lager herrschte ein wirres Durcheinander. Die SS-Leute begannen zu packen und sich zum Abmarsch vorzubereiten. Die letzten Stunden des »Tausendjährigen Reiches« waren angebrochen!

Unten auf der Straße sahen wir die wilde Flucht ungarischer Abteilungen, die an der Seite der Deutschen gekämpft hatten.

Ein SS-Mann trat ans Fenster und befahl den Blockältesten zu sich. Als der sich bei ihm meldete, flüsterte der SS-Mann ihm ins Ohr: »Wenn sie zu euch kommen und euch nach unten führen wollen, geht nicht! Dort würden die euch alle erschießen. Wenn ihr rebelliert, werden wir euch helfen. Wir sind doch nur gewöhnliche SS-Leute und sind auch dagegen.«

Es war ein junger, etwa neunzehnjähriger Bursche. Man sah ihm die Angst an. Bis jetzt hatte er sicherlich alle noch so grausamen Befehle gewissenhaft ausgeführt, ohne sich um das Leben der Häftlinge auch nur im geringsten zu kümmern, doch jetzt wollte er sich mit ihnen gegen seine eigenen Führer verbünden, um sein armseliges Leben zu retten.

6. Flucht ins KZ Ebensee

Wir berieten über unser weiteres Vorgehen. Es sagt sich so leicht: »rebellieren«, aber wie schwer ist es, dieses Wort in die Tat umzusetzen, wenn man nur die bloßen Hände dazu hat.

Plötzlich rief einer der am Fenster Stehenden: »Im Konzentrationslager unten haben sie eine weiße Fahne gehißt: Sie ergeben sich!«

Alle drängten sich zum Fenster. Jeder wollte mit eigenen Augen die Kapitulationsfahne sehen, die vielleicht auch unsere eigene Rettung bedeutete.

Der Transportführer, Oberscharführer Jansen, betrat den Raum und verkündete uns: »Meine Herren, Sie bleiben am Leben! Ich bitte Sie aber um eins. Wenn Sie frei sein werden, verraten Sie nicht, was Sie die ganze Zeit getan haben! Es würde uns den Kopf kosten. Und das würde ich nicht verdienen, da ich Ihnen eigentlich das Leben gerettet habe.«

Wir standen wie erstarrt. War doch noch ein Wunder geschehen? Niemand wollte es glauben, und doch hofften wir es.

Aus unserer Erstarrung weckte uns die energische Stimme eines SS-Mannes, der durch die offene Tür brüllte: »Antreten!«

Also doch eine Falle! Draußen warteten bereits vier Maschinengewehre, die uns wahrscheinlich niedermähen sollten, sobald wir den Raum verließen. Niemand rührte sich.

»Habt ihr meinen Befehl nicht gehört? Sollen wir euch alle erschießen?«

Der SS-Mann hielt in der rechten Hand einen Revolver; sein Gesicht war vor Wut rot angelaufen. Den Finger hatte er am Abzug, bei der ersten unbedachten Äußerung von uns hätte er geschossen.

Das Tor des KZ Ebensee, für die Häftlinge des Fälscherkommandos das Tor in die Freiheit

Wir sahen, daß die Drohung ernst gemeint war, und drängten aus der Baracke hinaus. Werden sie schießen? Werden sie nicht schießen? Sie schossen nicht.

»In Dreierreihen antreten? Richt' euch? Im Gleichschritt – marsch, Richtung Lager!«

Die ausgerichtete Kolonne marschierte ab. Rundherum Chaos. SS-Leute liefen davon, warfen Waffen und Koffer weg, alles, was sie bei sich hatten. Es behinderte sie nur bei ihrer Flucht.

Für uns war die Situation nach wie vor ernst.

Vier mit Maschinenpistolen bewaffnete Posten schritten neben unserer Kolonne her. Wir fürchteten immer noch, unser Ziel – die weiße Fahne in der Mitte des Konzentrationslagers Ebensee – nicht zu erreichen. Angestrengt versuchten wir, rechts oder links versteckte Maschinengewehre zu entdecken, die vielleicht im letzten Moment das Feuer auf uns eröffnen sollten.

Wir näherten uns dem Lager. Wie sehr wünschten wir uns jetzt – was für eine Ironie! – jenseits des Stacheldrahts zu sein! Dort erwartete uns die Freiheit, das Leben.

Endlich waren wir am Tor angelangt. Vor diesem standen schon keine SS-Leute mehr, sondern ein Offizier der Wehrmacht und ein bewaffneter Häftling aus der ehemaligen illegalen Lagerleitung. Die Häftlinge hatten die Verwaltung des Lagers in die eigenen Hände genommen.

Jansen stand stramm und grüßte den deutschen Offizier. Er meldete ihm die Übergabe von 118 Häftlingen.

Der Offizier schaute uns ungläubig an. Das sollten Häftlinge sein? Gut gekleidet, gut genährt und mit einem ordentlichen Haarschnitt? Was mochte dahinterstekken?

»Wer sind Sie, und was haben Sie dort oben gemacht?« fragte der Offizier etwas überrascht.

»Ich habe Befehl, Ihnen diese Gruppe zu übergeben, mehr weiß ich nicht!«

»In diesem Fall kann ich sie nicht übernehmen!« lautete die Antwort.

Wir waren der Verzweiflung nahe. Würde deutsche Gründlichkeit im letzten Augenblick unsere Rettung vereiteln?

Auch der bewaffnete Häftling musterte uns überrascht. Was sind das für Leute?

Einer von uns sprang zu dem Häftling am Tor und erklärte ihm, daß wir Angehörige eines Sonderkommandos seien. »Um Gottes willen, laßt uns in das Lager!« flehte er. Immer noch verblüfft, blickte der Häftling auf uns, überlegte kurz, dann entschloß er sich und gab dem Offizier einen Wink; dieser öffnete das Tor. Wir alle stürzten wie gehetzt in das Lager, Nur schnell fort von den vier SS-Leuten! Noch konnten sie es sich vielleicht anders überlegen.

Wir rannten auf die andere Seite des Lagers.

Gerettet!

Es war der 5. Mai 1945, 11 Uhr. Wir waren wie neugeboren.

Das Wunder hatte sich ereignet: Wir waren der Hölle entronnen. Hinter dem schützenden Stacheldraht fühlten wir uns endlich frei. Vor uns lag der Weg nach Hause, in die Heimat, zu unseren Lieben, zu unseren Familien?

Unsere Freude war durch die Sorge um die Kameraden getrübt, die in Redl-Zipf geblieben waren – Karl Gottlieb, Alfred Pick und die anderen.

Was war mit ihnen geschehen?

Erst jetzt erfuhren wir, daß die Nachricht vom Eintreffen der Amerikaner verfrüht gewesen war. Der Aufbruch der SS hätte also nicht so fluchtartig, so übereilt vor sich gehen müssen.

Den ganzen Tag saßen wir untätig und in freudiger Erwartung der Alliierten. Wann würden sie endlich kommen?

Wir warteten ungeduldig, und abends kam endlich auch die letzte Gruppe von Häftlingen aus der Fälscherwerkstatt im Konzentrationslager Ebensee an.

Tief gerührt umarmten wir uns. Wir waren doch alle glücklich dem Tod entflohen, dem wir so oft ins Gesicht geschaut hatten. Und wir ließen uns von ihnen erzählen, wie sie nach Ebensee gekommen waren.

Eingang zum Stollen, in dem alle Häftlinge des KZ Ebensee einschließlich der Angehörigen des Fälscherkommandos ermordet werden sollten

7. Fußmarsch der Letzten

Nachdem wir am 3. Mai auf den zwei LKWs abtransportiert worden waren, warteten sie auf die Rückkehr der LKWs. Die SS-Bewacher packten mittlerweile ihre Sachen zusammen. In einer Villa am Waldrand, außerhalb des Lagers, wohnte ein einarmiger SS-Mann. Der befahl drei Häftlingen – Norbert Leonard, Eduard Bier und Hans Kurzweil –, ihm zu helfen, sein Gepäck ins Lager zu bringen. Die drei begleiteten ihn zu seinem Haus am Wald. Dort angelangt, blieb der SS-Mann stehen und zeigte auf eine Bank vor der Villa.

»Ich gehe jetzt packen. Ihr wartet so lange hier draußen! Setzt euch auf diese Bank!«

Dann ging er ins Haus, seine Sachen packen und wohl ohne daran zu denken, daß der Wald gleich hinter dem Gartenzaun begann. Leonard und Bier hatten dies aber sehr wohl bemerkt, und so nutzten sie die günstige Gelegenheit, kletterten über den Zaun und verschwanden in der Tiefe des Waldes. Kurzweil, der sich nicht schnell genug hatte entschließen können, blieb allein zurück.

Als der SS-Mann aus dem Haus trat und nur Hans Kurzweil sah, fragte er: »Wo sind die beiden anderen?«

Hans erwiderte, daß sie in den Wald gegangen seien. Der SS-Mann stürzte zum Zaun, konnte die Geflüchteten aber nicht mehr erreichen. Deshalb feuerte er einige Schüsse aus seinem Revolver in Richtung Wald ab.

Ins Lager zurückgekehrt, erklärte der einarmige SS-Bewacher dem Hauptscharführer Werner, daß er die Entflohenen nicht hätte verfolgen können, da er allein gewesen sei und die zwei aus verschiedenen Richtungen auf ihn geschossen hätten.

Werner glaubte ihm das und ließ sofort bei den Häftlingen in Redl-Zipf nach weiteren Waffen suchen. Natürlich fand man keine.

So verstrich der Vormittag, und das Lastauto, das die zweite Gruppe des Sonderkommandos abtransportieren sollte, war immer noch nicht zu sehen. Hauptscharführer Werner ließ Essen austeilen. Jeder Häftling erhielt darüber hinaus Zigaretten. Werner wollte nicht länger auf den LKW warten. Ein weiteres Zeichen, daß das Ende nahte. Schließlich befahl er den Abmarsch. Die Kolonne, die sich nun in Bewegung setzte, mutete recht eigenartig an. An der Spitze marschierte eine Gruppe Spanier, die in der Nähe stationiert gewesen waren, ihnen folgte ein von Pferden gezogener Karren, auf dem die Verpflegung und das Gepäck der SS-Leute verstaut waren. Hinter diesem Karren, bewacht von sechs SS-Leuten, marschierten 18 Häftlinge des Sonderkommandos. Niemand wußte, wohin es ging. Aber als Mitwisser einer »geheimen Reichssache« durften wir nichts Gutes erwarten.

Anscheinend hatten die Spanier begriffen, um wen es sich bei den Gefangenen handelte. Sie halfen ihnen nämlich dadurch, indem sie sehr langsam marschierten. Für die Häftlinge kam es darauf an, das Wettrennen mit der Zeit zu gewinnen.

Endlich erschien das von Werner sehnsüchtig erwartete Lastauto. Die Häftlinge hatten inzwischen beschlossen, auf keinen Fall das Auto zu besteigen, und waren bereit, sich einem solchen Befehl zu widersetzen, und die Habsucht Werners half ihnen dabei. Dem kam es vor allem darauf an, sein Gepäck und das seiner Leute in Sicherheit zu bringen. Er ließ deshalb zunächst die Gepäckstücke auf den LKW laden; dann schickte er diesen fort. Er sollte später zurückkehren und die Häftlingskolonne holen.

Der Zug marschierte weiter. Er näherte sich dem Dorf Gampern. An einer Weggabelung machte die Kolonne kurz halt. Es galt, sich zu entscheiden, welcher der beiden Wege genommen werden sollte. Der eine führte steil hinauf durch einen Wald, war dafür aber kürzer; der andere Weg, eine neugebaute Straße, umging den Wald, war nicht so steil, dafür aber länger. Die Spanier entschlossen sich für die kürzere Strecke, und ihnen folgte schließlich auch Hauptscharführer Werner mit seinen Gefangenen. Das war sein Pech; denn gerade als die Gruppe im Wald verschwunden war, kam der LKW auf der neuen Straße zurück, zu spät für SS-Hauptscharführer Werner. Für die Häftlinge aber ein Gewinn im Wettlauf mit der Zeit.

Sie durchquerten das Dorf Gampern, passierten Seewalchen und marschierten dann langsam am Ufer des herrlichen Attersees entlang. Die Spanier, die das Tempo angaben, machten alle paar Augenblicke Rast, was natürlich Hauptscharführer Werner und seinen SS-Leuten sehr mißfiel. Abends traf die Kolonne dann bei schönem Frühlingswetter in Weißenbach ein. Die Marschverpflegung, die die Häftlinge erhalten hatten, war längst aufgebraucht, und so teilten die Spanier ihre Vorräte mit ihnen.

Am nächsten Morgen – es war der 5. Mai – verließ die spanische Einheit die Kolonne. Das Sonderkommando blieb mit seinen Aufsehern allein zurück, marschierte dann aber kurze Zeit danach in Richtung Ebensee ab.

Ein Pferdegespann, dem das Kommando unterwegs begegnete, requirierte Werner kurz entschlossen. Er ließ die Fußkranken aufsitzen; es waren ihrer fünf. Zu ihnen auf das Fuhrwerk stieg auch Werner. In Mitterweißenbach hielten sie, um auf die Marschkolonne zu warten. Während des Halts versuchten die fünf Häftlinge, Werner zu überreden, alle Häftlinge laufenzulassen. Der Hauptscharführer bestand jedoch darauf, seinen Befehl einhalten zu müssen. Bald darauf traf auch die Fußtruppe ein. Von den fünf Häftlingen, die mit Werner gefahren waren, erfuhren sie, daß ihr Marschziel Ebensee hieß. Das hatte ihnen der Hauptscharführer verraten. Und bei allen löste das eine große Enttäuschung aus, denn das Lager Ebensee hatte einen mehr als schlechten Ruf, und was konnte es schon bedeuten, in dieses gefürchtete KZ zu kommen?

Auf der Straße nach Ebensee herrschte ein unglaubliches Durcheinander. Vier Häftlinge nutzten dies aus und flohen. Die Gefangenen, die die Flucht beobachtet hatten, lenkten die Aufmerksamkeit der SS-Leute ab, was ihnen auch gelang. Als Werner schließlich merkte, daß vier Häftlinge fehlten, tobte er los und drohte, alle zu erschießen. Die vier Geflohenen wurden jedoch bald von Soldaten einer Luftwaffeneinheit ergriffen und zurückgebracht. Doch zu dieser Zeit hatte sich der Zorn Werners schon gelegt. Er beschimpfte die Eingefangenen zwar in der übelsten Weise, tat ihnen sonst aber nichts.

Die Gruppe saß stundenlang am Straßenrand. Werner konnte sich nicht dazu entschließen, weiterzugehen. Immer wieder versuchte er, auf dem Postamt von Mitterweißenbach eine telefonische Verbindung mit dem Lager Ebensee zu bekommen. Schließlich kehrte er zurück und erklärte, daß die Wehrmacht die Verwaltung des Lagers übernommen hätte und es nicht mehr der SS unterstünde. Diese Nachricht bestätigten SS-Angehörige, die aus Richtung Ebensee kamen. Nun begannen auch die Häftlinge zu glauben, daß die Rettung nahe war, daß sie überleben würden. Werner gelang es, einen Militär-LKW anzuhalten, der uns alle bis zum Wächterhäuschen vor dem Tor des KZ Ebensee brachte.

Werner wollte seinen Befehl ausführen und das ganze Sonderkommando liquidieren. Jetzt war er endlich am Orte, aber er vermochte seinen Augen und Ohren nicht zu trauen. Ein Wehrmachtsoffizier stand vor ihm und weigerte sich, ihm die 118 Häftlinge herauszugeben, die Jansen ins Lager gebracht hatte. SS-Hauptscharführer Fritz Werner wollte erzwingen, was sich schon nicht mehr erzwingen ließ. Der Wehrmachtsoffizier lehnte es nicht nur ab, ihm die Häftlinge auszuliefern, er forderte im Gegenteil, daß Werner ihm die Gruppe von Häftlingen überstellte, die sich noch unter dessen Aufsicht befand.

Der Wehrmachtsoffizier erklärte ihm, daß er unter den Tausenden Häftlingen wohl kaum seine 118 Häftlinge herausfinden würde. Des weiteren machte er ihn darauf aufmerksam, daß es im Lager schon eine bewaffnete Häftlingsselbstverwaltung gebe, und riet ihm, zu verschwinden, bevor es zu spät sei. Werner blieb nichts weiter übrig, als ihm seine 18 Häftlinge zu übergeben und verärgert abzuziehen. Die letzten Häftlinge der Fälscherwerkstatt waren befreit.

Das KZ Ebensee nach der Befreiung

8. Befreiung

Wir saßen die ganze Nacht beisammen und feierten unsere Befreiung. Erst jetzt begannen wir, uns der Rettung aus den Krallen der SS voll bewußt zu werden. Wir erinnerten uns, was wir in den letzten drei Jahren alles erlebt und erlitten hatten. Vor uns tauchten die Bilder der Tausende auf, die in die Gaskammern getrieben worden waren, der Unglücklichen, die lebend begraben, die verbrannt oder auf andere Weise ermordet worden waren, Bilder der Tausenden fast Verhungerter, menschlicher Gerippe, die wir auf ihrem Todesmarsch ins KZ Ebensee gesehen hatten. Und wir waren uns darin einig, alles zu tun, niemals zuzulassen, daß sich diese grauenhaften Zeiten je wiederholen.

KZ Ebensee. Tausende Häftlinge, dem Hungertod nahe, erlebten hier ihre Befreiung

Der Wettlauf mit dem Tod ist gewonnen. Durch den schnellen Vormarsch der Amerikaner in Österreich konnte die SS den Befehl nicht mehr ausführen, alle Beteiligten an der großen Fälscheraktion zu »liquidieren«. Unser Bild zeigt zwei der Häftlinge (rechts: Adolf Burger) unmittelbar nach ihrer Befreiung am 6. Mai 1945

Inmitten der herrlichen Alpenwelt ein Krematorium im KZ Ebensee

Nach der Befreiung sorgte die amerikanische Armee für schnelle ärztliche Hilfe

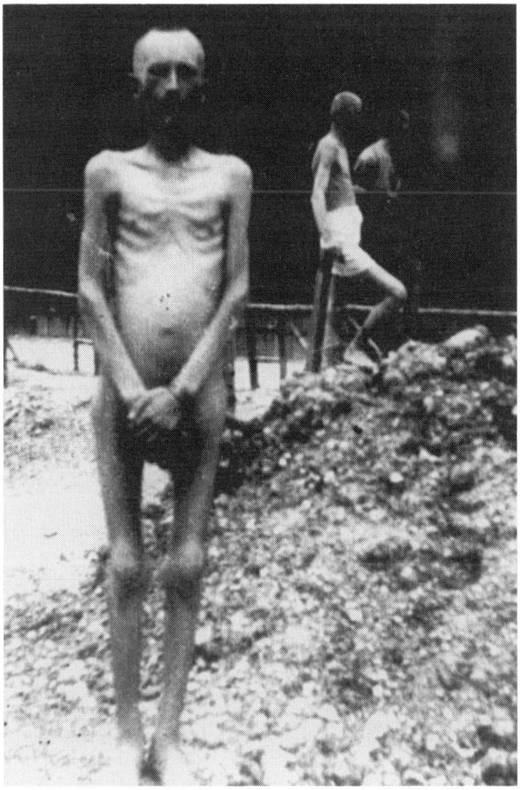

Hunger – Das große Leiden aller Häftlinge in den Konzentrationslagern. KZ Ebensee, 6. 5. 1945 – Ein ehemaliger Universitätsprofessor aus Krakau

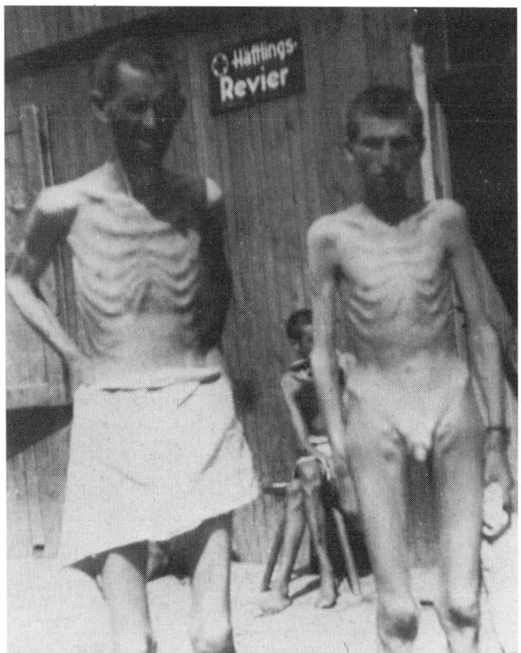

Dem Tode entronnen. So sahen Tausende Häftlinge bei ihrer Befreiung im KZ Ebensee aus

Niemand auf der ganzen Welt würde eine vollständige Liste derer anfertigen können, die in Hitlers Todeswerkstätten ihr Leben ließen. Die Toten, die Namenlosen wollen keine Statistik. Kein Verzeichnis der Gefallenen oder zu Tode Gefolterten. Sie verlangen nicht einmal nach Rache. Nur eine Warnung klingt aus diesen kreuzlosen Gräbern: Nie wieder!

Nie wieder!

Nicht einmal heute, nach so vielen Jahren, ist es mir möglich, Worte zu finden, die Gefühle und Gedanken auszudrücken, die uns damals durch den Kopf gingen.

War das wirklich wahr? Wir waren frei!

Wir hatten uns so vertieft in unsere Gedanken, Erinnerungen und in freudige Gespräche, daß wir gar nicht merkten, wie es tagte. Die ganze Nacht hatten wir beisammengesessen, und doch fühlten wir uns froh und frisch! Am nächsten Tag hörten wir aus der Ferne gedämpftes Kettengerassel: Panzer mit amerikanischen Soldaten auf dem Weg nach Ebensee.

Wir haben unsere eigene Verwaltung, wir leben! Die SS-Leute sind geflüchtet. Wir sind frei!

Aber gleich neben uns, zweihundert, dreihundert... tote Kameraden.

Wir müßten Bagger haben statt Totengräber, um sie wenigstens einigermaßen begraben zu können. Einige hatten die Augen geschlossen, andere gefaltete Hände, aber die meisten lagen so da, wie der Tod sie gefunden hatte.

Wo gibt es einen Geistlichen, die Totengebete zu sprechen, die Toten einzusegnen? Und so viele Gräber müssen gegraben werden... Wir gingen an ihnen vorbei... wir, die Lebenden und Freien.

Der Lärm der Panzer verstärkte sich! Panzer!

Der Offizier öffnete das Tor zum Konzentrationslager.

Aus den Panzern sprangen Menschen. Soldaten. Dreckig und müde. Aber Menschen, die uns unsere eben erst errungene Freiheit bestätigten.

Die Gefolterten versuchten mit ihren letzten Kräften die Panzer zu erklimmen. Sie waren Menschen, doch ähnelten sie mehr lachenden Skeletten.

Welch ein Menschengewimmel!

Die Soldaten waren sprachlos. Es war ihre erste Begegnung mit einem deutschen Konzentrationslager!

Fassungslos schlugen sie die Hände vors Gesicht. Sie hatten viel durchgemacht. In schweren Kämpfen mit dem Feind hatten sie tausendmal dem Tod ins Auge gesehen. Sie waren so manches gewohnt. Aber dies nicht.

Das also war der Nationalsozialismus!

Im Lager paarten sich Freude und Entsetzen. Die Freude der Überlebenden mit dem Entsetzen der Befreier, der einfachen Soldaten, der Unteroffiziere, der Offiziere, der Weißen und der Farbigen. Sie begriffen nicht, daß ein denkender Mensch in seinem Gehirn solche Grausamkeit, solche Unmenschlichkeit ersinnen konnte. Gleich nach der Befreiung wurde eine internationale Polizei aus den Reihen der ehemaligen politischen Häftlinge gebildet, die die Angehörigen der Gestapo, der SA und der SS gefangennahm.

Jetzt lag der Weg nach Hause sicher und frei vor uns. Wir, die Überlebenden dieser Hölle, wir können und werden diese dunkelste Zeit Europas nie vergessen. Und nie werden wir die Millionen unschuldiger Opfer vergessen.

Der Häftling Nr. 64401 mit seinen Befreiern – KZ Ebensee, 8. Mai 1945

Mitglieder des Fälscherkommandos nach ihrer Befreiung;
von links: Max Grün aus Holland, Hermann Gottlieb aus Österreich, als vorletzter Salamon Smolianoff,
in der zweiten Reihe rechts: Adolf Burger

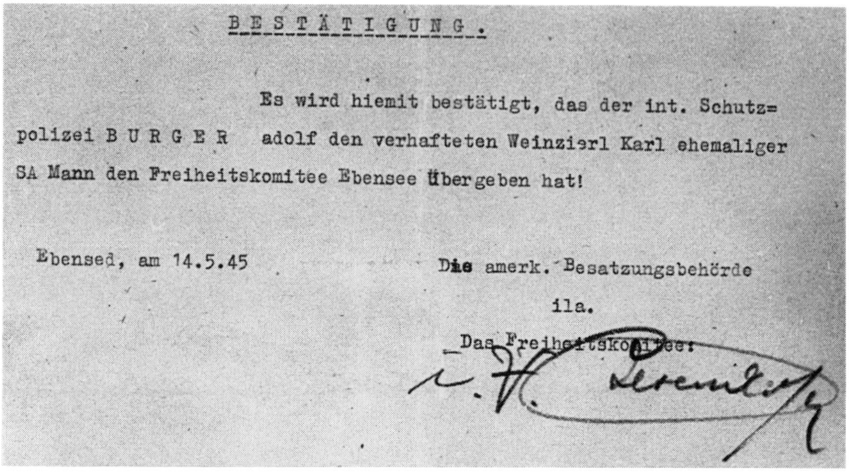

B E S T Ä T I G U N G .

Es wird hiemit bestätigt, das der int. Schutz= polizei B U R G E R adolf den verhafteten Weinzierl Karl ehemaliger SA Mann den Freiheitskomitee Ebensee übergeben hat!

Ebensed, am 14.5.45

Die amerk. Besatzungsbehörde

ila.

Das Freiheitskomitee:

Die befreiten politischen Häftlinge halfen der amerikanischen Besatzungsbehörde, die SA-, SS- und Gestapoleute zu verhaften

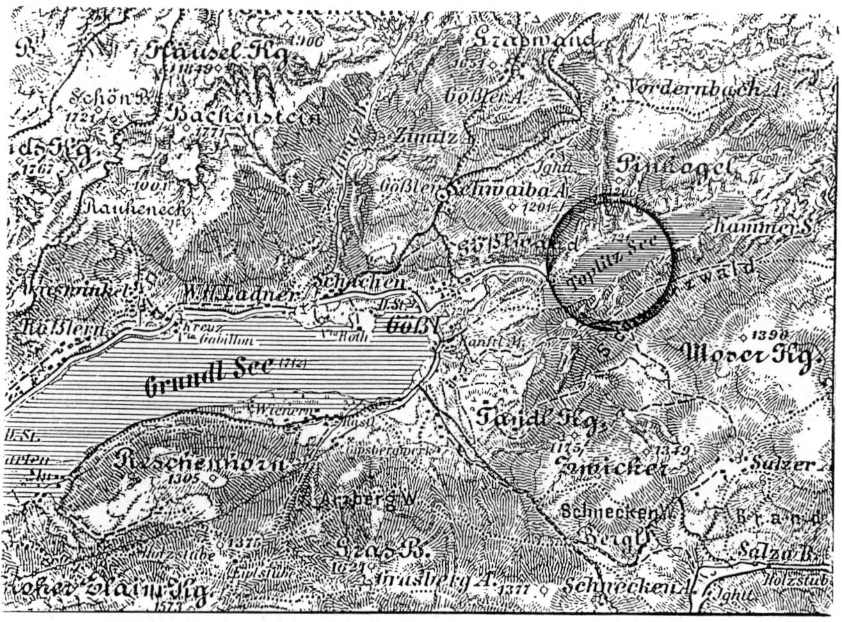

Im österreichischen Toplitzsee liegen geheime Akten des SD, des Sicherheitsdienstes der SS. Anfang 1945 wurden sie in den See versenkt

9. Toplitzsee

Was war eigentlich mit den Kisten mit falschen Banknoten passiert, mit denen die Autos weggefahren waren?

Nach dem Krieg erfuhr ich, wo die falschen Banknoten versteckt worden waren, die wir in der Fälscherwerkstatt gedruckt hatten, aber nicht nur die, sondern auch viele geheime Dokumente, Listen und Berichte, die zahlreiche Verbrechen der NS-Verbrecher hätten beweisen können.

Im österreichischen Salzkammergut, einige Kilometer von Bad Aussee entfernt, dem bekannten Ausflugszentrum im Gebiet der Salzburger Seen, befindet sich der Toplitzsee. Er liegt am Ende eines schmalen Pfades, der nicht mehr weiterführt. Von allen Seiten von steilen Felsen umgeben, ist nur der südliche Zipfel offen. Eine sehr schwer zugängliche Stelle. Diesen See hatten die NS-Verbrecher als ihren Tresor ausgesucht, als ihr geheimstes Versteck. Hier wollten sie die Beweise ihrer Verbrechen verbergen. Nach Aussagen von Augenzeugen ließen sie eine große Menge von Metallkisten im Gewicht von 30–100 Kilogramm zum Toplitzsee schaffen. In den Kisten waren Devisen, Gold und andere Kostbarkeiten, die sie aus den Kon-

Toplitzsee

zentrationslagern mitgebracht hatten – Buchenwald, Auschwitz und Sachsenhausen. Die Kisten enthielten ebenfalls Archivalien aus dem Potsdamer Gefängnis, aus dem Dortmunder Kriminalamt und auch aus dem Gebäude des Reichstags in Berlin. Alle diese Kisten wurden vorsichtig auf Boote aufgeladen und weit entfernt von den Seeufern versenkt. Zurück kamen die Boote leer, es saßen nur noch die Bewacher darin. Die Häftlinge, die die Ladung begleitet hatten, waren verschwunden.

SS-Obersturmbannführer Otto Skorzeny transportierte bei seiner Fahrt in die »Alpenfestung« 22 Kisten, in jeder 20 Barren reinen Goldes im Gesamtgewicht von 48 Kilo. Anfang Mai 1945 wurden diese Kisten angeblich im Toplitzsee versenkt.

Höttl, Krüger und Schwend besaßen noch Ende April 1945 Banknoten im Wert von 20 Millionen Pfund Sterling, weiter beträchtliche Mengen von Devisen und Goldvorräten und die wichtigsten Fälschungsinstrumente, Druckstöcke und das Rezeptbuch. Viel Geld und die Vorräte von unbedrucktem Papier wurden verbrannt, einige Kisten mit gefälschtem Geld endeten in der Enns; weitere Kisten mit Geld und Schriftstücken wurden in der Nacht zum 29. April 1945 auch im Toplitzsee versenkt.

General Fabiunke brachte 20 Kisten geprägtes Gold und Devisen im Wert von etwa 5 Millionen Mark und weitere 4,3 Millionen Mark aus seiner Kriegskasse mit nach Bad Aussee.

Adolf Eichmann tauchte in den ersten Tagen des Jahres 1945 beim sogenannten Rauchfang auf der Ausseer Blau-Alpe mit 22 schweren Kisten konfiszierter Kostbarkeiten auf: geschätzter Wert ungefähr 8 Millionen Dollar, damals rund 24 Millionen Mark.

An seine bessere Zukunft dachte auch der SS-Obergruppenführer Gauleiter Eigruber. Er versenkte im Toplitzsee eine Stahlkassette, die unter anderem angeblich einen Kautschuk-Beutel mit Brillanten enthielt.

Von einer Münzsammlung, die der Inhalt von zwei schweren Kisten war, konnte sich SS-Hauptsturmführer Dr. Helmut von Hummel nicht trennen, er hatte sie im österreichischen Kloster Kremsmünster gestohlen und versteckte sie natürlich in der »Alpenfestung«.

Der SS-Beauftragte in Ungarn, SS-Standartenführer Kurt Becher, kam mit mehreren Waggons jüdischen Eigentums in das Gebiet von Aussee, unter seinem persönlichen Gepäck befanden sich mehrere von Gold schwere Schrankkoffer.

Sicher nicht nur patriotische Gefühle veranlaßten Ferenc Szalasi, den Führer der ungarischen Pfeilkreuzler, in Aussee den geraubten Kasten mit den Reliquien des heiligen Stefan und einen Teil des ungarischen Krönungsschatzes zu vergraben.

Es wäre sicher merkwürdig, sollte Kaltenbrunner der Bescheidenste von allen gewesen sein. Er brachte 5 Kisten Brillanten und Edelsteine, 50 Kilogramm reines Gold in Barren aus den Vorräten der Deutschen Reichsbank, 2000 Kilogramm Gold und Goldgegenstände in 50 Kisten, 2 Millionen Schweizer Franken und eine Sammlung seltener Briefmarken, damaliger Schätzwert: 5 Millionen Goldmark.

Noch einige Posten, um besser vergleichen zu können: Laut einer bestimmten amerikanischen Liste hatten allein Hitler, Göring, Goebbels, Ley, Himmler und Ribbentrop ausländische Guthaben in den kapitalistischen Staaten in der Gesamthöhe von 14 883 162 Dollar, 465 000 Pfund Sterlin und Aktien im Wert von

Der frühere SS-Standartenführer Kurt Becher (links) wurde einer der reichsten Männer in Norddeutschland

Kurt Becher, SS-Standartenführer. Raubte von 1944 bis 1945 in Ungarn jüdisches Vermögen und handelte dort mit jüdischen Menschen. Wurde zum Kriegsverbrecher erklärt, aber später von den Alliierten geschützt

600 000 Pfund Sterling. Goebbels hatte in Buenos Aires unter dem Namen »Deutsch« 1 850 000 Dollar deponiert. Auch Himmler hatte ordentlich an seine alten Tage gedacht und überwiegend in Südamerika ein Eigentum in Höhe von etwa 2 Millionen Dollar in bar und in Wertpapieren deponiert.

Aber nicht nur von einem Haufen Gold, Brillanten, Dollar und Pfund wollten die NS-Verbrecher leben.

Die »Alpenfestung« nahm auch Kunst auf. In den verlassenen Stollen der Salzgrube bei Aussee waren Kunstwerke begraben, deren Wert nicht genau zu bestimmen ist. Bestohlen wurden vor allem Frankreich, Belgien, Holland, Polen, die Tschechoslowakei und Ungarn. In den dunklen Gängen der Grube gab es aber auch Sammlungen aus Deutschland und Österreich: 6500 weltbekannte Bilder, 1500 Kisten Manuskripte, Miniaturen, mittelalterliche Tapisserien, Plastiken, Schnitzerarbeiten, Kleinodien kirchlicher und weltlicher Herkunft, Hunderte einzigartige Teppiche u. a.

In den Stollen befanden sich unter anderem der Altar von Gent, Originale von Michelangelo, Dutzende Dürerstiche, die Wiener Rothschild-Sammlung, Kleinodien aus den Galerien in Neapel und aus dem Klostereigentum in Monte Casino, Gemälde von Tizian, Vermeer und anderen.

Alle diese Kunstschätze sollten vernichtet werden. Daß der Befehl Hitlers nicht mehr umgesetzt werden konnte, lag nicht an zu geringer Zerstörungswut.

Beim Toplitzsee befand sich jedoch auch das letzte Waffenarsenal und Rüstungslabor Hitlers.

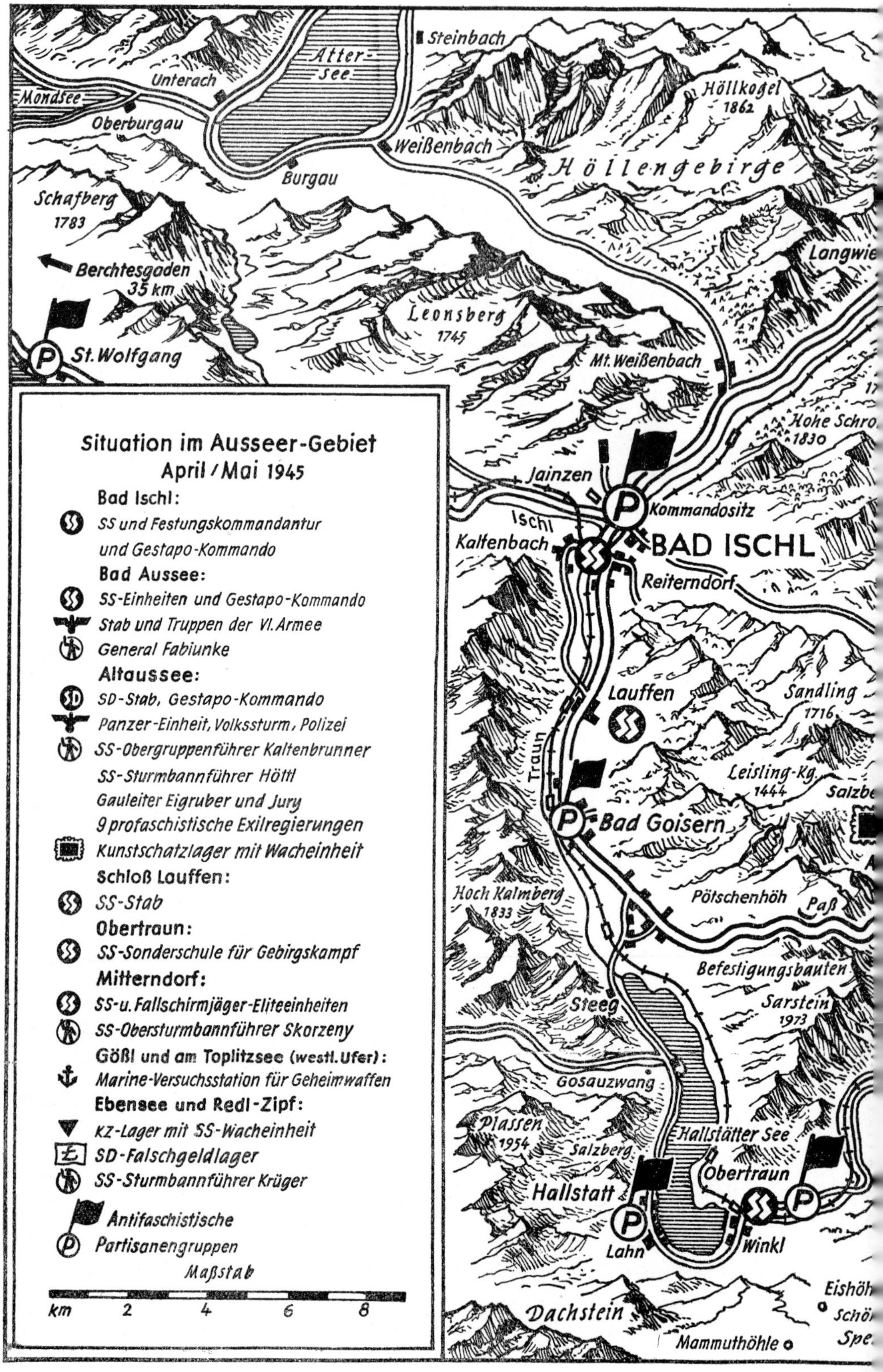
Situation im Ausseer-Gebiet
April / Mai 1945
Bad Ischl:
SS und Festungskommandantur und Gestapo-Kommando
Bad Aussee:
SS-Einheiten und Gestapo-Kommando
Stab und Truppen der VI. Armee
General Fabiunke
Altaussee:
SD-Stab, Gestapo-Kommando
Panzer-Einheit, Volkssturm, Polizei
SS-Obergruppenführer Kaltenbrunner
SS-Sturmbannführer Höttl
Gauleiter Eigruber und Jury
9 profaschistische Exilregierungen
Kunstschatzlager mit Wacheinheit
Schloß Lauffen:
SS-Stab
Obertraun:
SS-Sonderschule für Gebirgskampf
Mitterndorf:
SS-u. Fallschirmjäger-Eliteeinheiten
SS-Obersturmbannführer Skorzeny
Gößl und am Toplitzsee (westl. Ufer):
Marine-Versuchsstation für Geheimwaffen
Ebensee und Redl-Zipf:
KZ-Lager mit SS-Wacheinheit
SD-Falschgeldlager
SS-Sturmbannführer Krüger
Antifaschistische Partisanengruppen
Maßstab
km 2 4 6 8
Steinbach
Atter-See
Unterach
Mondsee
Oberburgau
Burgau
Weißenbach
Höllkogel 1862
Höllengebirge
Schafberg 1783
Berchtesgaden 35 km
Leonsberg 1745
St. Wolfgang
Mt. Weißenbach
Langwie
Hohe Schro
1830
Jainzen
Kommandositz
Ischl
Kaltenbach
BAD ISCHL
Reiterndorf
Lauffen
Sandling 1716
Traun
Leisling-Kg. 1444
Salzb
Bad Goisern
Hoch Kalmberg 1833
Pötschenhöh Paß
Befestigungsbauten
Sarstein 1973
Steeg
Gosauzwang
Plassen 1954
Salzberg
Hallstätter See
Obertraun
Hallstatt
Lahn
Winkl
Dachstein
Mammuthöhle
Eishöh
Schö
Spe

Traunsee
Ebensee
Rindbach
Roith
Angerlhöhe
1205
Eibenberg
1598
Kasberg
1743
Wolfsberg
1700
Habernau
Offensee
Gimbach
Almsee
Edlerberg
1914
Seehaus
1692
Zwölferkogel
2055
Woising
2061
Schönberg
2093
2095
Gr. Rabenstein
Totes Gebirge
Hochkogel
2086
Ht. Bruderkgl.
2030
Ht. Schwarzmooskgl.
1993
G. Hochkasten
2378
Loser
1838
Bräuningzinken
1899
Häuslkgl.
1843
Graswand
Kammersee
Klammkgl.
1790
Altausseer See
Gößl
Toplitzsee
Weiße Wand
2189
Grundlsee
Rechenhorn
1233
Türkenkgl.
1752
U. Kainisch
Kamp
1681
Pichl b. A.
Obersdorf
Tauplitz
Zauchen
Ödensee
Mitterndorf
Klachau
Kulmkogel

Was hatte eigentlich den Widerstand der Nazis verlängern sollen? Was waren das für Wunderwaffen, die das sterbende NS-Regime hatten wiederbeleben wollen?

Beim Toplitzsee hatte nämlich die Forschungsabteilung der Kriegsmarine ihr Quartier aufgeschlagen, überwiegend Techniker und Waffenschmiede. Alle hatten Hitler Treue bis zum Tod geschworen, außerdem versprochen, daß gerade ihre »Wunderwaffe« Hitler und seine Vertrauten wieder in den Sattel setzen werde.

Der Glaube ist manchmal wirklich blind!

Diese fanatischen »Blinden« arbeiteten an vier Projekten. Sie entwickelten spezielle Geschützladungen zum Beschießen von Betonzielen, selbstortende Torpedos, Miniaturunterseeboote von verschiedenen Typen und Raketen für den Start aus Unterseebooten.

Es entstand hier z. B. der Torpedo »T 5«, genannt »Zaunkönig«, der sich, mit einem hydroakustischen Gerät ausgestattet, nach den Schallwellen der Schiffsschraube die schwimmenden Ziele selbst aussuchen und sich selbst darauf orten konnte.

Die anglo-amerikanische Landung sollte im Uferwasser durch die Miniaturunterseeboote der Typen »Haifisch«, »Delphin«, »Biber«, »Molch« und weitere gestört werden, immer raffinierter waren auch die Torpedos für den Seekrieg. Beispielsweise die bekannte Fischserie: Steinfisch, Goldfisch und Steinwal.

Das größte Interesse hatten für Hitler die Raketen, mit denen er aus Unterseebooten New York und andere Städte an der amerikanischen Küste beschießen lassen wollte.

»Was würde passieren, wenn einige solcher Raketen in der Mitte von Manhattan niedergehen würden ... ?«

Die Nazis setzten auf die ausbrechende Panik.

»Diesen Krieg werden wir zwar verlieren«, sagten die letzten Nibelungen, »aber unsere Zeit wird wiederkommen!«

Und deswegen mußten die Pläne der Wunderwaffen versteckt werden, gut versteckt werden! Und wo anders als im Toplitzsee.

Es gab eine Sondergruppe, die von März bis Mai 1945 die geheimen Pläne, die Ergebnisse der Forschung und Behälter mit schwerem Wasser ins Gebiet um Aussee und besonders zum Toplitzsee begleitete. Ein Teil wurde in wasserdichten Hüllen in den See versenkt. Eine Sondergruppe der Marine trug diese Stellen in Seekarten ein. Auf den Hüllen waren mit Draht Holzstangen befestigt, die in einer Tiefe von 5 bis 7 Metern unter dem Wasserspiegel zu sehen waren. Es gab sogar Pläne zu Maßnahmen für einen raffinierten Schutz gegen fremde Eingriffe.

Die Gruppe versenkte im See Spezialsprengkapseln, Hüllen mit Pulver, Meßgeräte, einige Versuchsbomben, Geschosse des Typs V 1 und eine ballistische Rakete V 2.

Ein früher normaler, wenn auch schwer zugänglicher See war zu einer gefährlichen Schatzkammer geworden. Anfang Mai 1945 bemerkte ein Fischer auf dem Toplitzsee Papier, das auf dem Wasser schwamm. Als er es herausfischte, stellte er fest, daß es sich um eine englische Pfundnote handelte. Er trocknete den Geldschein und versuchte ihn dann auf der Bank gegen Schillinge einzutauschen. Anstandslos wechselte der Bankbeamte das Geld um. Da er in den nächsten Tagen noch weitere Pfundnoten aus dem See fischte, die er ebenfalls zum Tausch anbot,

Auch Reinhard Gehlen, später Chef des Bundesnachrichtendienstes, der westdeutschen Auslandsspionage, hatte in den letzten Kriegstagen sein Quartier in der Nähe des Toplitzsees aufgeschlagen

wurden die Bankbeamten stutzig, und eines Tages erhielt der Fischer Besuch von amerikanischen Offizieren. Sie klärten den Fall. Der Fischer war sein »Geld« los. Gerüchte begannen sich um den »Schatzsee« zu verbreiten, die nicht verstummen wollten.

Der riesige Schatz auf dem Grund des Toplitzsees ließ mehrere Leute nicht ruhig schlafen. Im Laufe der Jahre nach dem Krieg wechselten sich am See viele Gruppen von Tauchern ab, auch einzelne, die versuchten, wenigstens etwas von dem Goldschatz zu erbeuten. Das Ergebnis war meistens tragisch. Viele wurden tot aufgefunden, einige stürzten aus unbekannten Gründen von der Felswand ab, die

Gauleiter Eigruber (dritter von links) leitete im April 1945 die Versenkungsaktion des gesamten technischen und schriftlichen Materials der Forschungsstation Marine

den See umgab. Viele tauchten nach dem Schatz, tauchten aber nicht mehr auf. Sicherlich war oft Mord im Spiel.

Wolfgang Löhde vom »Stern«, bis Kriegsende in der Kriegsmarine, soll drei Jahre lang den Spuren einer Falschmünzergruppe des Sicherheitsdienstes nachgejagt sein. Monatelang habe er Zeugen gesucht: in Südamerika – insbesondere in Peru –, in Spanien, in Österreich, Italien, Jugoslawien und in der Schweiz. Er behauptete, Hunderte Personen befragt zu haben, will auf diese Weise Angaben im Umfang von 3600 Seiten gesammelt haben. Viele Angaben wiesen übereinstimmend auf den Toplitzsee als den Endpunkt der überstürzten Verwischung von Spuren in den letzten Stunden des Krieges hin.

Im Juli 1959 erhielt ein Team der Illustrierten »Stern« von der steiermärkischen Landesregierung nach Absprache mit der Generaldirektion für Bundesforste in Wien die Genehmigung, in der Zeit vom 25. Juli bis 31. August 1959 im Toplitzsee nach versenkten Sachwerten zu suchen und anschließend Bergungen von Gegenständen jeder Art (mit Ausnahme von Munition) vorzunehmen. Zehn Tage nach dem Anfang des »Abfischens« wurden die ersten sieben Kisten lokalisiert. Zwei Wochen später wurde die erste Kiste geborgen. Sie enthielt gefälschte Pfundnoten aus der »Aktion Bernhard«. Die Pfund-Falsifikate waren für die Expedition jedoch uninteressant, sie haben sie nicht einmal gezählt... nur der Titel der »Stern«-Serie strahlte: »Geld wie Heu!«

Später wurde eine Kiste mit der Bezeichnung »B 9« herausgeholt. Sie enthielt geheime Akten des Reichssicherheitshauptamtes. Die Kiste wog etwa 10 Kilo und war besonders sorgfältig zugenagelt. Es zeigte sich, daß sie bis zum Rand voll war – mit Akten.

Froschmänner bei der Erforschung des Toplitzsees

Der »Stern« meldete mit Schlagzeilen in seiner nächsten Ausgabe: »Schon seit Wochen steht der Toplitzsee im Mittelpunkt des Weltinteresses. Genau seit dem Tage, an dem Sternreporter die erste Kiste mit gefälschten Pfundnoten aus 80 Meter ans Tageslicht zogen. Genau seit dem Tage, da sie die letzten Beweise für unseren Tatsachenbericht ›Geld wie Heu‹ fanden: die gefälschten Geldscheine, mit denen die SS den Krieg gewinnen wollte und die hier 1945 spurlos verschwinden sollten. Aber die Spuren dieses größten Falschgeldunternehmens konnten nicht verwischt werden. Geld wie Heu liegt an den Ufern des Toplitzsees und in den Tresoren der österreichischen Polizei. Und dann wurde die bisher größte Sensation aus dem See geholt: die Geheimakten der SS über die Falschgeldherstellung. Prä-

Gefälschte Pfundnoten – »Fischfang« aus dem Toplitzsee

zise Angaben über Agenten, Hersteller, Lieferanten. Angaben über alle diejenigen, die 1945 hofften, untertauchen zu können und vergessen zu werden.«

»Wir dachten an Pfunde, sagte uns Sternreporter Löhde am Telefon. Wir dachten, sie enthielte wieder Geld, als wir die große Kiste endlich auf dem Floß hatten. Kriminalinspektor Rolf von Plotegg von der Sicherheitsdirektion in Graz und ich schlugen den morschen Deckel ab – und standen vor Akten. Genaue Einsatzbefehle für SS-Agenten in holländischer, norwegischer, englischer und deutscher Sprache. Anweisungen für Sabotageakte: die Sprengung feindlicher Schiffe, Flugplätze und anderer Objekte. Sonderausweise, Tagebücher über die Falschgeldherstellung – Hunderte von Geheimakten.«

Diese Nachricht löste eine politische Explosion, Angst und Befürchtungen aus. Nervosität verbreitete sich wie seinerzeit, als es darum ging, den Nazi-Schatz verschwinden zu lassen. Zu viele Karrieren und Firmen gründeten auf geraubtem Gold und Falschgeld.

Für Buccerius, den Verleger des »Stern«, war plötzlich der Ofen aus. Unwiderruflich beendete die Chefredaktion des »Stern« die Bergungsaktion vierzehn Tage vor Ablauf der Frist, auch wenn sie schon 30 000 Mark gekostet hatte. Löhde erhielt ein Telegramm: »Ich halte Ihren weiteren Aufenthalt am Toplitzsee für unvereinbar mit Ihrer Aufgabe!« Am Ende der Suche blieben 15 bis 20 lokalisierte Fundorte übrig, wo die versenkten Gegenstände im See verblieben.

Ab 16. August 1959 herrschte am Toplitzsee also wieder Ruhe.

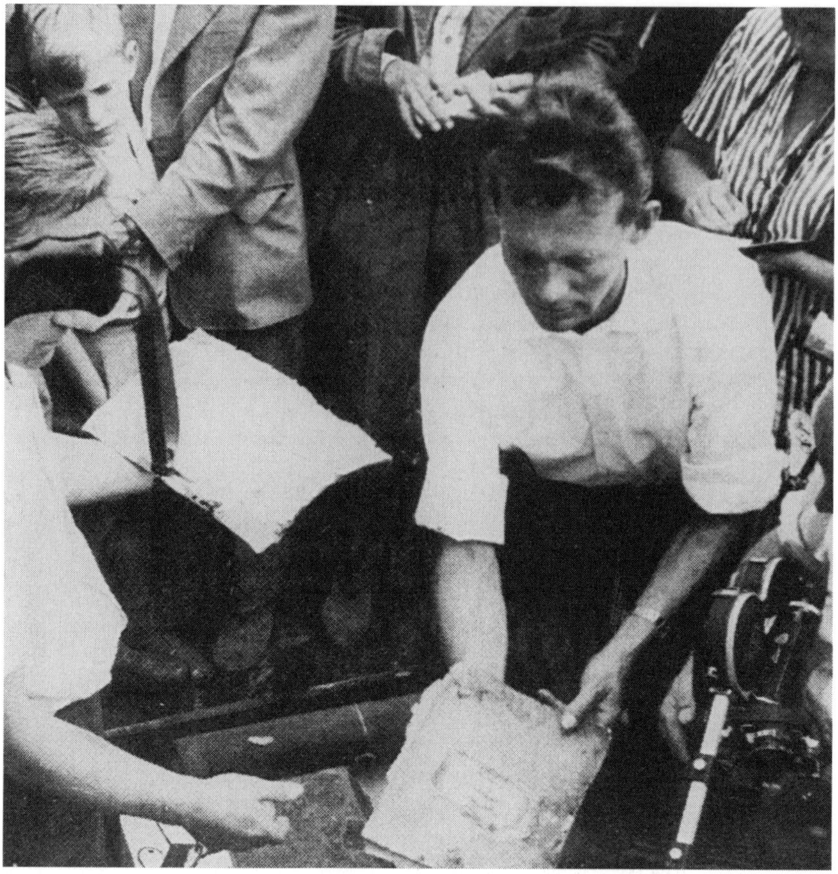

Geheime Akten des SS-Sicherheitsdienstes

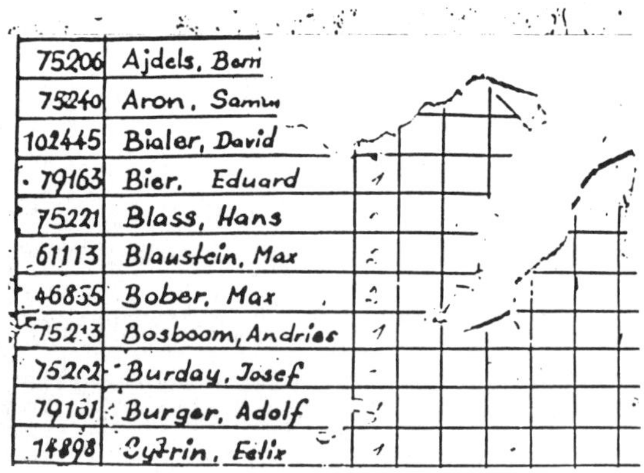

75206	Ajdels, Bern
75240	Aron, Samu
102445	Bialer, David
79163	Bier, Eduard
75221	Blass, Hans
61113	Blaustein, Max
46855	Bober, Max
75213	Bosboom, Andries
75202	Burday, Josef
79101	Burger, Adolf
14898	Cyfrin, Felix

... auch das Verzeichnis der Häftlinge des Fälscherkommandos befand sich in den vom »Stern« und den Österreichern aus dem See geholten Kisten. Der Name des Autors dieses Buches in der zweiten Zeile von unten

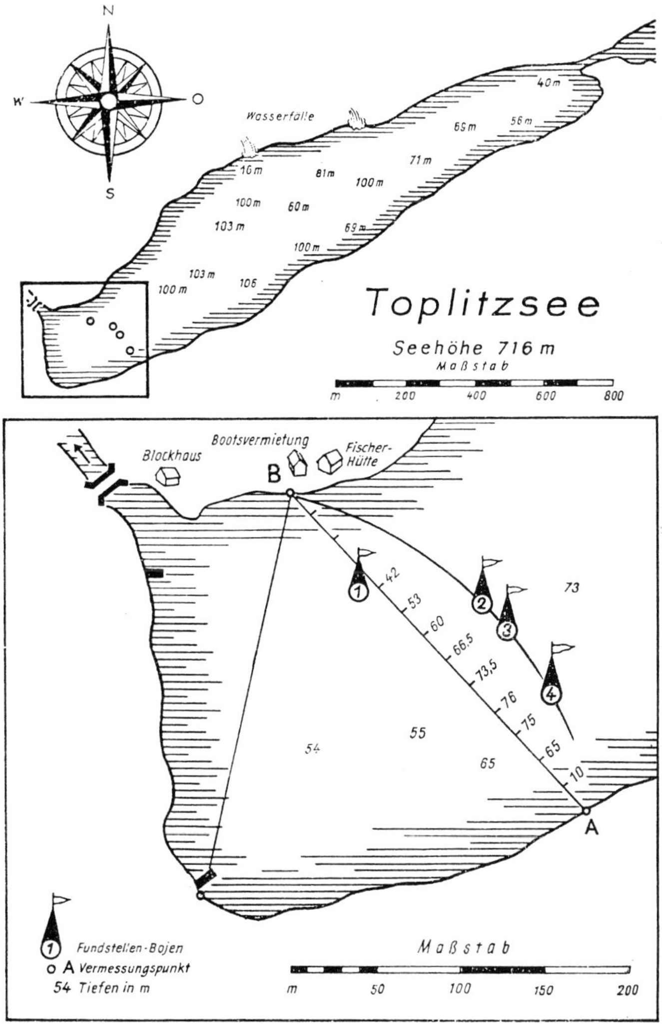

Toplitzsee – Himmlers nasser Tresor. In den Gewässern des Sees wurden mehr als 40 Kisten mit Falschgeld und verschiedenen Geheimakten versteckt

Spezielles Artillerieprojektil zum Beschießen von Betonzielen. Kaliber: 15–20 cm, Länge: 225 cm

Jedoch nicht in den Spitzen einiger Monopole und verschiedener Dienststellen. Hier fand die Aufregung kein Ende...

Am 8. Oktober 1963, in der Nacht von Sonnabend zu Sonntag, gab es einen weiteren nicht genehmigten Bergungsversuch. Der Sporttaucher Alfred Egner, 19 Jahre, aus Haar bei München, legte seine Taucherausrüstung an, zum letzten Mal in seinem kurzen Leben. Unwiederbringlich verschwand er unter dem Wasserspiegel des Toplitzsees. Etliches deutete auf einen Mord. Die Leine war durchgeschnitten.

Diesmal ließ sich die Teilnahme von westdeutschen Agenten an dem illegalen Tauchversuch nicht mehr verheimlichen. Die Polizei des neutralen Österreich mußte eine Untersuchung anfangen. Wer wurde als Mittäter festgestellt?

Erst ein gewisser Georg Freiberger, weiter ein Dr. Karl Heinz Schmidt und ein Vertrauensmann von Schmidt, Gottfried Oswald, ein Maschinenbauingenieur aus Augsburg. Zum Leiter des illegalen Bergungsunternehmens war Freiberger bestimmt worden, gutsituierter Besitzer einer Druckerei, unauffälliger Gründer einer rechtsextremen Partei, langjähriger Geheimdienstagent, Mitarbeiter von Reinhard Gehlen, erst Hitlers Spionagegeneral, dann Gründer und Leiter der bundesdeutschen Auslandsspionage BND, die auch in der Bundesrepublik tätig wurde. Schmidt war vom Bonner Gericht als Falschmünzer verurteilt worden.

Es wäre sicher merkwürdig gewesen, wenn Freiberger und Co. versucht hätten, den Schatz selbst herauszufischen. So mutig waren sie nicht. Dazu hatten sie den jungen Egner bestellt, der seine Belohnung jedoch nicht mehr genießen konnte.

Endlich meldete sich das österreichische Innenministerium zu Wort.

Die Erklärung klang eindeutig: Den Toplitzsee werden wir selbst säubern!

Und so wurde die nasse Schatzkammer in der zweiten Hälfte Oktober 1963 von 300 österreichischen Gendarmen mit Schnellfeuerwaffen, Hubschraubern und Sendern abgesperrt, es kamen auch 70 ausländische Journalisten...

Ein sicher energischer, vielversprechender Vorgang, aber wieder mit einem Echo von bestimmten bundesdeutschen Kreisen, denen diese Aktion selbstverständlich nicht in den Kram paßte. Es erschienen auch drohende Titel:

»Wer das Gold holen will – riskiert sein Leben!«

»Die Taucher am Toplitzsee haben keine Hoffnung!«

»Jeder Tag der Arbeiten kostet etwa 6500 Mark.«

Wieder fing man an, über Sprengminen zu sprechen, Ultimaten, anonyme Briefe, Anzeigen zu schreiben...

Die österreichische Untersuchung dauerte vom 23. Oktober bis zum 7. Dezember 1963, und sie kostete grob gerechnet 600 000 Kronen. Man kann nicht schreiben, daß die ganze Aktion umsonst war. Die organisatorische Absicherung zusammen mit den unvollkommenen technischen Mitteln brachte jedoch nur einen Teilerfolg. Es wurden überhaupt nur 16 Prozent der Fläche des Sees untersucht, dabei arbeiteten die Fernsehkameras zur Bildabnahme unter dem Wasser und die Sonden getrennt, obwohl bekannt war, daß erst deren Kombination effektiv ist.

Was die Kisten anbelangt: 18 wurden herausgeholt, lauter gefälschte Pfundnoten einschließlich der entsprechenden 34 Druckstöcke und der Liste der Häftlinge aus den Blocks 18–19 des KZ Sachsenhausen. Der nasse Tresor wurde geöffnet, er wurde jedoch nicht ausgeräumt.

10. NS-Verbrecher

Unmittelbar nach dem Ende des Krieges organisierten sich zwei Gruppen, die für die Initiatoren des breit verzweigten Netzes der nazistischen terroristischen Verbindungen gehalten werden müssen: ODESSA und SPINNE. Sie hatten sich die Aufgabe gestellt, den NS- und Kriegsverbrechern, den Spitzen von SD und SS sowie den Goldfasanen, den hohen Funktionären der NSDAP, die Flucht ins Ausland zu ermöglichen. Sie knüpften Verbindungen mit Spanien, Südamerika, Portugal, Argentinien, Chile und einigen arabischen Ländern. Für Tausende deutscher Kriegsverbrecher besorgten sie falsche Dokumente, von denen das Fälscherkommando in Sachsenhausen einen Vorrat hatte herstellen müssen. Mit aktiver Hilfe befreundeter südamerikanischer Kreise und Regimes und vatikanischer Spitzen, wie Bischof Hudal, entkamen die Nazigrößen nach Spanien, Portugal, Argentinien, Chile, Peru und Brasilien. Bekannt wurden die Namen von NS-Verbrechern wie Eichmann, Dr. Mengele, Barbie, Rauff, Stangl und Cukurs.

Der Nürnberger Hauptkriegsverbrecher-Prozeß hatte einen Maßstab setzen sollen. In den zwölf Folgeprozessen wurden besonders schuldtragende Industrielle, Juristen, Beamte, Richter, Ärzte, Generäle angeklagt. In jedem Prozeß ein anderer Bereich. Im Gegensatz zum Internationalen Militärtribunal fanden die Folgeprozesse jedoch nur vor amerikanischen Militärgerichten statt.

Am wichtigsten war der »Fall 11«, der Wilhelmstraßenprozeß, in dem 4 Reichsminister, 7 Staatssekretäre und eine Reihe weiterer hoher Staatsbeamter angeklagt wurden. Der Stab der amerikanischen Anklage bereitete 550 000 Akten vor, die in langen Regalen gestapelt wurden. Auf der Anklagebank saßen neben anderen Angeklagten auch Walter Schellenberg, der Chef des Auslandsnachrichtendienstes des RSHA, Graf Schwerin von Krosigk, Reichsfinanzminster, und Emil Puhl, der langjährige Präsident der Deutschen Reichsbank.

Die Beobachter beim Prozeß, die sich von den Aussagen Enthüllungen über die verschwundenen Millionenwerte versprachen und erwarteten, daß Schellenberg

Adolf Eichmann, Organisator der Massenvernichtung der Juden – 1961 vor der Verurteilung zum Tode durch das Gericht in Israel

für die beispiellose Falschmünzerei und die damit zusammenhängenden Verbrechen zur Verantwortung gezogen würde, verließen Nürnberg enttäuscht. Walter Schellenberg wurde schließlich zu 6 Jahren Kerker verurteilt, Emil Puhl, der schweigsame Hüter des SS-Schatzes, wurde zu 5 Jahren Freiheitsentzug verurteilt. Vor den Gerichten und Tribunalen defilierten Angeklagte und Entlastungszeugen, meist selber belastet, Vertreter der guten Gesellschaft, Akademiker, die sehr bald wieder unbestraft in eleganten Kleidern, Fräcken oder Jacketts, später auch wieder in gebügelten Uniformen, erschienen. Einige von ihnen waren Universitätsprofessoren oder Dozenten, andere Diplomingenieure, Doktoren der Rechte, der Medizin, der Philosophie, Generäle oder hohe Offiziere. Sie waren am Massenmord beteiligt, hatten selbst gemordet, Betrügereien, Diebstähle und Geldfälschungen en gros durchgeführt, die mit keinen Ereignissen in der Geschichte der Menschheit zu vergleichen sind...

Was passierte mit den NS-Verbrechern?

SS-Obersturmbannführer Dr. Wilhelm Höttl, enger Freund Eichmanns, Vertrauensmann von Kaltenbrunner und Betrüger mit den Falschgeld-Millionen, erlebte die Nachkriegszeit ganz unbeschwert. Seine Wohltäter verhinderten, daß er der ungarischen Regierung ausgeliefert wurde, die einen Steckbrief gegen ihn erlassen hatte. Er gründete im Herzen der ehemaligen »Alpenfestung« eine Privatschule und schrieb unter dem Pseudonym Walter Hagen ein Buch »Unternehmen Bernhard«, in dem er die Häftlinge des Fälscherkommandos als Kriminelle verleumdete. Er wurde deswegen 1956 und 1960 von dem ehemaligen Häftling Hans Kurzweil verklagt und von einem österreichischen Gericht verurteilt.

SS-Sturmbannführer Fritz Schwend, der Falschgeldvertriebschef mit weltweitem Netz, hatte nur einen einzigen Tag in amerikanischer Haft zu verbringen. Die italienische Justiz suchte ihn, und das Schwurgericht Bozen verurteilte ihn am 16. Mai 1964 in absentia zu 21 Jahren Gefängnis; das Schwurgericht München verurteilte ihn am 8. Juni 1979 zu 2 Jahren Freiheitsstrafe auf Bewährung. Er ist als Verurteilter nach 1945 nie ins Gefängnis gekommen.

Im Vertriebsapparat für das Falschgeld herrschte George Spencer Spitz. Auch er blieb unbehelligt.

SS-Obersturmbannführer Otto Skorzeny hatte sich nach Spanien abgesetzt. Ihm wurde eine Reihe von Kriegsverbrechen nachgewiesen. Die Amerikaner hatten es allerdings abgelehnt, ihn an die Tschechoslowakei auszuliefern.

Bernhard Krüger verschwand im Mai 1945. Er wurde von Major George McNally, dem Washingtoner Fachmann für Falschmünzerei, verfolgt. Auch Scotland Yard war an der Suche nach Krüger beteiligt.

1952 bemerkte McNally in seinem Bericht: »Vom Meisterfalschmünzer Krüger hat seitdem niemand mehr gehört, trotz der gemeinsamen Bemühungen der Polizei von einem halben Dutzend Staaten, ihn zu finden...«

Interpol, das internationale Koordinationszentrum der Kriminalpolizei, gab die Beschreibung Krügers in der ganzen Welt heraus. Umsonst!

Auch Gerald Reitlinger, der britische Zeitgeschichtler, der sich bei Scotland Yard über die Ergebnisse der Untersuchung im Fall Krüger informiert hatte, berichtete: »Er ist nie mehr gefunden worden.«

Und andere Versionen?

Es wurde behauptet, Krüger sei nach dem Krieg nach Italien geflohen, angeblich über die Schweiz. Andere erklärten, daß er als Bankier in Buenos Aires lebe. Andere »eingeweihte« Quellen gaben an, Krüger sei mittellos in Bagdad gestorben. Es wurde sogar berichtet, er habe sich in einem britischen Gefängnis aufgehängt.

...ein Gewirr von irreführenden Spuren und gegensätzlichen Legenden.

Bernhard Krüger, der Unauffindbare, der Chef der Geldfälscher, die Schlüsselgestalt der Falschmünzerei der NS-Verbrecher, hatte sich in Luft aufgelöst.

Wirklich?

Die Hahnenmühle in Dassel bei Einbeck ist eine Fabrik für handgeschöpftes Papier. Während hier anglo-amerikanische Fachleute Untersuchungen über die Lieferungen des Papiers für die Fälscherwerkstatt in Sachsenhausen führten, saß in einem Büroraum der Hahnenmühle ein ruhig aussehender Kalkulator und arbeitete.

Das war Bernhard Krüger!

Ein stiller Mann, der damals sehr genau und Verschiedenes kalkulieren mußte, denn er wußte sehr gut, daß seine Verantwortung für die Geldfälscheraktion erst 1955 verjähren würde.

Er wartete 10 Jahre, zehn Jahre lang wurde er von seinen Geschäftsfreunden versteckt.

Aber danach, am 23. August 1956, gab Bernhard Krüger eine eidesstattliche Erklärung ab:

»In der Funktion des technischen Referenten und Leiters eines technischen Referates innerhalb des Amtes VI, Auslandsnachrichtendienst, führte ich auf Befehl des Reichsführers SS, H. Himmler, die Falschgeldproduktion mit der Decknamenbezeichnung ›Unternehmen Bernhard‹, die sich als wirtschaftsstrategische Maßnahme gegen England richtete, durch.«

Welche Bescheidenheit!

Bernhard Krüger, geboren am 26. November 1904, PG (Parteigenosse) mit der NSDAP-Mitgliedsnummer 528739 und Angehöriger der SS, Nummer 15249, will nur technischer Referent und Leiter eines technischen Referates im Amt VI gewesen sein.

Seine eidesstattliche Erklärung vom 23. August 1956, bloß »technischer Referent und Leiter eines technischen Referats« im Amt VI des RSHA (Reichssicherheitshauptamt) gewesen zu sein, wurde für bare Münze genommen, und niemandem von den damaligen Vertretern der Justiz fiel ein, Krüger wegen Mitgliedschaft in zwei verbrecherischen Organisationen zu verfolgen. Er hätte für die Geldfälschung auch nach deutschen Gesetzen bestraft werden müssen. Und daß er seit 1931 Mitglied der NSDAP war – das war inzwischen zu einer Nebensächlichkeit geworden und nicht mehr von Strafe bedroht.

SS-Sturmbannführer Bernhard Krüger hatte als Leiter der Fälscherwerkstatt in Sachsenhausen die Liquidierung der kranken Häftlinge Pjotr Sukiennik aus der UdSSR, Karl Sussman aus Wien, Georg Jilovský aus Prag, Abraham Kleinfeld aus Österreich, Ernst Stiasny aus Brünn, Abraham Fingerhut, Hermann Gütig und Sonnenthal befohlen. Alle waren ermordet worden. Ebenso hatte er die Ermordung der übrigen Angehörigen des Fälscherkommandos angeordnet, die durch die Geschwindigkeit des amerikanischen Verstoßes verhindert worden war.

Die Papierfabrik Hahnenmühle in Dassel.
Hier versteckte sich Sturmbannführer Krüger bis 1955

Über seine Opfer hat er nie gesprochen. Er will ja nur technischer Referent gewesen sein.

»Entsprechend dem Befehl hatte ich mit Häftlingen jüdischer Abstammung die Aufgabe durchzuführen. Aus diesem Grund suchte ich zuerst 39 Häftlinge aus, die dem KL Sachsenhausen zugehörig waren. Weitere, über 100 Häftlinge, übernahm ich vom KL Auschwitz.

Ich betone nachdrücklich, daß es sich bei diesen Häftlingen, von einer Ausnahme abgesehen, um keine kriminellen Elemente bzw. berufsmäßigen Fälscher und Zuchthäusler gehandelt hat.

Zutreffend ist, daß sämtliche Häftlinge wegen ihrer rassemäßigen Zugehörigkeit in das Konzentrationslager verbracht worden waren und als politische Gefangene klassifiziert worden sind. Diese Tatsache wird dadurch noch bekräftigt, weil alle diese Häftlinge das rote Stoffkennzeichen an ihrer Gefangenenkleidung trugen, welches nach außen hin den Haftgrund anzeigte.

Mit der Herstellung der Druckstöcke hatten die Häftlinge nichts zu tun. Die Druckstöcke wurden in Friedenthal, ca. 2–3 km von Sachsenhausen gelegen, durch SS-Leute bzw. Vertragsangestellte hergestellt.«

1957 schickte Krüger eine eigenhändig unterschriebene Bewerbung auf eine Stelle an das Bundeskriminalamt. Damit hatte der Meisterfalschmünzer zwar keinen Erfolg, aber sonst passierte gar nichts.

Es ist so typisch wie verständlich, daß er erst seine Ruhe verlor, als er begriff, daß seine Verbrechen nicht verjährt waren, daß ihm jemand auf der Spur war und daß seine Brotgeber und seine Verbrechen in keinem Teil Deutschlands vergessen worden waren.

Zuerst verließ er sein Versteck, verschwand aus dem Maschweg Nr. 63 in Dassel und zog sich in die Einsamkeit eines abgelegenen Hauses in der Sievershäuser Straße in der gleichen Stadt zurück. Dann verließ er Dassel und verbreitete die Nachricht, daß er ins Ausland ziehe. In Wirklichkeit zog er nach Stuttgart in die Vorstadt Krontal, wo er zum bescheidenen Untermieter beim Arzt Dr. Peter Fritz in der Martin-Luther-Straße 29 wurde.

Zweimal gab es ein Ermittlungsverfahren gegen ihn: 1955 in Berlin und 1965 in Stuttgart. 1964 hatte Julius Mader, der Verfasser des »Banditenschatzes«, bei der

Zentralstelle in Ludwigsburg Strafanzeige gegen ihn gestellt. Diese leitete die Anzeige nach Köln weiter, wo KZ-Verbrechen in Sachsenhausen untersucht wurden. Köln konnte keine Verbindung zu den dort ermittelten Sachverhalten feststellen und leitete die Anzeige an die für Dassel zuständige Staatsanwaltschaft in Göttingen weiter, und diese schickte die Akten nach Stuttgart, weil Krüger dorthin verzogen war. Stuttgart stellte dann 1965 ebenso wie Berlin 1955 das Ermittlungsverfahren ein. Allerdings gab es der Justiz erreichbare überlebende Häftlinge, die nicht befragt wurden, obwohl sie gern gegen Krüger ausgesagt hätten, der für den Tod ihrer Kameraden verantwortlich war und auch ihren Tod befohlen hatte. Krüger ist nie vor Gericht gestellt worden.

Aber im Gegensatz zu den meisten SS-Führern, die an der Fälscheraktion beteiligt waren, ist er anscheinend kein Millionär oder sogar Multimillionär geworden.

Bernhard Krüger
DASSEL Kr.Einbeck
(20b) Maschweg 369

den 23. August 1956

Ich, Bernhard K r ü g e r , wohnhaft in D a s s e l Krs. E i n b e c k , Bundesrepublik Deutschland, erkläre mich bereit, nachstehende eidesstattliche Erklärung für Herrn Hans K u r z w e i l , wohnhaft in W i e n , Burggasse 50, hinsichtlich seiner Beleidigungsklage gegen H a g e n , abzugeben.
Ich erkläre außerdem, daß ich mir der Bedeutung der Abgabe einer derartigen Erklärung vollkommen bewußt bin.

Eidesstattliche Erklärung

In der Eigenschaft als techn. Referent und Leiter eines technischen Referates innerhalb des Amtes VI, Auslandsnachrichtendienst, führte ich auf Befehl des Reichsführers SS, H. H i m m l e r , die Falschgeldproduktion mit der Decknamenbezeichnung "Unternehmen Bernhard," die sich als wirtschaftsstrategische Maßnahme gegen E n g l a n d richtete, durch.

Entsprechend dem Befehl hatte ich die Aufgabe mit Häftlingen jüdischer Abstammung durchzuführen. Aus diesem Grunde suchte ich zunächst 39 Häftlinge aus, die dem KL-Sachsenhausen zugehörig. Weitere, über 100 Häftlinge, übernahm ich vom KL-Auschwitz.

Ich betone ausdrücklich, daß es sich bei diesen Häftlingen, von einer Ausnahme abgesehen, um keine kriminellen Elemente, bzw. berufsmässige Fälscher und Zuchthäusler gehandelt hat.

Zutreffend ist, daß sämtliche Häftlinge wegen ihrer rassemässigen Zugehörigkeit in das Konzentrationslager verbracht worden waren und als politische Gefangene klassifiziert worden sind. Diese Tatsache wird dadurch noch bekräftigt, weil alle diese Häftlinge das rote Stoffkennzeichen an ihrer Gefangenenkleidung trugen, welches nach außen hin den Haftgrund anzeigte.

Mit der Herstellung der Druckstöcke hatten die Häftlinge nichts zu tun. Die Druckstöcke wurden in Friedenthal, ca. 2 bis 3 km von Sachsenhausen gelegen, durch SS-Leute, bzw. Vertragsangestellte hergestellt.

B. Krüger

Die vorstehende Unterschrift des Bernhard Krüger
wird hiermit amtlich beglaubigt.
Dassel, den 23. August 1956
Stadt Dassel
I.A. [illegible]

Der Rat der Stadt Dassel

11. Heimkehr ohne Zuhause

Am 20. Mai 1945 kam ich in die Heimat zurück. Ich wollte nach Hause fahren, das war mein erster Gedanke. Aber die Züge aus Prag nach Poprad fuhren erst nach sechs Wochen. Und so mußte ich wieder warten. Ich habe gehofft, daß ich zu Hause meine Mutter und den Stiefvater finden werde, den letzten Brief von der Mutter hatte ich im Oktober 1944 bekommen.

Ich kann mich an die Reise deutlich erinnern. Ich machte Pläne für die Zukunft, Hoffnungen... Ich ging auf dem bekannten Wege vom Zug nach Hause. Ich machte die Tür auf... Und schlechter konnte es nicht mehr sein. Ich fand eine leere Wohnung, ganz leer, ohne irgendwelche Möbel. Ich stand auf der Schwelle, an die Tür gestützt, ich war verzweifelt und nahm die Umgebung gar nicht wahr. Erst nach einer Weile merkte ich, daß jemand hinter mir stand. Ich drehte mich um und sah unsere Nachbarin. »Sind Sie es? Sie leben?« Voller Unglauben schaute sie mich an. Von ihr erfuhr ich, was geschehen war. Meine Mutter war in das Konzentrationslager in Ravensbrück und der Vater nach Sachsenhausen deportiert worden. Knapp vier Monate vor Ende des Krieges. Ich habe sie nie wiedergesehen.

Damals, auf der Schwelle der leeren Wohnung, hatte ich einen einzigen Gedanken in mir: »Hier kann ich nicht weiterleben!« Ich drehte mich um und ging wieder zum Bahnhof. Ich kehrte nach Prag zurück, um Zeugnis abzulegen über alles, was ich erlebt und überlebt hatte.

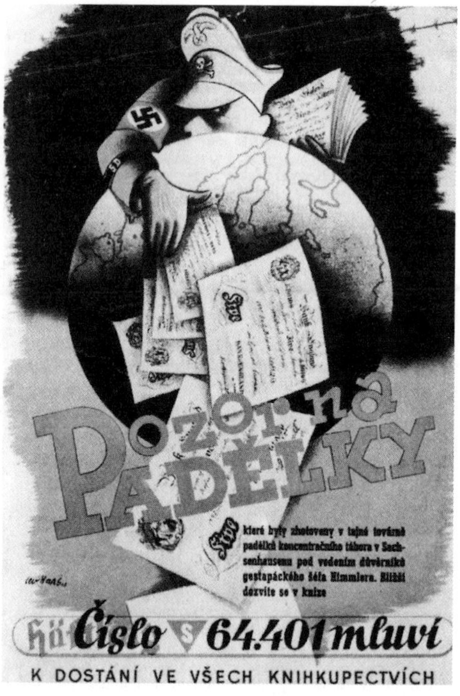

Leo Haas zeichnete 1945 das Plakat für den ersten Bericht des Autors über das Fälscherkommando

12. Zeuge der Verteidigung

Wegen der Verbrechen von Krüger, Höttl, Skorzeny und Schellenberg gab es keine Gerichtsverfahren. Aber einmal mußte ich doch zum Gericht.

Zum 30. November 1987 war ich nach Wuppertal als Zeuge vorgeladen worden. Angeklagt war Gottfried Weise wegen vielfachen Mordes auf der Rampe im Konzentrationslager Auschwitz.

Am Flugplatz wurde ich von einer grauhaarigen Frau abgeholt. »Sie sind schon der fünfzigste Zeuge, der vorgeladen wurde – als Zeuge der Verteidigung«, sagte sie kühl und abweisend zu mir. Ausgerechnet mich hatten sie als Zeugen geladen, einen NS-Verbrecher zu entlasten. Ich stand in dem langen Gerichtskorridor und fragte mich, wie ich reagieren werde, wenn ich diesem Menschen nach 44 Jahren gegenüberstehen werde. Doch sein Name sagte mir nichts. Ich hatte ihn bisher nie gehört. Endlich öffnete sich die Tür zum Gerichtssaal. Mit sehr widersprüchlichen Gefühlen ging ich am Angeklagten vorbei. An sein Gesicht konnte ich mich bestimmt nicht erinnern. Auf der Rampe in Auschwitz hatte ich viele gesehen, die ihm ähnlich waren, nur jünger damals, Komplizen des berüchtigten Dr. Mengele.

Der Vorsitzende des Senats wandte sich zu mir: »Herr Zeuge, Sie sind durch mehrere Konzentrationslager gegangen. Uns interessieren zwei davon, das KZ Auschwitz und Nebenlager Birkenau. Können Sie uns hier auf den Landkarten die Lager zeigen?« Ich ging auf die im Gerichtssaal aufgehängten Karten zu und zeigte auf jene Stellen, die die Lager darstellen sollten, auf die Rampe sowie auf die Anordnung der Blocks. »Erzählen Sie bitte alles, was sie über diese Lager wissen. Wie sind Sie dorthin gekommen, was haben Sie dort erlebt?« Ich schwieg eine Weile. Dann stellte ich mich mit dem Rücken zum Angeklagten und zu seinem Verteidiger. Ich zwang mich, ruhig und deutlich zu erzählen, sachlich und emotionslos. Ich sprach lange.

Nachdem ich endlich mit meiner Aussage zum Ende kam, fragte mich der Vorsitzende des Senats: »Herr Zeuge, kennen Sie den Angeklagten?« Ich sah mir noch einmal sein Gesicht an. »Nein, ich habe ihn nie gesehen.« Der Vorsitzende wandte sich zum Verteidiger. »Hat die Verteidigung Fragen?« Der Verteidiger stand auf. Sein Gesicht drückte totale Zufriedenheit aus. Mir wurde wieder bewußt, daß ich als Zeuge der Verteidigung vorgeladen worden war. Warum hatte die Verteidigung gerade mich vorgeladen?

Der Verteidiger begann in sehr höflichem, aber eindringlichem Ton zu sprechen. »Herr Burger, Sie haben mit Ihrer Aussage bewiesen, daß sie ein hervorragendes Gedächtnis haben, sowohl für Gesichter und Ereignisse als auch für Namen. Wenn Sie so lange auf der Rampe in Auschwitz und Birkenau gearbeitet haben, müssen Sie sich sicher auch den Namen von Gottfried Weise gemerkt haben, dem die Häftlinge nach seiner beliebtesten Unterhaltung den Beinamen ›Wilhelm Tell‹ gaben. Sehen Sie ihn sich gut an, es ist doch nicht möglich, daß Sie sich nicht erinnern. Er sitzt ja hier vor Ihnen.«

Ich sah mir den Angeklagten noch einmal aufmerksam an. Ich spürte, wie sich mein Atem beschleunigte. Was war das für ein Spiel? Wieder sagte ich: »Den Menschen habe ich tatsächlich nie im Leben gesehen. Ich habe auch nie von einem solchen Wilhelm-Tell-Spiel gehört.« Der Verteidiger war offensichtlich enttäuscht. »Ich habe keine weiteren Fragen.«

Vor mir hatten bereits fünfzig Zeugen aus Europa, Amerika, Kanada und Israel ausgesagt. Sie hatten den SS-Unterscharführer Weise erkannt und vor Gericht als einen der gefürchtetsten Sadisten von Auschwitz bezeichnet. Wegen eines Glasauges wurde er »Slepy – der Blinde« genannt.

Eine Zeugin aus Ungarn hatte davon berichtet, wie »der Blinde« einen etwa zehnjährigen Jungen erst quälte und dann ermordete. Der Junge hatte Weise um Wasser und Brot angefleht, woraufhin dieser ihn zurückstieß, ihm Konservendosen auf Kopf und Schultern stellte und sie dann herunterschoß. Es war schrecklich anzusehen, wie das Kind gelitten und geschrien hat. Aber es hat alles mitgemacht, weil es dachte, daß es danach Brot bekommen würde. Als es dann noch einmal auf Weise zuging, hat der es erschossen. Lächelnd attackierte er den am Boden liegenden Jungen noch mit Fußtritten. Auf dieselbe brutale Art hatte er ein 16jähriges Mädchen gequält und hinterher erschossen.

Eine Zeugin aus Israel hatte berichtet, daß bei der Ankunft eines neuen Häftlingstransports im Lager die Kinder gleich aussortiert und lebend in eine brennende Feuergrube geworfen worden seien, weil die Kapazität der Krematorien nicht mehr ausgereicht habe. Man habe die schrecklichen Schreie gehört. Da sei plötzlich der angetrunkene »Blinde« mit einer Ziehharmonika in ihre Unterkunftsbaracke gekommen und habe Olga, eine griechische Häftlingsfrau, aufgefordert zu tanzen. Er habe gespielt, draußen die Schreie der Kinder, und die Häftlingsfrauen mußten zu seiner Musik tanzen.

Eine Zeugin aus den USA hatte gesehen, wie er ein Kind aufgespießt hatte. Das Kind hatte vor dem Krematorium auf einer Wiese gespielt und um Wasser gebettelt. Weise hatte beobachtet, wie eine Flasche mit Wasser über den Zaun geworfen wurde. Er hat das Kind hochgeworfen und auf ein Bajonett fallen lassen. Als sich beim anschließenden Appell die Werferin nicht meldete, hat jede fünfte aus der Reihe vortreten müssen. Einige von ihnen wurden von Weise und anderen SS-Leuten erschossen.

Und noch viele solcher Aussagen. Ich dagegen hatte ihn nicht erkannt. Ich war nach meiner Aussage aufgestanden, wollte weg. Plötzlich stand die Frau vor mir, die auf dem Flugplatz auf mich gewartet hatte. Sie lächelte. »Verzeihen Sie den Verdacht«, sagte sie. »Ich dachte mir, wenn Sie als Zeuge der Verteidigung vorgeladen seien, müßten Sie etwas mit den NS-Mördern zu tun haben. Und die hatten Ihnen dabei eine solche Falle gestellt.« »Eine Falle?« Immer noch verstand ich nichts. »Verstehen Sie denn wirklich nicht? Gottfried Weise kam im Mai 1944 nach Auschwitz, und da waren Sie schon in Sachsenhausen, so daß Sie ihn gar nicht kennen konnten. Wenn Sie sich hätten reinlegen lassen, wenn Sie Ihren Emotionen erlegen wären und ausgesagt hätten, daß Sie Gottfried Weise kennen, hätte die Verteidigung erklärt, daß es also noch einen anderen SS-Mann gegeben haben muß, der den Häftlingen Blechdosen auf den Kopf gestellt und danach geschossen habe, und jener andere müsse es dann auch gewesen sein, der einen Häftling direkt im Block und weitere zwei beim Fluchtversuch getötet habe. Sie hatten Weise entlasten sollen, und nun haben Sie ihn mit Ihrer Aussage praktisch überführt.«

Erster von rechts: SS-Unterscharführer Gottfried Weise im Gerichtssaal in Wuppertal
Gottfried Weise, ab 1933 im Deutschen Jungvolk und ab 1936 in der Hitlerjugend, wurde schon mit 17 Mitglied der Allgemeinen SS

Weise wurde verurteilt: lebenslänglich. Die Gefängnisbürokratie ließ ihn entkommen. Er flüchtete, wurde in der Schweiz entdeckt und nach Deutschland zurückgebracht. Er wird im Gefängnis bleiben – lebenslänglich.

Krüger, Höttl, Skorzeny, Schellenberg und viele andere aber blieben in Freiheit. Ihre Morde bleiben ungesühnt.

Vom „Tell-Schießen" nichts bekannt

Zeuge aus Prag konnte Auschwitz vor Ankunft des Angeklagten verlassen

Als vorläufig letzter Zeuge im Wuppertaler NS-Prozeß war gestern der 70jährige Prager Journalist Adolf Burger, der in seinem Buch „Des Teufels Werkstatt" über das KZ Auschwitz schrieb, geladen. Zu den sechs Mordvorwürfen gegen den 66jährigen früheren SS-Unterscharführer Gottfried Weise konnte er nicht aussagen, weil er Auschwitz verlassen hatte, bevor der Angeklagte dort eintraf.

Jedoch mußte die Verteidigung, die beweisen wollte, daß bereits vor Erscheinen des Angeklagten im Lager das „Tell-Schießen" bekannt gewesen sei, eine Schlappe einstecken. Dem Zeugen war davon bis März 1944 nichts bekannt. Am 3. Dezember wird der Prozeß fortgesetzt, die Staatsanwaltschaft nimmt dann Stellung zu den Beweisanträgen der Verteidigung. **Marguerita Eckel**

WAZ, 1. 12. 1987
Trotz der eindeutigen Zeugenaussage von Adolf Burger und der korrekten Berichterstattung in der Presse behauptet der Herausgeber Rüdiger Gerhard in seinem Buch der »Fall Weise«, Türmer Verlag, 2. Auflage, 1991, wahrheitswidrig, daß Burger in Prag über Weise die Unwahrheit zu Protokoll gegeben habe

IV.
Die Angehörigen des Fälscherkommandos KZ Sachsenhausen

Häftlingsnummer	Namen und Vornamen	Geburtsdatum	Beruf	Staatsangehörigkeit
73099	Hoffgard, Sven	8. 9.1895	Bankbeamter	Dänemark
61127	Nachtstern, Moritz	11.11.1908	Stereotypist	Norwegen
75238	Stolowitz, Harry	10.11.1916	Kraftfahrer	Belgien
75220	Drechsler, Georg	8. 4.1913	Buchhalter	Jugoslawien
75206	Burday, Josef	21.12.1904	Schneider	Frankreich
75204	Landau, Paul	5. 8.1922	Tischler	–"–
79166	Weill, Roger	23. 9.1908	Fotograf	–"–
	Braschewitzki, Leon	15. 6.1923	Optiker	–"–
75200	Jacobson, Abraham	8. 9.1905	Fabrikant	Holland
75213	Bosboom, Andrias	26. 6.1913	Lithograph	–"–
75217	Groen, Levi	23. 1.1918	Filmvorführer	–"–
75224	Knock, Samuel	16. 1.1901		–"–
79164	Van Prag, Mozes	3. 5.1910		–"–
46676	Gottlieb, Ernst	8.1907	Tapezierer	Österreich
46853	Kurzweil, Hans	1. 7.1908	Buchbinder	–"–
48854	Steiner, Karl Viktor	13. 8.1907	Buchbinder	–"–
51110	Tragholz, Felix	1.12.1908	Ofensetzer	–"–
51316	Springer, Arthur	4. 3.1888	Kaufmann	–"–
75245	Sussmann, Karl	21. 6.1898	Modellzeichner	–"–
47140	Gecht, Josef	1. 9.1918		UdSSR
47148	Zessarskij, Matwej	8.12.1914	Elektromonteur	–"–
67175	Zahrzewski, Nachum	19. 1.1926	Buchdrucker	–"–
67867	Kosak, Mojsche	2. 9.1904	Schriftsetzer	–"–
67869	Zyberski, Laib	3. 7.1898	Graveur	–"–
67870	Kosak, Hirsch	12.12.1897	Maschinensetzer	–"–
67874	Plac, Chiel	12. 3.1885	Schriftsetzer	–"–
93594	Smolianoff, Salamon	26. 3.1887	Maler	–"–
102430	Weiss, Bela	29.11.1891	Buchdrucker	Ungarn
102431	Rubinstein, Ladislav	23. 2.1909	Buchdrucker	–"–
102432	Rubinstein, Zoltan	28. 3.1913	Buchdrucker	–"–
102433	Rubinstein, Alexander	3. 9.1914	Buchbinder	–"–
102434	Rusznak, Henrik	7. 2.1890	Buchdrucker	–"–
102437	Nyul, Ernö	25. 5.1908	Stoffdrucker	–"–
102438	Salman, Reszö	10. 1.1904		–"–

Häftlingsnummer	Namen und Vornamen	Geburtsdatum	Beruf	Staatsangehörigkeit
102439	Frenkel, David	20. 10. 1903	Lichtdrucker	Ungarn
102440	Weisz, Henrik	7. 1. 1905	Buchdrucker	–"–
102442	Sugár, Izso	5. 9. 1885	Buchdrucker	–"–
102443	Sonnenfeld, Andreas	18. 11. 1886	Steindrucker	–"–
102444	Somas, Stefan	11. 1. 1911	Reproduktions-Fotograf	–"–
102446	Sonnenfeld, Stefan	23. 12. 1924	Steindrucker	–"–
102435	Lancz, Jenö	17. 6. 1900	Buchdrucker	–"–
	Sonnenfeld, Gustav	12. 12. 1905	Steindrucker	–"–
	Jilovský, Georg	15. 3. 1884	Maler	ČSR
46837	Luka, Richard	30. 10. 1913	Tiefbau-Ing.	–"–
46848	Tuppler, Artur	10. 6. 1890		–"–
46678	Pick, Alfred	12. 10. 1906	Zahntechniker	–"–
46680	Kaufmann, Jaroslav	19. 1. 1901	Zahnarzt	–"–
47832	Stein, Oskar (Skála)	5. 8. 1902	Ingenieur	–"–
75207	Stein, Max	22. 8. 1899	Weber	–"–
75193	Hahn, Victor	21. 8. 1909	Bankbeamter	–"–
75195	Klein, Artur	25. 4. 1907		–"–
75197	Gottlieb, Karel	24. 5. 1917	Schreiner	–"–
79161	Burger, Adolf	12. 8. 1917	Buchdrucker	–"–
138429	Haas, Leopold	15. 4. 1901	Maler-Grafiker	–"–
	Lenthal, Hans	18. 12. 1914	Maler	Deutschland
43811	Speier, Walter	27. 4. 1893	Elektromechaniker	–"–
46675	Kohn, Georg	3. 2. 1901		–"–
46681	Krebs, Leo	17. 11. 1910	Buchdrucker	–"–
46834	Lewin, Artur	31. 7. 1888	Buchdrucker	–"–
46840	Lauber, Jakob	1. 9. 1906	Maler	–"–
46850	Lewinsky, Kurt	17. 3. 1908	Schriftzeichner	–"–
46855	Bober, Max Hermann	5. 1. 1896	Schriftsetzer	–"–
68061	Nieft, Horst	23. 3. 1906	Dekorateur	–"–
68064	Nieft, Gerhard	7. 7. 1917	Verkäufer	–"–
61113	Blaustein, Max	5. 2. 1904	Buchdrucker	–"–
61120	Schnapper, Fritz	10. 12. 1893	Buchdrucker	–"–
73351	Lawy, Norbert Wilhelm (Levy, Leonard)	30. 3. 1913	Buchdrucker	–"–

Häftlingsnummer	Namen und Vornamen	Geburtsdatum	Beruf	Staatsangehörigkeit
75192	Hirschweh, H. P. (Edel)	12. 7.1921	Maler	Deutschland
75199	Walter, Hans	14.12.1921	Arbeiter	–"–
75210	Kühnauer, Rudolf Leopold	4. 4.1906	Steindrucker	–"–
75221	Blass, Hans	12. 1.1907	Werkarbeiter	–"–
75246	Spenadl, Herbert	4.11.1920	Friseur	–"–
75247	Obler, Walter	2. 2.1906	Masch.-Meister	–"–
14898	Citryn, Felix	5. 6.1894	Werkzeugmacher	Polen
23768	Wilde, Samuel	16. 1.1919	Schriftsetzer	–"–
46852	Ehrlich, Leib	28. 4.1905	Buchdrucker	–"–
61129	Epsztein, Lejba	5. 4.1919	Buchdrucker	–"–
61117	Zymermann, Perez	18. 6.1908	Schriftsteller	–"–
61136	Libermann, Josef	20.10.1914	Buchdrucker	–"–
61138	Schurek, Chajim	11. 3.1915		–"–
67865	Tiefenbach, Severin	22. 3.1919	Graveur	–"–
67866	Italiener, Laib	27. 7.1913	Graveur	–"–
67868	Jahlicznik, Noah	18.10.1901	Buchdrucker	–"–
67871	Rapaport, Towie	12.11.1903	Buchdrucker	–"–
67873	Edelsburg, Nachim	14. 4.1907	Buchdrucker	–"–
75191	Rozenzwajg, Jakob	22.12.1898	Angestellter	–"–
75192	Fajerman, Symcha	20. 1.1915	Maschinenbau-Ing.	–"–
75194	Holänder, Fajwel	19. 8.1906	Tischler	–"–
75196	Werdyger, Szyja	4. 3.1908		–"–
75198	Fajman, Icik	2. 3.1919	Schneider	–"–
75200	Weiskop, Max	18. 1.1909		–"–
75206	Ajdels, Bernhard	26.12.1911	Angestellter	–"–
75208	Markus, Mordke	11. 5.1909	Arbeiter	–"–
75211	Krakowský, Abraham	9. 9.1918	Angestellter	–"–
75212	Iwanowicz, Rojnen	25.11.1901	Buchhalter	–"–
75214	Salamon, Bernhard	5. 2.1903	Buchhalter	–"–
75215	Goldglas, Jakob	22. 1.1911	Tischler	–"–
75216	Fajerman, Heinrich	29. 3.1905	Masch.-Bautechniker	–"–
75217	Löwi, Mendel	16. 9.1908		–"–
75220	Heitler, Chili (Chiel)	6. 5.1911	Buchbinder	–"–
75222	Zylberberg, Chajim	26. 9.1900	Arbeiter	–"–
75223	Perkal, Chajim	10. 3.1912	Buchdrucker	–"–
75225	Lewkowicz, Szlarna	19. 3.1917	Buchhalter	–"–

Häftlings-nummer	Namen und Vornamen	Geburts-datum	Beruf	Staats-angehörig-keit
75226	Lehrhaft, Leon	6.8.1903	Buchbinder	Polen
75227	Holänder, Chaim	20.4.1908	Maler	–"–
75228	Rejzen, Baruch	3.4.1907		–"–
75229	Marjanka, David	20.10.1907	Holz-fachmann	–"–
75231	Tuchmajer, Mordka	14.5.1914	Buchdrucker	–"–
75232	Lehrhaft, Leonard	23.10.1924	Buchbinder	–"–
75233	Rais, Josef	27.11.1915	Maler	–"–
75234	Laskier, Jakob	7.8.1900	Angestellter	–"–
75236	Rajzner, Rafail	15.1.1904	Schriftsetzer	–"–
75239	Zaubermann, Fajwel	29.6.1917		–"–
75241	Leibsohn, Karl Chaim	6.8.1919		–"–
75242	Lewkowicz, Simon	19.1?.1917		–"–
75243	Doinankiewicz, Wolf	20.1.1906	Tischler	–"–
75244	Krzepický, Mojzesz	26.10.1919		–"–
75248	Stammer, Samuel	5.7.1907	Uhrmacher	–"–
75249	Jura, Wolf	12.1.1905	Buchbinder	–"–
75250	Rozenberg, Mendel	17.5.1905	Buchbinder	–"–
79100	Salzer, Herman	16.11.1912		–"–
79158	Schipper, Ascher	9.1.1915	Buchdrucker	–"–
79159	Gafne, Leib	6.1.1915	Buchdrucker	–"–
79165	Lubetzki, David	15.3.1905	Buchdrucker	–"–
102441	Fried, Leib	24.12.1902	Graveur	–"–
102445	Bialer, David	1.1.1908	Graveur	–"–
138493	Rudoler, Joachim	28.2.1912	Buchdrucker	–"–
	Nejman, Max	25.2.1922	Zeichner	–"–
46674	Plappla, Isaak (Plapler)	11.11.1919	Maler	–"–
46842	Weissmann, Friedrich	11.5.1901	Schriftsetzer	staatenlos
46845	Goldberg, Aron	8.1.1909	Buchdrucker/ Buchbinder	–"–
61125	Glanzer, Isaak	22.8.1899	Buchdrucker	–"–
75234	Wulfowicz, Max	20.9.1899	Schlosser	–"–
75235	Milikowski, Herman	8.1.1909	Lehrer	–"–
75240	Aron, Samuel	28.6.1902	Techniker	–"–
76677	Zeichner, Chaim	8.1.1896	Tischler	–"–
79163	Bier, Eduard	10.6.1910	Chemie-Ing.	–"–

144 politische Häftlinge aus den Blocks 18 und 19 im KZ Sachsenhausen nach Berufen

Buchdrucker	27	Übertrag:	99
Schriftsetzer	6	Weber	1
Maschinensetzer	1	Frisör	1
Lichtdrucker	1	Schlosser	2
Steindrucker	4	Uhrmacher	1
Stoffdrucker	1	Maschinen-Meister	1
Reproduktionsfotograf	1	Werkzeugmacher	1
Fotograf	2	Maschinenbau-Ingenieur	1
Lithograph	1	Tiefbau-Ingenieur	1
Graveur	5	Chemie-Ingenieur	1
Stereotypist	1	Techniker	1
Buchbinder	8	Holzfachmann	1
Schriftzeichner	1	Filmvorführer	1
Zeichner	2	Dekorateur	1
Maler	9	Kraftfahrer	1
Bankbeamte/-angestellte	2	Verkäufer	1
Beamte/Angestellte	11	Kaufmann	1
Buchhalter	4	Fabrikant	1
Papierfachmann	1	Rechtsanwalt	1
Tischler	5	Lehrer	1
Schneider	2	Schriftsteller	1
Tapezierer/Polsterer	1	Zahntechniker	1
Ofensetzer	1	Zahnarzt	1
Elektromonteur	1	Arbeiter	28
Elektromechaniker	1	Optiker	1
	99	Insgesamt	144

144 politische Häftlinge aus den Blocks 18 und 19 im KZ Sachsenhausen nach Staatsangehörigkeit

Dänen	1
Norweger	1
Belgier	1
Jugoslawen	1
Franzosen	4
Niederländer	5
Österreicher	6
UdSSR-Angehörige	8
Ungarn	15
Tschechoslowaken	12
Deutsche	19
Polen	56
Staatenlose	8
Insgesamt	137
Ermordete:	7
	144

Ermordete Häftlinge aus den Blocks 18 und 19:

Stiasny, Ernst - Brno/ČSR
Jilovský, Georg - Prag/ČSR
Sussmann, Karl - Wien
Sukiennik, Isaak - UdSSR
Fingerhut, Abraham
Kleinfeld, Abraham - Österreich
Gütig, Hermann

Zwei Häftlinge waren zu Beginn des Fußmarsches zum KZ Ebensee geflohen, 135 Häftlinge des Fälscherkommandos wurden durch die Amerikaner in Ebensee befreit.

VERZEICHNIS
der Mitglieder des Reichssicherheitsdienstes RSHA, die sich als Leiter oder Wachen an der Fälschung beteiligten

1. Heinz BECKMANN, SS-Hauptscharführer, aus Chemnitz. Er kam Ende 1943 nach Sachsenhausen
2. BERNARD, Oberstleutnant der Polizei im RSHA, Fachmann für Fälschungen
3. BOBETH, SS-Hauptscharführer, geb. 1912, ursprünglich Mitglied des Stabs von Heydrich in Prag
4. Heinz BUCKELMANN, SS-Oberscharführer, geb. 1912, aus Güstrow (Gussdorf), Mecklenburg
5. DÖRNER, SS-Oberführer, erster Leiter der Produktion »A«
6. Heinz GEBHARD, SS-Scharführer, aus Leipzig, geb. 1913. Er beteiligte sich an der Herstellung »A«
7. GEPPNER, SS-Rottenführer
8. HAAS, SS-Standartenführer, arbeitete in der Sonderabteilung im RSHA
9. HANSCH, SS-Sturmbannführer, Stellvertreter von Krüger
10. Fritz HEIDER, SS-Unterscharführer, geb. 1922, aus Leverkusen-Deutz
11. Edwin HEIZMANN, geb. 1912, aus Kaiserslautern
12. Robert HOFFMAN, SS-Oberscharführer, geb. 1916, aus Berlin
13. HOFFMANN, SS-Hauptscharführer, geb. 1914, aus Berlin. Er war mit dem Heydrich-Stab in Prag
14. Hans JANSEN, SS-Oberscharführer, geb. 1912, aus Köln
15. Alfred KRAMER, SS-Unterscharführer, geb. 1919, aus Oldenburg
16. Bernhard KRÜGER, SS-Sturmbannführer, Leiter des Sonderkommandos RSHA, aus Chemnitz, geb. 1904, NS-Mitglied 528739, Angehöriger der SS unter Nr. 15249
17. LASSIG, SS-Standartenführer, Beamter im RSHA
18. MAROCK, SS-Scharführer
19. Herbert PAUL, Zivilist, Zeichner oder Typograph, geb. 1902, angestellt in der Werkstatt in Friedenthal, aus Berlin
20. August PETRICK, Zivilist, früherer Besitzer einer Druckerei in Berlin, geb. 1897, Mitglied der NSDAP, technischer Berater des Sonderkommandos, wohnhaft in Berlin SO
21. Bruno PSOCH, SS-Unterscharführer, geb. 1920
22. RAU, Zivilist, Zeichner, geb. 1904, angestellt und wohnhaft in Friedenthal
23. Willi SCHMITT, SS-Oberscharführer aus Petrovagrad im Banat
24. THIELE, SS-Untersturmführer, Beamter im RSHA
25. TRÄGER, SS-Scharführer aus Tachau, Kreis Eger, früherer Verwaltungsleiter des Krankenhauses in Tachau
26. TRAUTNER, SS-Rottenführer, aus Bayreuth
27. Heinz WEBER, SS-Oberscharführer, aus Nordhausen
28. Kurt WERNER, SS-Hauptscharführer, aus Effeldernplattendorf
29. Willi WILDFANG, SS-Oberscharführer, aus Ludwigslust
30. Frau ZEITEK, Sekretärin von Krüger im RSHA, geb. 1912, aus Berlin

Vergleichende Übersicht der Ränge

Wehrmacht	Polizei	SS und Waffen-SS	SA
Reichsmarschall			
General- feldmarschall Großadmiral	Reichsführer-SS und Chef der deutschen Polizei		Stabschef
Generaloberst Generaladmiral	Generaloberst	Oberstgruppen- führer	———
General der Infanterie usw. Admiral	General der Polizei	Obergruppen- führer	Obergruppen- führer
Generalleutnant Vizeadmiral	Generalleutnant	Gruppenführer	Gruppenführer
Generalmajor Konteradmiral	Generalmajor	Brigadeführer	Brigadeführer
———	———	Oberführer	Oberführer
Oberst Kapitän z. See	Oberst	Standartenführer	Standartenführer
Oberstleutnant Fregattenkapitän	Oberstleutnant	Obersturmbann- führer	Obersturmbann- führer
Major Korvettenkapitän	Major	Sturmbannführer	Sturmbannführer
Hauptmann Kapitänleutnant	Hauptmann	Hauptsturmführer	Hauptsturmführer
Oberleutnant (z. See)	Oberleutnant	Obersturm- führer	Obersturm- führer
Leutnant (z. See)	Leutnant	Untersturmführer	Sturmführer
Stabs- oberfeldwebel	———	Sturmscharführer	Haupttruppführer
Oberfähnrich (z. See)	———	———	———
Oberfeldwebel	———	Hauptscharführer	Obertruppführer
Feldwebel	Meister	Oberscharführer	Truppführer
Fähnrich (z. See)	———	———	———
Unterfeldwebel Matr. Ob. Maat	Hauptwachtmeister	Scharführer	Oberscharführer
Unteroffizier Matr. Maat	Rev. O. Wachtmeist. Zugwachtmeister	Unterscharführer	Scharführer
Stabsgefreiter Hauptgefreiter	———	———	———
Obergefreiter	Oberwachtmeister	———	———
Gefreiter	Wachtmeister	Rottenführer	Rottenführer
Obersoldat	Rottwachtmeister	Sturmmann	Obersturmmann
Soldat Matrose	Unterwachtmeister	SS-Mann	Sturmmann

Quellenverzeichnis:

Lucie Adelsberger, Auschwitz – Ein Tatsachenbericht, Lettner Verlag, Berlin 1956
Peter Edel, Wenn es ans Leben geht – Zweiter Teil, Verlag der Nation, Berlin 1979
Walter Hagen, Unternehmen Bernhard, Verlag Welsermühl und Starnberg.
Informationen und Teilangaben aus diversen ausländischen und inländischen Zeitschriften/Zeitraum 1959–1963 über die Fahndung nach dem Nazi-Schatz im Toplitzsee
Julius Mader, Der Banditenschatz, Deutscher Militärverlag, Berlin 1966
Filip Müller, Sonderbehandlung, Verlag Steinhausen, München 1979
Reinhard Rürup, Topographie des Terrors, Verlag Willmuth Arenhövel, Berlin 1989
Tragödie der Slowakischen Juden, Dokumente und Fotografien, V. Neubert und Söhne, Preßburg, März 1949
Zeichnungen: Salamon Smolianoff, Leo Haas, Peter Edel
Fotos: Archiv SPB Prag; Staatsarchiv Prag; Archiv des Autors; Archiv Wolfgang Prätzsch, Lund, Schweden

Helge Grabitz · Wolfgang Scheffler

Reihe Deutsche Vergangenheit
Band 32

Letzte Spuren

Fotos und Dokumente über Opfer des Endlösungswahns im Spiegel der historischen Ereignisse

Ghetto Warschau · SS-Arbeitslager Trawniki · Aktion Erntefest

Diese deutsche Rüstungsfirma [Schultz] stellte im Warschauer Ghetto Wehrmachtsbekleidung her, Marschstiefel und Pelzmützen für Stalingrad. Wer hier unterkam, konnte hoffen, als „kriegswichtige" Arbeitskraft vor der Deportation bewahrt zu bleiben – eine schreckliche Illusion! Die Photos zeigen die Gerber und Kürschner, die Schuster und Näherinnen über ihre Stoffe und Felle gebeugt, in ängstlicher, atemloser Konzentration, fast schon, so scheint es, geklammert an ihre Arbeit, die ihnen, wie sie glauben, ein Lebensrecht garantiert. Der tagtägliche Kampf, dieses Leben noch irgendwie zu „organisieren", zu retten, am Ende doch noch durchzukommen, mußte jeden Gedanken an den großen gemeinsamen Ausbruchsversuch ersticken. Wie utopisch er in Wirklichkeit ja auch war, sollte der Ghetto-Aufstand aufs Schrecklichste erweisen.

Die Zeit

Inmitten der katastrophalen Lebensverhältnisse des Wahrschauer Ghettos boten die unter der Aufsicht des Rüstungskommandos der Wehrmacht stehenden Betriebe – shops genannt –, insbesondere die im Sommer 1941 gegründete Firma Schultz, relative Überlebensmöglichkeiten. Aus diesem Grunde versuchten viele Ghetto-Bewohner mit allen Mitteln, einen vor dem Verhungern rettenden Arbeitsplatz bei diesen Firmen zu erhalten.
Das Schicksal der scheinbar Geretteten erfüllte sich jedoch am 3. und 4. November 1943, als im Zuge der „Aktion Erntefest" etwa 42 000 Häftlinge dieser Arbeitslager einschließlich aller Juden des Konzentrationslagers Majdanek erschossen wurden.
Aus diesem Inferno geben über 200 hier erstmalig veröffentlichte und in dieser Form einzigartige Fotos Zeugnis über Leben und Arbeit der bei der Rüstungsfirma Schultz im Ghetto Warschau beschäftigten Menschen. Weitere Dokumente schildern die letzte Lebensphase der etwa 6000 Juden im SS-Arbeitslager Trawniki. Die Geschichte der „Aktion Erntefest" erfährt in diesem Buch ihre erste zusammenfassende Darstellung.

Helge Grabitz ist Oberstaatsanwältin bei der Staatsanwaltschaft Hamburg, Wolfgang Scheffler ist Professor am Zentrum für Antisemitismusforschung der Technischen Universität Berlin.

DM 39,80
Format: 17,1 x 24,4 cm
338 Seiten
200 Abbildungen
Broschur
ISBN 3-926175-51-6

EDITION HENTRICH BERLIN

REIHE GEDENKSTÄTTE HAUS DER WANNSEE-KONFERENZ

1 Johannes Tuchel **Am großen Wannsee 56–58**
Von der Villa Minoux zum Haus der Wannsee-Konferenz

2 Wolfgang Scheffler **Abgewandert nach Osten** (erscheint Sommer 1993)
Die Bevölkerungsstatistik der Reichsvereinigung der Juden in Deutschland 1941–1945

3 Ruta Sakowska **Zwei Etappen – Ghetto Warschau**
Die NS-Ausrottungspolitik gegen die polnischen Juden, gesehen mit den Augen der Opfer

REIHE DEUTSCHE VERGANGENHEIT

lieferbare Titel

1 **Steinerne Zeugen** Stätten der Judenverfolgung in Berlin *
2 **Machtergreifung** Berlin 1933 *
3 **Kurt Tucholsky** und Deutschlands Marsch ins Dritte Reich *
5 **„nicht mißhandeln"** Das Krankenhaus Moabit 1920–1945 *
7 **Zerstört · Besiegt · Befreit** Der Kampf um Berlin bis zur Kapitulation *
8 **Verfolgung und Widerstand** Der Bezirk Tiergarten 1933–1945 *
11 A **Erwin Piscator,** Bd. I, Berlin, 1916–1931
11 B **Erwin Piscator,** Bd. II, Moskau, Paris, New York, 1931–1966
14 **Berliner Konfektion und Mode** 1836–1939 (2. erweiterte Auflage) *
15 **Sand im Getriebe** Neuköllner Geschichte(n) *
16 **„Der Frau ihre Arbeit!"** Lette-Verein 1866–1986 *
17 **„totgeschwiegen" 1933–1945** (2. erw. Aufl.) Die Wittenauer Heilstätten Berlin *
18 **Die Sexualberatungsstellen der Weimarer Republik 1919–1933** *
19 **250 Jahre Böhmen in Berlin** Band I *
20 **250 Jahre Böhmen in Berlin** Band II *
21 **Berliner Straßen** Beispiel Wedding *
23 **Verfolgte Berliner Wissenschaft** *
24 **Vom Columbia-Haus zum Schulenburgring** *
26 **Aktion T 4** Die „Euthanasie"-Zentrale (2. erw. Aufl.) *
27 **Fritz Kortner** Schauspieler und Regisseur
28 **Tod eines Pianisten** Karlrobert Kreiten und der Fall Werner Höfer
29 **Zehn Brüder waren wir gewesen** Spuren jüdischen Lebens in Berlin-Neukölln *
30 **Humor als Hochverrat** Albert Hopf und die Revolution 1848
31 **Erinnern – und nicht vergessen** Die Opfer des Nationalsozialismus in Berlin-Tempelhof *
32 **Letzte Spuren** Ghetto Warschau · SS-Arbeitslager Trawniki · Aktion Erntefest
33 **Juden in Spandau** Vom Mittelalter bis 1945 *
34 **Der Wert des Menschen** Medizin in Deutschland 1918–1945
35 **Zerstörte Fortschritte** Zur Geschichte des Jüdischen Krankenhauses zu Berlin ab 1756 *
36 **Die Goldmedaille** Erinnerungen an den Bar Kochba-Makkabi
37 **Der Fall Oskar Panizza** Ein deutscher Dichter im Gefängnis
38 **Kirchengemeinden im Nationalsozialismus** Beispiele aus der Ev. Kirche Berlins *
39 **Heinz Hilpert – Leben und Werk**
40 **Kurt Steffelbauer – Ein Lehrer im Widerstand** *
41 **Rixdorfer Musen** Musik- und Theatergeschichte *
42 **Erich Kuttner – Ein Leben für Freiheit und Recht** *
43 **Das Columbia-Haus in Tempelhof** Konzentrationslager 1933–1936 *
44 **Die Endlichkeit der Freiheit** Handbuch zu einem Projekt in Ost und West *
45 **Fritz Wisten · Drei Leben für das Theater** Stuttgart/Jüdischer Kulturbund/Berlin bis 1962

(* Stätten der Geschichte Berlins)

EDITION HENTRICH BERLIN

REIHE DEUTSCHE VERGANGENHEIT

46 **Deutsch in einem anderen Land** DDR-Gedichte 1949–1990
47 **Die Distel** Band 1 – Von der Wende bis zum Ende *
48 **Über Leben** Flucht- und andere Geschichten
49 **Beppo Römer** Ein Leben zwischen Revolution und Nation *
50 **Die Badewanne** Ein Künstlerkabarett der frühen Nachkriegszeit *
51 **Die Kinder von Izieu** Eine jüdische Tragödie · Der Fall Klaus Barbie
52 **Berlin Prenzlauer Berg** Straßen und Plätze *
53 **Ich bin meine eigene Frauenbewegung** Aus der Geschichte einer Großstadt *
54 **Jüdische Schulen in Berlin** Am Beispiel der privaten Volksschule Rykestraße *
55 **Juden in Kreuzberg** *
56 **Max Herrmann-Neiße** Schlesien – Berlin – Im Exil *
57 **Die Distel** Band 2 – Das letzte Ende – Gibt es ein Leben nach der Wiedervereinigung? *
58 **Berliner Berufsschulgeschichte** *
59 **Erinnerungsstücke** Das Neuköllner Heimatmuseum als soziales Gedächtnis *
60 **Geschlossene Vorstellung** Der Jüdische Kulturbund in Deutschland 1933–1941
61 **Theresienstadt – die tödliche Täuschung** (erscheint Sommer 1993)
62 **Das Lied vom letzten Juden** Todeslagerlyrik in Jiddisch und Deutsch
63 **Kurt Gerron – Gefeiert und gejagt** Das Schicksal eines deutschen Unterhaltungskünstlers
64 **Das Rose-Theater** Ein Volkstheater im Berliner Osten 1906–1944 *
65 **Die Löwen-Apotheke in Berlin-Spandau** Ein Beitrag zur Spandauer Stadtgeschichte *
66 **Fritz Lang** Filmbilder – Vorbilder
67 **Jüdische Grabstätten und Friedhöfe in Berlin** *
68 **Die Neue Synagoge Berlin** (2. Aufl.) *
69 **Steglitz im Dritten Reich** *
70 **Die Neue Synagoge in Berlin** (Reprint des Baualbums von 1867) *
71 **Charlottenburg und seine Straßen** *
72 **Titania-Palast** Berliner Kino- und Kulturgeschichte *
73 **Berlin 1932. Das letzte Jahr der Weimarer Republik** *
74 **Antonie Zerwer. Ein Leben für Kinder** *
75 **The Value of the Human Being** (engl. Übersetzung von „Der Wert des Menschen")
76 **The New Synagogue Berlin** (engl. Übersetzung von „Die Neue Synagoge", Band 68) *
77 **„Das Jüdische Krankenhaus muß erhalten bleiben"** 1938–1945 *
78 **Tanzdielen und Vergnügungspaläste** Berliner Nachtleben in den 30er und 40er Jahren *
79 **Carl-Hans Graf von Hardenberg** 1891–1958 (erscheint Frühjahr 1993)
80 **Hanno Günther, ein Hitlergegner** 1921–1944 *
81 **Brandenburgische Gedenkstätten für die Verfolgten des NS-Regimes**
82 **Unternehmen Bernhard** Die Geldfälscherwerkstatt im KZ Sachsenhausen
83 **Kommunalverwaltung unterm Hakenkreuz** *
84 **Juden in Treptow.** Sie haben geheißen wie ihr heißt *
85 **Frauenprotest in der Rosenstraße** Gebt uns unsere Männer wieder (Fabrik-Aktion 1943) *
86 **Folterzelle 36 Berlin-Pankow** Erlebnisse einer Stasi-Haft *
87 **Juden im Widerstand** Die Gruppen: Baum, Chug Chaluzi, Gemeinschaft für Frieden und Aufbau *
88 **Memoiren des freiwilligen Jägers Löser Cohen** Freiheitskrieg 1813 *
89 **Verordneter Humor 1943 und 1953** Stalingrad und 17. Juni 1953
90 **Jüdische Schulen in Berlin** Von der Heidereutergasse zum Roseneck *
91 **Gebraucht – gebremst – gefördert** Frauen und Politik *
92 **300 Jahre Bornstedt** Spuren der Potsdamer Geschichte
93 **Bei Nacht und Nebel** Erlebnisbericht aus Auschwitz und Buchenwald
94 **Geschichte der jüdischen Gemeinde zu Potsdam**

(* Stätten der Geschichte Berlins)

Barbara Felsmann und Karl Prümm

Kurt Gerron – Gefeiert und gejagt

ISBN 3-89468-027-X

EDITION HENTRICH